剣術修行の廻国旅日記

永井義男

朝日文庫

本書は二〇一三年八月刊行の朝日選書『剣術修行の旅日記　佐賀藩・葉隠武士の「諸国廻歴日録」を読む』に加筆修正を加えて改題したものです。

はじめに

「諸国武者修行」や「他流試合」という言葉を目にしたとき、まずどんなイメージが浮かぶだろうか――

剣術道場の玄関に立って「頼もぉ～」と声をかけ、他流試合を申し込む。

ところが、応対に出た門人は、けんもほろろに立ち合いを断わる。

「当流では他流試合は禁じられております」

よしんば受け入れてもらえても、道場主は立ち合わず、まず門人のひとりを指名して対戦させる。

高弟のひとりが扇子を持って審判役となり、道場主や門弟たちが見守るなかで試合が始まる。おたがい流派の面子《めんつ》をかけた戦いである。

結果、負ければ嘲笑の的となり、すごすごと退散するしかない。

逆に勝てば勝ったで、へたをすると道場破りとして門人たちに逆恨みされ、夜道で闇討ちにされかねない。そのため、勝ったときはすばやくその地を去る。あちこちで遺恨の種をまき、緊張と苦難の連続、命がけの修行の旅――

かつて筆者は、おおよそ右に記したようなイメージを持っていた。たまたま『諸国廻歴日録《しょこくかいれきにちろく》』を入手し、読み進みながら意外な気がした。

同書は、佐賀（佐賀県佐賀市）藩鍋島《なべしま》家の家臣牟田文之助高惇《むたぶんのすけたかあつ》が嘉永《かえい》六年（一八五三）九月から安政《あんせい》二年（一八五五）九月まで、およそ二年間にわたって諸国武者修行をした旅の克明な日記である。

記述によると、文之助は訪れた藩のほとんどの藩校道場でこころよく受け入れられて思う存分、他流試合をしている。しかも、夕方には文之助が宿泊している旅籠屋《はたごや》に道場で立ち合った藩士らが次々と訪れ、酒盛りをしながら歓談している。出立を延期するよう懇願され、地元の名所旧跡や温泉に案内されることも少なくなかった。

町（個人）道場の場合でも事情は同じだった。

時には、同じく武者修行中の他藩の藩士と知り合い、意気投合して連れ立って旅を続けることもあった。

緊張と苦難の連続や、命がけの修行とはとても思えない。その雰囲気は和気藹々《あいあい》と形容するにふさわしい。まるでスポーツ選手同士の交流、交歓といおうか。

「これまで思い描いていたのとはずいぶん違うな……」

同書を読み終えたときの筆者の正直な感想だった。少なからぬ当惑もあった。

ようやく気づいた。

冒頭に述べた筆者のイメージは、物心ついたころから接してきた漫画や剣豪小説、映画・テレビの時代劇によって刷り込まれ、形成されたものだったのではなかろうか。要するに、フィクションに感化されていたのである。

またもや、気づいた。

世の中には「剣豪」や「剣術流派」について解説したノンフィクションは多い。しかし、武者修行の実態について詳説したノンフィクションは皆無である（研究者による論文はあるが）。

けっきょく、時代小説や時代劇に描かれた武士の武者修行や他流試合のありさまは、すべてフィクションではないのだろうか。そして、フィクションがフィクションを拡大再生産してきたのではないのだろうか。

では、実際の武者修行と他流試合のありさまはどうだったのか。

以来、筆者は『諸国廻歴日録』を手がかりに、江戸時代の武者修行の実態をあきらかにしたいと思い、関連の資料を集めたり、読んだりしてきた。それが結実したのが本書である。

さて、牟田文之助は武人には珍しく筆まめだったが、文人ではないだけに文章はけっしてうまくない。誤字や当て字も多く、珍妙な和風の漢文表記もある。理解に苦しむ箇所も少なくない。

『諸国廻歴日録』を手がかりにするにしても、原文のままでは現代の読者にはわかりにくい。かといって、現在の三十一都府県を踏破した、ほぼ二年間にわたる日々の記録の大部分は単調であり、そのまま現代語訳しても読者には退屈なだけであろう。

そこで、おおまかなテーマごとに編集して章立てし、筆者が当時の社会事情や制度などを加筆しながら、わかりやすく書き直した。会話の部分は「 」にして小説風にしたところもあるが、内容をゆがめるような創作はしていない。

また、文之助の人柄がよく出ていると思われる、あるいは面白い表現については原文のままとしたが、漢字は新字に変えた。

ところで、筆者は『諸国廻歴日録』を読みながら牟田文之助という人物が好きになった。もちろん、日記なので自分に都合の悪いことは書いていない。その点をきちんと割引しても、二年間にわたる記述を丹念に追っていけば、その人となりは自然とわかるものである。

陳腐な表現になるが、竹を割ったような、快活でさわやかな男だった。筆者が感じた文之助の人間的な魅力をいくらかでも本書で伝えられたとしたら、これにまさる喜びはない。

幕末期、こんな佐賀藩士が諸国を旅し、剣術修行にいそしんでいた……。

牟田文之助の武者修行の旅は嘉永六年から安政二年までだが、嘉永七年十一月二十七日に安政と改元された。このため、嘉永七年と安政元年が混在すると月日の経過に勘違いが生じやすい。これを避けるため、嘉永七年はすべて安政元年と表記した。

また、太陰暦では大の月が三十日、小の月が二十九日だった。大小の月の末日は、当時の表記のまま晦日《みそか》とした。安政元年には閏月《うるうづき》があったので、一年は十三カ月である。

なお、文中には歴史・時代小説の愛読者にも馴染《なじ》みのないであろう藩名がしばしば出てくる。このため読者にわかりやすいよう、たとえば、

田中（静岡県藤枝市）藩

などと表記した。（　）内は領地ではなく、城あるいは陣屋の所在地を現在の地名で示したものである。

なお、本書は『剣術修行の旅日記』（朝日選書、二〇一三年）を文庫化したものだが、

文庫化に際して絵画資料を差し替え、また大幅に増やした。それにともない、本文も加筆修正した。たんなる文庫化でなく、改訂新版として受け入れていただければ幸甚である。

令和五（二〇二三）年九月

永井義男

剣術修行の廻国旅日記◆目次

第四章　江戸での交友と体験　139

第五章　他藩士との旅　173

序章　牟田文之助の出立

牟田文之助は天保《てんぽう》元年（一八三〇）十一月二十四日、佐賀藩士吉村市郎右衛門《いちろうえもん》の次男として生まれた。父親の市郎右衛門は佐賀藩の剣術師範のひとりで、鉄人《てつじん》流を教授していた。

佐賀藩の武芸は、剣術はタイ捨《しや》流、柳生《やぎゆう》流、鉄人流、直心影《じきしんかげ》流、戸田流、無限流、新影流、時極流、大園天真流と多数あるが、なかでも鉄人流は二刀流であり、異色だった。

図は、戯作《げさく》（娯楽小説）の挿絵だけに、当時の人々が二刀流をどのように考えていたかがわかろう。二本の刀を自在に振るって、多数の相手を斬り倒していく、勇猛果敢な剣術と言おうか。

剣術の基礎史料のひとつである『撃剣叢談《げつけんそうだん》』（寛政二年成、天保十四年刊）に、こういう意味の記述がある。

鉄刃《てつじん》流は肥前《ひぜん》の佐賀で隆盛だが、師名はさだかでない。

鉄人流は青木城右衛門《じようえもん》（後、鉄人斎と号す）が創始したもので、宮本武蔵の二刀流の流れを汲《く》む。

図『菊寿童霞盃』（山東京山著、天保-嘉永年間）国会図書館蔵

鉄刃流と鉄人流は別流派ではなく、おそらく発音が同じなので字が誤って伝わったのであろう。

文化《ぶんか》九年（一八一二）ころ、佐賀藩士の手になったと思われる『雨中の伽《とぎ》』には、青木鉄人金家が鉄人流の創始者と述べたあと――

　此末に段々伝授して、今の吉村一郎右衛門、村岡市兵衛師家たり。

とあり、鉄人流の師範として、吉村一郎右衛門と村岡市兵衛のふたりを記述している。吉村一郎右衛門とあるのは、文之助の父である吉村市郎右衛門に違いない。

同じく、剣術の基礎史料のひとつである『新撰武術流祖録』（天保十四年）には、こういう意味の記述がある。

二刀鉄人流の流祖青木城右衛門は宮本武蔵に二刀流を学んだ。後に鉄人と号し、その名を天下に知られた。いまも末流が存在する。

同書がいう末流こそ、佐賀藩に伝えられた鉄人流剣術であろう。

鉄人流に関する記述が曖昧なのは、剣術界では小さな流派だったからに違いない。要するに、主流ではなかったのだ。だが、鉄人流は、自分たちの淵源《えんげん》は宮本武蔵であるという誇りを持っていた。

文之助は幼いころから、父親の吉村市郎右衛門に鉄人流剣術の手ほどきを受けた。

その後、文之助は佐賀藩士牟田家に養子に行き、牟田文之助となったあとも、同じく鉄人流師範の内田庄右衛門《しょうえもん》に師事して稽古を積んだ。

嘉永五年（一八五二）、二十三歳のとき、実父と内田からそれぞれ鉄人流の免許皆伝を授けられた。

翌嘉永六年八月、文之助は藩から諸国武者修行の旅を許可された。

この嘉永六年八月という時期を見て、黒船を連想する人は少なくないであろう。

同年の六月三日、アメリカ海軍のペリー提督が軍艦四隻を率いて浦賀沖に来航し、江戸を震撼させた。この黒船来航の噂《うわさ》はたちまち全国の諸藩にも伝わった。つまり、「黒船ショックで、佐賀藩はあわてて藩士の武芸修練を強化したのではなかろうか。その一環として牟田文之助は武者修行を命じられたのではなかろうか」――と。

しかし、文之助の諸国武者修行は黒船来航と直接の関係はなく、佐賀藩の既定の方針だった。

というのは、江戸時代末期になると、佐賀藩はじめ多くの藩では藩士の教育に力を傾注し、藩校で文武の教育をおこなっていた。「文」では優秀な者を各地の漢学塾や蘭学《らんがく》塾に留学させていたし、「武」では剣術や槍術《そうじゅつ》にひいでた者に諸国武者修行をさせていたのだ。

文之助の旅のころには、ほぼ全国的に諸藩の藩士の武者修行が定着していたことは、あとであきらかにしていく。

なお、当時は武者修行者を「修行人《しゅぎょうにん》」と呼んだ。本書でも以後、修行人と表記する。

『諸国廻歴日録』（以後、『日録』と略記）の冒頭に、文之助はこう記した――

嘉永六丑暦八月、蒙二君命一、江戸其外関東筋、剣法修業被二仰付一候ニ付、日記者也。

嘉永六丑《うし》年八月、君命を蒙《こうむ》り、江戸や関東一円で剣術修行をするよう仰せ付けられた。これから毎日、修行の様子を記録していく、と。

まるで、藩主の鍋島直正《なおまさ》（閑叟《かんそう》）からじきじきに剣術修行を命じられたかのようである。だが、これは当時の武士のレトリックにすぎない。直正は文之助の顔も知らなかったろう。実際は文之助のほうから藩に諸国武者修行を願い出ていて、これが許されたのである。

時に文之助、二十四歳。現在の満年齢では二十二歳である。

許可が出てからおよそ一カ月半後の九月二十七日、おりしも晴天、文之助は昼九ツ（正午頃）、佐賀城下の牟田家の屋敷を出立した。当時の慣例として最初の宿場まで大勢の見送りの人々が同行する。

見送りは高尾《たかお》（長崎街道の宿場で、現在の佐賀市内）までで、ここで別れの挨拶をしたが、それからも文之助ひとりではなく、吉村久太夫《きゅうだゆう》ら四人の藩士が同行していた。

吉村久太夫は文之助の実兄であり、すでに先年、諸国武者修行を経験していた。このさき、文之助はあちこちで、

「鍋島家のご家中ですか。吉村久太夫どのはお元気ですかな」

「じつは、久太夫は拙者の兄でござる」

「ほう、さようであったか。佐賀に戻ったら、よろしくお伝えくだされ」

などという挨拶をすることになる。

＊

第一日、牟田文之助ら総勢五人は江見津（佐賀県みやき町）の知人宅に泊めてもらい、夜九ツ（午前零時頃）くらいまで、酒を呑《の》んで大いに語り合った。

夜ふけまで酒を呑んだため、翌日はとても早起きはできなかった。ようやく昼ごろになって、文之助ら五人は江見津を出発して久留米《くるめ》（福岡県久留米市）藩に向かった。

夕方、久留米城下の修行人宿《しゅぎょうにんやど》（修行人が泊まる指定の旅籠屋）に草鞋《わらじ》を脱ぎ、さっそく主人を通じて、城下のめぼしい道場に立ち合いを申し込んでもらった。

なお、修行人宿や、その主人が道場の仲介をすることは、後にくわしく述べる。

九月二十九日の昼前、修行人宿に加藤田《かとうだ》道場から使いが来た。

「お迎えに参じました」

文之助ら五人は大急ぎで昼飯をすませると、竹刀《しない》や防具などを持ち、使いの者に案内されて道場に向かった。

道場主の加藤田平八郎《へいはちろう》は神陰流《しんかげ》で、久留米藩の剣術師範でもある。それぞれ門人と立ち合ったが、文之助の感想は――

格別目ニ立候人無。

と、そっけない。とくに手ごわい相手はいなかった、と。

修行の旅の最初の道場ということで、気負いもあったろう。「加藤田道場はたいしたことないな。神陰流、なにするものぞ」という気分だろうか。

夕方、修行人宿に戻ると、今井道場の門人の釈幸太郎が訪ねてきた。道場主の今井静左衛門は直心影流で、久留米藩の師範でもある。

「では、あす、お越しください。お迎えに参じます」

と、翌日の立ち合いにきめ、釈は帰っていった。

続いて、津田伝《つだつたえ》道場の門人、井上卓馬が訪ねてきた。道場主の津田一左衛門《いちざえもん》は津田一《いち》伝《でん》流で、久留米藩の師範でもある。

使者に立った井上卓馬は島原（長崎県島原市）藩士だが、津田伝道場にいわゆる剣術留学をしているという。

「では、あさってにいたしましょう」

立ち合いの日取りをきめると、井上は帰っていった。

日が暮れるころ、槍術の武者修行をしている佐賀藩の重臣諫早家《いさはや》（佐賀藩には三家・親類・親類同格・家老・着座という重臣の身分秩序があり、諫早家は親類同格）の家臣の副島《そえじま》官三郎、飫肥《おび》（宮崎県日南市）藩の藩士、小松（愛媛県西条市）藩の藩士、出石《いずし》（兵庫県豊岡市）藩の藩士、高鍋（宮崎県高鍋町）藩の藩士ふたりの総勢六人が次々と到着した。みな槍術修行なので槍《やり》を持参しており、ものものしい。

おたがい自己紹介し、藩や道場の情報交換をする。夜がふけるまで話が尽きることはなかった。

翌日、昼食後に今井道場から迎えが来たので、文之助ら五人は案内されて道場に向かった。

立ち合った相手は三十人ほどいたが――

只無法剣術ニ而可レ笑事ニ而候。

と、文之助の評価は手きびしい。技もなにもあったものではなく、笑止千万ということだろうか。昨夜、宿に訪ねてきた釈幸太郎はかつて江戸に出て、直心影流の長沼道場で数年間、稽古を積んだという。ところが――

甚勝負悪敷事ニ而候。

と、文之助は酷評している。釈の剣術は駆け引き的な技や、小手先の技が多いということだろうか。

夕方、修行人宿に戻った。

翌朝、津田伝道場から迎えが来て、五人が出向いたところ、門人のひとりが言った。

「あいにく先生や高弟の方々は差し障りができて外出し、お手合わせをすることができません」

道場の実力者は立ち合わない、つまり、これから相手をする門人が津田伝道場の本当の力ではありませんよと、暗に弁解しているかのようだった。

おととい宿に来訪した井上卓馬ら三十人ほどと立ち合い、昼八ツ（午後二時頃）すぎ、修行人宿に引きあげた。

夕方になり、津田伝道場の道場主の津田一左衛門と、今井道場の門人の釈幸太郎ともうひとりがやってきた。

「きょうは、よんどころない事情があって出かけてしまい、ご無礼つかまつった」

津田が丁重な挨拶をした。

ややおくれて津田伝道場の門人の井上卓馬と、もうひとりがやってきて挨拶をする。その後は酒宴となって、みなで話がはずみ、おそくまで大いに盛りあがった。


翌十月三日の朝、文之助ら五人は修行人宿を出立した。久留米城下に四泊し、加藤田道場、今井道場、津田伝道場で他流試合をしたことになる。

高良山《こうらさん》のふもとにある、日田《ひた》街道の宿場の府中（久留米市）まできたところで、それまで同行してきた吉村久太夫ら四人がようやく言った。

「では、きりがないので、ここまでとしよう。達者でな」

「うむ、貴殿らも達者で」

四人は名残惜しげに佐賀に引き返す。

これから牟田文之助はひとり旅である。日田（大分県日田市）に向けて歩み始めた。


さて、ここまで読んできた読者は、もどかしい思い、あるいは釈然としない気分になったかもしれない。つまり、

「三道場で他流試合をして、その結果はどうだったのか。勝ったのか、負けたのか、そして全体で何勝何敗だったのか。そういう客観的な数字をあげないで、各道場がたいし

たことはないと軽侮《けいぶ》したり、酷評したりするのは、ちょっと納得がいかない」——と。

じつは、ここが肝心な点なのである。武者修行や他流試合の実態でもあった。

では、第一章以降で、実際の姿をあきらかにしていこう。

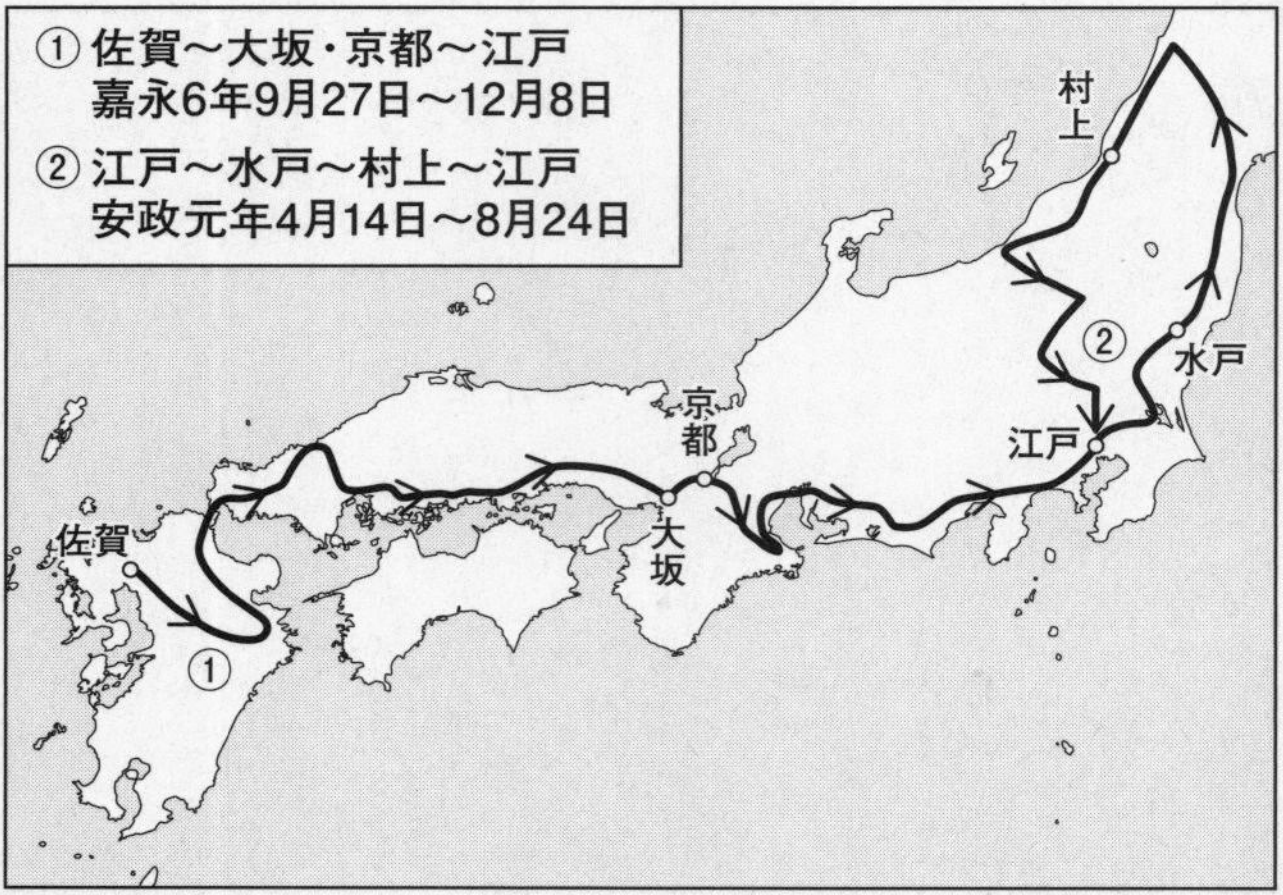

① 佐賀～大坂・京都～江戸
嘉永6年9月27日～12月8日
② 江戸～水戸～村上～江戸
安政元年4月14日～8月24日
村上
水戸
江戸
京都
大坂
佐賀
①
②

③ 江戸〜中山道〜四国〜佐賀
安政2年4月11日〜8月20日
④ 佐賀〜長崎〜佐賀
安政2年8月29日〜9月17日
上田
③
江戸
京都
大坂
佐賀
④
④
8月29日
佐賀城下
9月17日
武雄
本庄津
彼杵
(舟)
(舟)
大村城下
神代
長与
長崎
島原城下

表1　牟田文之助の旅程

一　久留米・日出・中津筋

日付	旅程
嘉永6年（1853）9月27日	佐賀城下～高尾～江見津（佐賀県みやき町）　知人宅泊
28日	江見津～久留米（福岡県久留米市）城下　旅籠屋泊（10月2日まで）
10月3日	久留米～府中～田主丸～吉井～日田（大分県日田市）旅籠屋泊
4日	日田～戸畑～森（大分県玖珠町）城下　旅籠屋泊（5日まで）
6日	森～日出（大分県日出町）城下　旅籠屋泊（7日まで）
8日	日出～立石～宇佐（大分県宇佐市）　旅籠屋泊
9日	宇佐～中津（大分県中津市）城下　旅籠屋泊（10日まで）
11日	中津～大里（福岡県北九州市）　旅籠屋泊

二　萩・山陽道・東海道筋

日付	旅程
10月12日	大里～（舟）～長府（山口県下関市）城下～吉田（下関市）　旅籠屋泊
13日	吉田～絵堂（山口県美祢市）　旅籠屋泊
14日	絵堂～長州（山口県萩市）城下　旅籠屋泊（18日まで）
19日	長州城下～宮市（山口県防府市）　旅籠屋泊
20日	宮市～徳山（山口県周南市）城下　旅籠屋泊（21日まで）
22日	徳山～岩国（山口県岩国市）城下　旅籠屋泊（23日まで）
24日	岩国～新湊～（舟）～宮島（広島県廿日市市）　旅籠屋泊

10月25日	宮島～（舟）～広島（広島市）城下　旅籠屋泊
26日	広島城下～内海～（舟）～船中泊
27日	～（舟）～糸崎～三原（広島県三原市）城下　旅籠屋泊（28日まで）
29日	三原～神辺（広島県福山市）旅籠屋泊
晦日	神辺～矢掛～岡田（岡山県倉敷市）城下　旅籠屋泊（11月1日まで）
11月2日	岡田～岡山（岡山県岡山市）城下　旅籠屋泊（3日まで）
4日	岡山～三石（岡山県備前市）旅籠屋泊
5日	三石～姫路（兵庫県姫路市）城下　旅籠屋泊
6日	姫路～明石（兵庫県明石市）旅籠屋泊
7日	明石～大坂（大阪市）旅籠屋泊（8日まで）
9日	大坂・天神橋～（舟）～船中泊
10日	～（舟）～伏見（京都市伏見区）旅籠屋泊
11日	伏見～京都　旅籠屋泊（15日まで）
16日	京都～大津～膳所（滋賀県大津市）城下　旅籠屋泊
17日	膳所～水口（滋賀県甲賀市）城下　旅籠屋泊
18日	水口～伊賀上野～山田（三重県伊賀市）旅籠屋泊
19日	山田～長野峠～津（三重県津市）城下　旅籠屋泊（20日まで）
21日	津城下～伊勢（三重県伊勢市）旅籠屋泊（22日まで）
23日	伊勢～津～伊賀上野～追分（三重県四日市市）旅籠屋泊
24日	追分～桑名（三重県桑名市）～（舟）～宮（名古屋市熱田区）旅籠屋泊
25日	宮～岡崎～藤川（愛知県岡崎市）旅籠屋泊
26日	藤川～吉田（愛知県豊橋市）城下　旅籠屋泊（27日まで）

28日	吉田城下～二川～新居～浜松城下（静岡県浜松市）旅籠屋泊
晦日	浜松城下～天竜川～見付（静岡県磐田市）旅籠屋泊
12月1日	見付～掛川（静岡県掛川市）城下　旅籠屋泊
2日	掛川城下～大井川～島田（静岡県島田市）旅籠屋泊
3日	島田～田中～府中（静岡市）旅籠屋泊
4日	府中～原（静岡県沼津市）旅籠屋泊
5日	原～箱根峠　旅籠屋泊
6日	箱根峠～関所～平塚（神奈川県平塚市）旅籠屋泊
7日	平塚～神奈川（横浜市神奈川区）旅籠屋泊
8日	神奈川～品川～佐賀藩上屋敷

三　江戸滞在

12月9日～安政元年4月13日	上屋敷内の藩校明善堂に滞在

四　佐倉・水戸筋

4月14日	佐賀藩上屋敷～浅草～千住（東京都足立区）旅籠屋泊
15日	千住～船橋（千葉県船橋市）旅籠屋泊
16日	船橋～佐倉城下（千葉県佐倉市）旅籠屋泊（17日まで）
18日	佐倉～成田山（千葉県成田市）旅籠屋泊
19日	成田山～荒海（成田市）旅籠屋泊

4月20日	荒海〜神崎（千葉県神崎町）〜佐原（千葉県佐原市）〜津宮（香取市）旅籠屋泊
21日	津宮〜（舟）〜潮来（茨城県潮来市）〜延方〜（舟）〜鹿島（茨城県鹿島市）旅籠屋泊
22日	鹿島〜（舟）〜牛堀〜手賀（茨城県行方市）旅籠屋泊
23日	手賀〜浜〜（舟）〜柏崎〜土浦（茨城県土浦市）城下　旅籠屋泊（24日まで）
25日	土浦城下〜北条〜筑波山麓　旅籠屋泊
26日	山麓〜筑波山頂〜椎尾〜真壁（茨城県桜川市）旅籠屋泊
27日	真壁〜笠間（茨城県笠間市）城下　旅籠屋泊（29日まで）
晦日	笠間城下〜大足〜水戸（茨城県水戸市）城下　旅籠屋・松延貞雄宅泊（5月8日まで）

五　棚倉・仙台・石巻筋

5月9日	水戸城下〜枝川〜額田（茨城県那珂市）　旅籠屋泊
10日	額田〜小菅〜小中（茨城県常陸太田市）旅籠屋泊
11日	小中〜塙（福島県塙町）〜棚倉（福島県棚倉町）城下　旅籠屋泊（12日まで）
13日	棚倉城下〜塚本〜下松川村（福島県古殿町）　村役人宅泊
14日	下松川村〜湯本（福島県いわき市）旅籠屋泊
15日	湯本〜平（いわき市）城下　旅籠屋泊（16日まで）
17日	平城下〜（舟）〜神谷（いわき市）旅籠屋泊（18日まで）
19日	神谷〜富岡（福島県富岡町）　旅籠屋泊
20日	富岡〜新山〜浪江（福島県浪江町）旅籠屋泊
21日	浪江〜小高〜原ノ町（福島県南相馬市）旅籠屋泊（22日まで）
23日	原ノ町〜中村（福島県相馬市）城下　旅籠屋泊

24日	中村~丸森（宮城県丸森町）旅籠屋泊
25日	丸森~角田~下名生（宮城県柴田町）旅籠屋泊
26日	下名生~槻木~仙台（仙台市）城下　旅籠屋泊（6月1日まで）
6月2日	仙台城下~塩竈~松島　旅籠屋泊
3日	松島~石巻（宮城県石巻市）旅籠屋泊
4日	石巻~湊~（舟）~金華山　寺泊
5日	金華山~（舟）~湊~石巻　旅籠屋泊

六　秋田・本庄・庄内筋

6月6日	石巻~高清水（宮城県栗原市）旅籠屋泊
7日	高清水~岩ケ崎（栗原市）~文字村（栗原市）村役人宅泊
8日	文字村~国見峠　小屋泊
9日	国見峠~小安番所~小安村（秋田県湯沢市）旅籠屋泊
10日	小安村~川向村（湯沢市）~八面村（湯沢市）~増田（秋田県横手市）旅籠屋泊
11日	増田~六郷（秋田県美郷町）旅籠屋泊
12日	六郷~刈和野（秋田県大仙市）~境（大仙市）旅籠屋泊
13日	境~秋田（秋田市）城下　旅籠屋泊
14日	秋田城下~番所~道川（秋田県由利本荘市）旅籠屋泊
15日	道川~本荘（秋田県由利本荘市）城下　旅籠屋泊（16日まで）
17日	本荘城下~塩越（秋田県にかほ市）旅籠屋泊（20日まで）
21日	塩越~吹浦（秋田県遊佐町）旅籠屋泊

6月22日	吹浦～（舟）～酒田（山形県酒田市）～（舟）～浜中～庄内（山形県鶴岡市）城下 旅籠屋泊（24日まで）
25日	庄内城下～鼠ヶ関（山形県鶴岡市） 旅籠屋泊

七 越後村上滞在

6月26日	鼠ヶ関～猿沢～村上（新潟県村上市）城下 旅籠屋泊（7月1日まで）
7月2日～閏7月20日まで	空き屋敷に滞在

八 新潟・会津・宇都宮・日光筋

閏7月21日	村上城下～岩船～中村浜（新潟県胎内市） 郷士宅泊（22日まで）
23日	中村浜～新発田（新潟県新発田市）城下 旅籠屋泊（26日まで）
27日	新発田城下～水原（新潟県阿賀野市）～村松（新潟県五泉市）城下 旅籠屋泊（28日まで）
29日	村松城下～五泉～（舟）～新潟（新潟市） 旅籠屋泊（8月1日まで）
8月2日	新潟～（舟）～沼垂（新潟市）～（舟）～亀田（新潟市）～分田（新潟県阿賀野市）旅籠屋泊
3日	分田～大牧村（新潟県阿賀町） 旅籠屋泊
4日	大牧村～野沢（福島県西会津町） 旅籠屋泊
5日	野沢～坂下（福島県会津坂下町）～会津（福島県会津若松市）城下 旅籠屋泊
6日	会津城下～原（会津若松市） 旅籠屋泊
7日	原～牧之内（福島県天栄村）～上小屋（福島県白河市） 旅籠屋泊
8日	上小屋～白河（福島県白河市）城下 旅籠屋泊（11日まで）

12日	白河城下～寄居（栃木県那須町）～大田原（栃木県大田原市）城下　旅籠屋泊
13日	大田原城下～氏家～宇都宮（栃木県宇都宮市）城下　旅籠屋泊（14日まで）
15日	宇都宮城下～大沢～日光（栃木県日光市）　旅籠屋泊（16日まで）
17日	日光～宇都宮　旅籠屋泊
18日	宇都宮～壬生（栃木県壬生町）城下～栃木（栃木市）　旅籠屋泊
19日	栃木～佐野（栃木県佐野市）～館林（群馬県館林市）城下　旅籠屋泊（20日まで）
21日	館林城下～古河（茨城県古河市）城下　旅籠屋泊（22日まで）
23日	古河城下～粕壁（埼玉県春日部市）～越谷（埼玉県越谷市）　旅籠屋泊
24日	越谷～千住～佐賀藩上屋敷

九　江戸滞在

8月25日～安政2年4月10日まで	上屋敷内明善堂

十　中山道筋

4月11日	江戸～板橋～浦和（埼玉県さいたま市浦和区）　旅籠屋泊
12日	浦和～鴻巣（埼玉県鴻巣市）～熊谷（埼玉県熊谷市）　旅籠屋泊
13日	熊谷～本庄（埼玉県本庄市）～高崎（群馬県高崎市）城下　旅籠屋泊
14日	高崎城下～松井田（群馬県安中市）～碓氷関所～追分（長野県軽井沢町）　旅籠屋泊
15日	追分～小諸（長野県小諸市）城下　熊部宅泊（18日まで）
19日	小諸城下～海野（長野県東御市）　商家泊

4月20日	海野～上田（長野県上田市）城下　旅籠屋泊（5月6日まで）
5月7日	上田城下～坂城（長野県坂城町）　旅籠屋泊
8日	坂城～松代（長野県長野市）城下　旅籠屋泊（9日まで）
10日	松代城下～丹波島～善光寺～丹波島～稲荷山（長野県千曲市）　旅籠屋泊
11日	稲荷山～麻績（長野県麻績村）～青柳（長野県筑北村）　旅籠屋泊
12日	青柳～松本（長野県松本市）城下　旅籠屋泊（宿替えあり、18日まで）
19日	松本城下～洗馬（長野県塩尻市）　旅籠屋泊
20日	洗馬～福島（長野県木曽町）　遠藤宅泊（23日まで）
24日	福島～上松～三富野（長野県南木曽町）　旅籠屋泊
25日	三富野～落合（岐阜県中津川市）～中津川～大井（岐阜県恵那市）～釜戸（岐阜県瑞浪市）　旅籠屋泊

十一　名古屋・津・京都・大坂筋

5月26日	釜戸～池田（岐阜県多治見市）～坂下（愛知県春日井市）　旅籠屋泊
27日	坂下～勝川（春日井市）～名古屋（名古屋市）城下　旅籠屋泊（28日まで）
29日	名古屋城下～宮（名古屋市熱田区）～（舟）～桑名（三重県桑名市）城下　旅籠屋泊（6月2日まで）
6月3日	桑名城下～追分～白子（三重県鈴鹿市）　旅籠屋泊
4日	白子～津（三重県津市）城下　旅籠屋泊（7日まで）
8日	津城下～関（三重県亀山市）～水口（滋賀県甲賀市）城下　旅籠屋泊
9日	水口城下～石部（滋賀県湖南市）　旅籠屋泊
10日	石部～瀬田～膳所（滋賀県大津市）城下～京都　旅籠屋・大野宅泊（16日まで）

17日	京都〜伏見　旅籠屋泊（18日まで）
19日	伏見〜（舟）〜　船中泊
20日	〜（舟）〜大坂・天神橋　旅籠屋泊（29日まで）

十二　四国筋

6月晦日	大坂・安治川橋〜（舟）〜　船中泊
7月1日	〜（舟）〜　船中泊
2日	〜（舟）〜　船中泊
3日	〜（舟）〜下津井（岡山県倉敷市）〜（舟）〜　船中泊
4日	〜（舟）〜丸亀（香川県丸亀市）城下〜金毘羅町（香川県琴平町）　旅籠屋泊
5日	金比羅町〜辻（香川県三豊市）〜三島（愛媛県四国中央市）旅籠屋泊
6日	三島〜豊田〜関ノ戸（愛媛県新居浜市）旅籠屋泊
7日	関ノ戸〜西条（愛媛県西条市）城下　旅籠屋泊（9日まで）
10日	西条城下〜今治（愛媛県今治市）城下　旅籠屋泊（15日まで）
16日	今治城下〜松山（愛媛県松山市）城下　旅籠屋泊（19日まで）
20日	松山城下〜内子（愛媛県内子町）　旅籠屋泊
21日	内子〜八幡浜（愛媛県八幡浜市）　旅籠屋泊

十三　豊後路・熊本・柳川・久留米筋

7月22日	八幡浜〜（舟）〜　船中泊
23日	〜（舟）〜佐賀関（大分県大分市）〜（舟）〜臼杵（大分県臼杵市）城下　旅籠屋泊（26日まで）

7月27日	臼杵城下〜千歳（大分県豊後大野市）役宅泊（晦日まで）
8月1日	千歳〜萩原〜府内（大分市）城下　旅籠屋泊
2日	府内〜（舟）〜別府（大分県別府市）　旅籠屋泊
3日	別府〜今市（大分市）　旅籠屋泊
4日	今市〜岡（大分県竹田市）城下　旅籠屋泊（6日まで）
7日	岡城下〜坂梨（熊本県阿蘇市）〜内牧（阿蘇市）　旅籠屋泊
8日	内牧〜大津（熊本県大津町）〜熊本（熊本市）城下　旅籠屋泊（9日まで）
10日	熊本城下〜高瀬〜府本（熊本県荒尾市）　旅籠屋泊
11日	府本〜三池（福岡県大牟田市）〜柳川（福岡県柳川市）城下　旅籠屋泊（13日まで）
14日	柳川城下〜久留米（福岡県久留米市）城下　旅籠屋泊（17日まで）
18日	久留米城下〜轟木（佐賀県鳥栖市）　知人宅泊（19日まで）

十四　自宅

8月20日	轟木〜神埼（佐賀県神埼市）〜佐賀城下（28日まで）　自宅泊

十五　大村・長崎・島原筋

8月29日	佐賀城下〜武雄（佐賀県武雄市）　旅籠屋泊
晦日	武雄〜彼杵（長崎県東彼杵町）〜（舟）〜松原〜大村（長崎県大村市）城下　旅籠屋泊（9月2日まで）
9月3日	大村城下〜（舟）〜長与（長崎県長与町）　旅籠屋泊
4日	長与〜長崎（長崎市）　旅籠屋泊（5日まで）
6日	長崎〜（舟）〜神ノ島佐賀藩陣屋　陣屋泊（8日まで）

9日	神ノ島〜（舟）〜長崎〜矢上（長崎市）　旅籠屋泊
10日	矢上〜愛津関所〜多比良（長崎県雲仙市）　旅籠屋泊
11日	多比良〜島原（長崎県島原市）城下　旅籠屋泊（15日まで）
16日	島原城下〜神代（長崎県雲仙市）〜（舟）〜　船中泊
17日	〜（舟）〜本庄津（佐賀市）〜帰宅

（注）当時の太陰暦では大の月は30日、小の月は29日で、31日はない。そのため、誤解が生じないように月末は晦日と記した。

第一章　剣術の稽古の変遷と隆盛

（一）　武士の文武教育

武者修行の実態について述べる前に、まず江戸時代の武士の教育について簡単に書いておかねばならない。

現在、一般に諸藩の藩士の子弟はみな藩校にかよい、真摯に学問と武芸にはげんでいたと理解されているのではないだろうか。とくに武芸に関しては、「武士の家に生まれた男子はみな、幼いころから剣術の稽古をしていた」と信じている人が多い。

武士はみな武芸の心得があり、いざとなればさっそうと剣をふるう、と。武士はみな常住坐臥《ざが》、死を意識して生きていた、君命とあればいつでも死ぬ覚悟はできていた、などという極端な美化もある。

ところが、有名な会津藩の日新館《につしんかん》が開校したのは寛政《かんせい》十一年（一七九九）、水戸藩の弘道館《こうどうかん》は天保十二年（一八四一）と、諸藩に藩校ができたのはほとんどが江戸時代の中期から後期にかけてだった。ようやく幕末になって開校した藩校も少なくない。江戸時

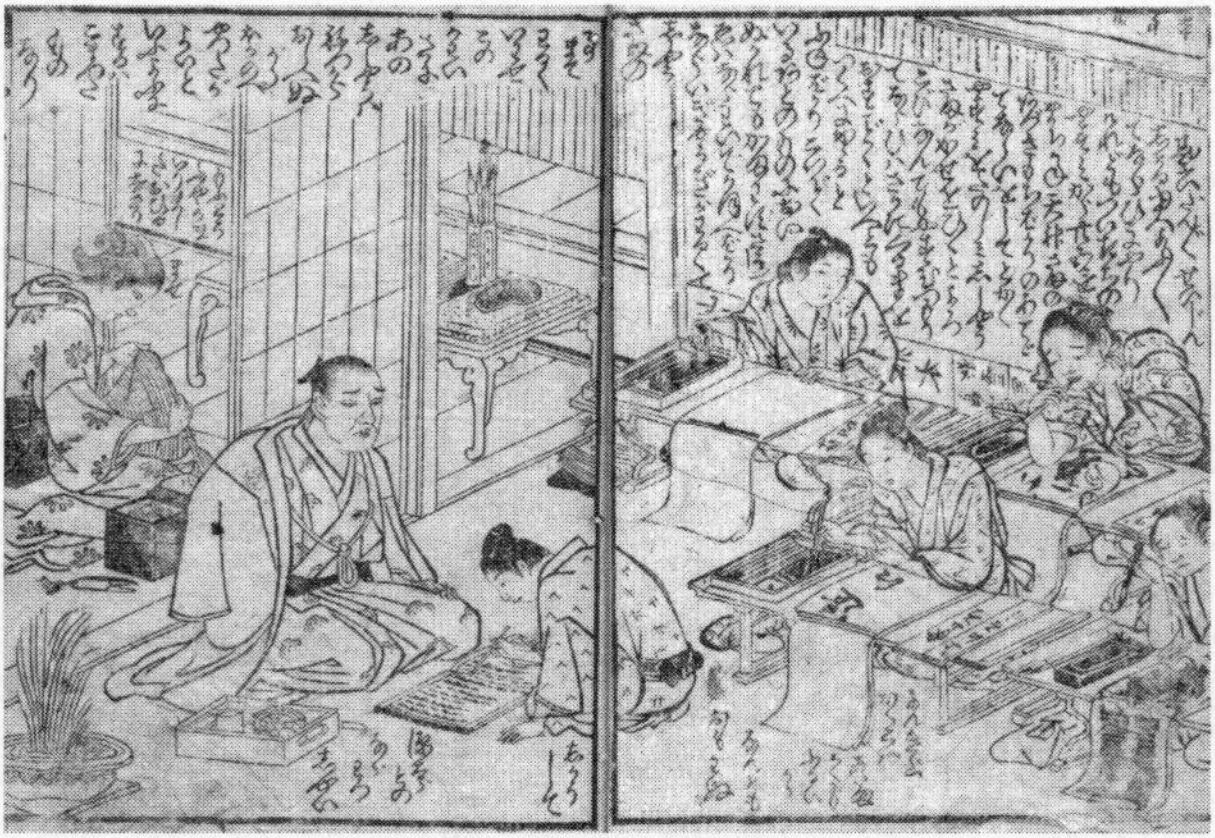

図一『津以曽無弟の甚六』（市場通笑著、安永９年）国会図書館蔵

代を通じて、藩校がなかった時代の方が長いのである。

では、藩校ができるまで、武士の文武の教育はどうなっていたのか。

じつは、すべて家庭にまかされていた。そんな家庭教育の様子をコラム10（二三二頁）に示した。

武士の子供に読み書きを教え、漢籍の素《そ》読《どく》などをさせるのはあくまで父親や祖父の役目だった。初等教育を終えたあと、親が教育熱心で経済的にも余裕がある場合は家庭教師を雇ったり、私塾（儒学者が個人で開講した塾）にかよわせたりした。

図一は、庶民の子供に初等教育をさずける寺子屋である。こうした寺子屋に、下級武士の子供がかようこともあった。

武芸に関しても、個人的に剣術、槍術《そうじゅつ》、

弓術などの師匠に入門して稽古した。牟田文之助は幼いころから剣術の手ほどきを受けているが、たまたま実父が鉄人流の師範だったからである。

教育は文武とも基本的に家庭と個人のやる気にまかされていたのである。こうして、いわゆる義務教育の段階がなかったため、武士の教養や武芸は個人差が大きかった。

江戸時代の後期になって全国に次々と藩校が誕生したのは、財政の悪化にともない、藩政改革の必要に迫られたことが背景にあった。

藩政の改革にはまず人材の育成が大事だったからである。藩校道場で武芸の稽古をさせたのも、太平の世で惰弱になった武士に質実剛健の精神をよみがえらせるためだった。

いっぽう、幕府には諸藩のような藩校すらなかった。昌平坂《しょうへいざか》学問所（昌平黌《しょうへいこう》）があったが、これは大学に相当し、幕臣（旗本・御家人）の子弟に初等・中等教育をほどこすのはまったく家庭にまかされていた。

だが、親のなかには、あるいは子供のほうにも怠け者はいる。そのため、読み書きすらできない幕臣もいた。

勝海舟の父の勝小吉《こきち》は旗本でありながら、二十歳過ぎるまで読み書きができなかったのは有名である。麻布《あざぶ》中学校を創立した江原素六《えばらそろく》の父は御家人だったが、生涯読み書きができなかったし、少年の日の素六は学問を始めるにあたって父親の無教養と無理解に苦労したという。無教養な幕臣が多かったことは、古老の聞き書きである『幕末百話』にも記されている。

武芸に関しても、剣術の稽古など一度もしたことがない幕臣が多かった。幕臣の家に生まれた塚原渋柿園《つかはらじゆうしえん》は、その著『江戸沿革私記』で、幕臣はみな怠惰な生活を送っていたが——

その中心《うち》掛好《よ》しと云う武士《さむらい》は武芸を学び文学を修む。されどこれ等《ら》は稀々《まれまれ》にして、

と述べ、文武に励む幕臣はごくまれだった。

もちろん、幕臣のなかには有能な官吏や優秀な学者、有名な剣客もいたが、すべて自発的に私塾にかよって学び、自分の意思で道場に入門して鍛錬したのである。

幕府が幕臣のためにやっと武芸の修練の場を造ったのは、黒船来航から三年後である。

黒船来航をきっかけに武力充実の必要性を痛感した幕府は、男谷精一郎《おだにせいいちろう》の建白などにより安政三年（一八五六）、おそまきながら築地に講武所《こうぶしょ》を開場した。幕府の公式道場で、幕臣の惰弱な子弟に剣術や槍術などの稽古をさせ、鍛え直そうとしたのである。

このように、人材育成に関しては諸藩のほうが幕府よりはるかに先行し、充実していたといえよう。こうした諸藩の文武教育があったからこそ明治維新は成し遂げられたの

だが、ここでは立ち入らない。

では、佐賀藩の状況はどうだったのだろうか。

全国諸藩のなかでも佐賀藩の藩士教育の充実は際立っていた。藩校の弘道館が開校したのは天明《てんめい》元年（一七八一）で、他の諸藩にくらべてもかなり早い。

さらに文政《ぶんせい》年間には、江戸の藩邸内にも藩校の明善堂《めいぜんどう》が開校された。当初は中屋敷のなかに置かれていたが、文政八年（一八二五）には上屋敷内に移転した。

佐賀藩も財政難に苦しんでいたが、天保元年（一八三〇）、鍋島直正が第十代藩主となった。

儒学者で弘道館の教授でもある古賀穀堂《こくどう》の、

「人材登用、勤倹奨励、学問教育の奨励、産業奨励」

などの提言を受け、直正は藩政改革に取り組んだ。

とくに人材育成には力をそそぎ、蘭学では嘉永・安政期に、蘭方医の伊東玄朴《げんぼく》が江戸にひらいた象先堂《しょうせんどう》に佐賀藩から四十七人が入門。和歌山の華岡青洲《はなおかせいしゅう》塾へ二十九人、大坂の緒方洪庵《こうあん》の適塾《てきじゅく》には二十九人が入門した。

また、漢学でも、幕末だけで佐賀藩から江戸の昌平坂学問所へ四十七人、日田の広瀬淡窓《たんそう》の咸宜園《かんぎえん》へ二百二十七人が入門している。

「文」の人材育成と同時に、「武」の人材育成にも積極的だった。

こうした藩主鍋島直正の方針のもと、牟田文之助は諸国武者修行を許可されたのである。

（二）剣術の稽古法の変遷

ここで江戸時代の剣術界の状況について述べよう。

刀をあやつる技法である剣術は、日本人が鉄製の刀剣を用いるようになってから自然発生的に生まれたと思われるが、日本式の剣術が成立するのは源平時代と見られている。しかし、その技法の伝授はごく身近な関係のなかで、たとえば親子のあいだなどでおこなわれたようで、史料として確認できるかぎりにおいて、まだ剣術の師匠として名を成した者はいなかった。

剣術の流派が成立し、師授とか伝授とかがおこなわれるようになったのは十五世紀なかば、室町時代の将軍足利義政《よしまさ》のころ以降である。

もっとも早く成立した剣術流派としては天真正伝新当流《てんしんしょうでんしんとう》（神道流）、愛洲《あいす》陰《かげ》流、中条《ちゅうじょう》流、念《ねん》流などが知られるが、流派の始まりや流祖については多くは神秘的な伝説にいろどられており、判然としない。

実際の源流はせいぜい三、四流にすぎなかったであろう。ところが、このわずか三、四流が江戸時代になって次々と枝分かれし、江戸時代末期には七百流以上に増加する。

もはや日本刀が戦場の武器として用いられることがなくなってから、剣術は大きな発展を遂げたわけである。皮肉な現象ともいえるが、その発展の背景には稽古法の劇的な変化があった。

もともと剣法の攻防の技を教授するに際しては、刃引《はび》きした刀や木刀を使っていた。

しかし、刃引きした刀や木刀でも体を直撃すると大怪我《おおけが》をする。場合によっては死亡することもあるため、とても試合形式の稽古はできない。そこで、ゆっくりした動きで「形《かた》」の稽古をするのが主流だった。

図二は、木刀を用いた形の稽古であり、試合をしているわけではない。

こうした形の稽古をしているぶんには危険はないが、延々と単調な動きを繰り返すのは退屈だった。しかも、自分がどれほど上達したのかがわからないもどかしさがある。

自分の強さをたしかめるには真剣を用いて斬り合いをするしかないが、戦場がなくなってから久しい。木刀の試合も打ち所が悪ければ死亡するため、簡単にはできない。

このため、師匠に入門しても途中で挫折し、やめてしまう者が多かったであろうことは想像に難くない。

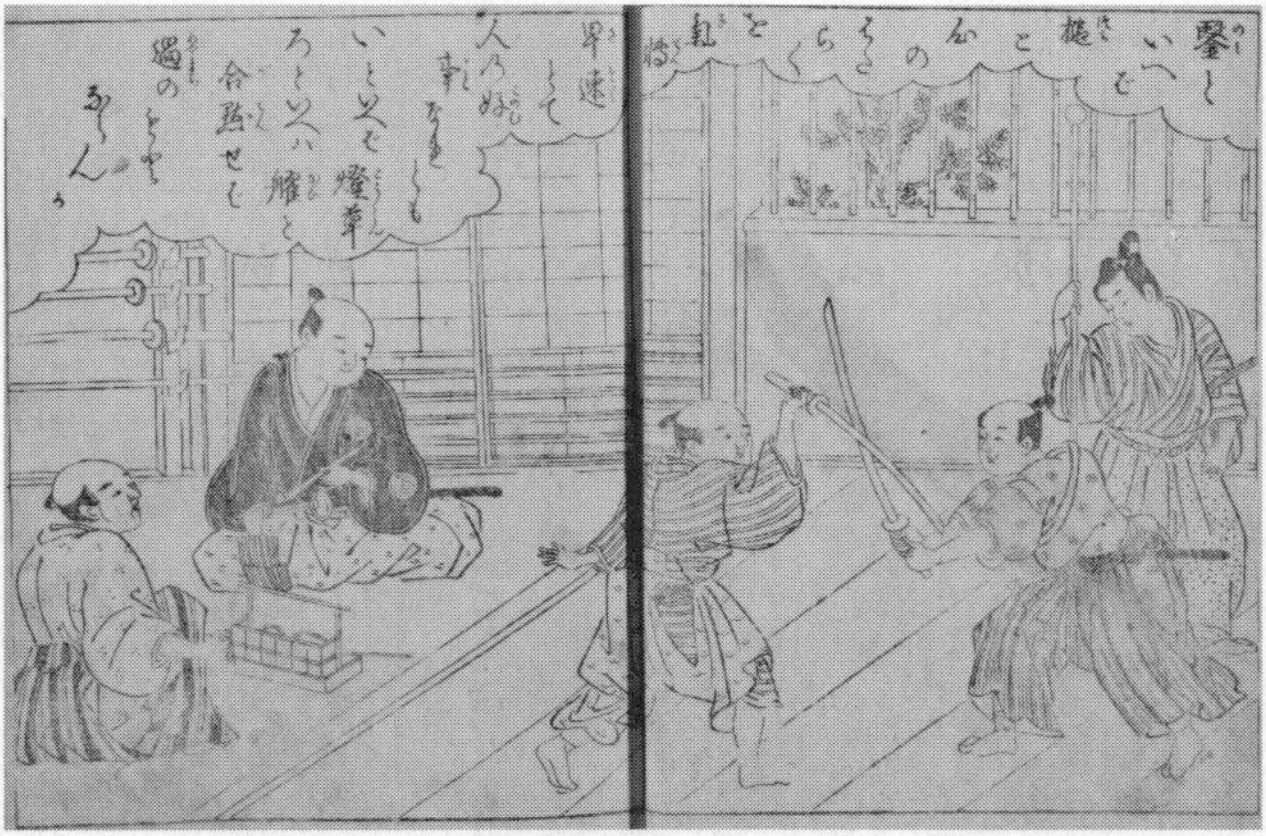

図二『絵本諸芸錦』（鈴木春信著、宝暦13年）国会図書館蔵

ところが、江戸時代の中期、竹刀と防具という画期的な道具がくふうされ、剣術は飛躍的な発展を遂げる。

＊

誰かが突如ひらめきを得て竹刀と防具を発明したというわけではない。多くの人による試行錯誤と改良を経て完成したといえよう。

できるだけ実戦に近い形式で、しかも危険のない方法で稽古をするため、各人や各流派がそれぞれくふうをこらしていた。そんな例のひとつに袋竹刀《ふくろしない》がある。

十六本から三十二本くらいに細く縦に割った竹を革の袋に詰めたもので、竹刀を「しない」と読ませるようになったのは、この袋竹刀が撓《しな》うからだという。また、袋竹刀を考案したのは神陰流の創始者の上泉伊勢守《かみいずみいせのかみ》とされている。

神陰流の系統の柳生流では、この袋竹刀を早期から稽古に使用していた。袋竹刀を用い、素面素籠手《すめんすこて》で、つまり防具なしで打ち合っていた。袋竹刀で打たれてもとくに大きな怪我はしないが、同じ場所を何度も打たれると赤く腫《は》れあがったという。

そのほかにも竹刀や防具には様々なくふうと改良がくわえられていたが、正徳《しょうとく》年間(一七一一〜一六)、六代将軍家宣《いえのぶ》から七代将軍家継《いえつぐ》の時代、直心影流の長沼四郎左衛門《しろうざえもん》が防具の面と籠手を実用的な段階にまで向上させ、芝西久保の道場で初めて用いた。

面と籠手をつけ、竹刀で打ち合うのであれば心おきなく実戦的な稽古ができる。これが評判を呼び、長沼道場には入門者が殺到した。

しかし、他流派は長沼のやり方に対して、

「あんなもの、子供の遊びではないか」

と冷笑し、依然として形の稽古を続けていた。

ところが、宝暦《ほうれき》年間(一七五一〜六四)になって、九代将軍家重《いえしげ》から十代将軍家治《いえはる》の初期にかけて、一刀流の中西忠蔵《ちゆうぞう》が防具の面や籠手、胴にさらなる改良をくわえて完成し、大々的に道場で竹刀と防具による稽古を始めるにいたって、もう流れは止められなくなった。

従来の稽古形式に固執していては門人を失ってしまうと見て、ほとんどの流派や道場

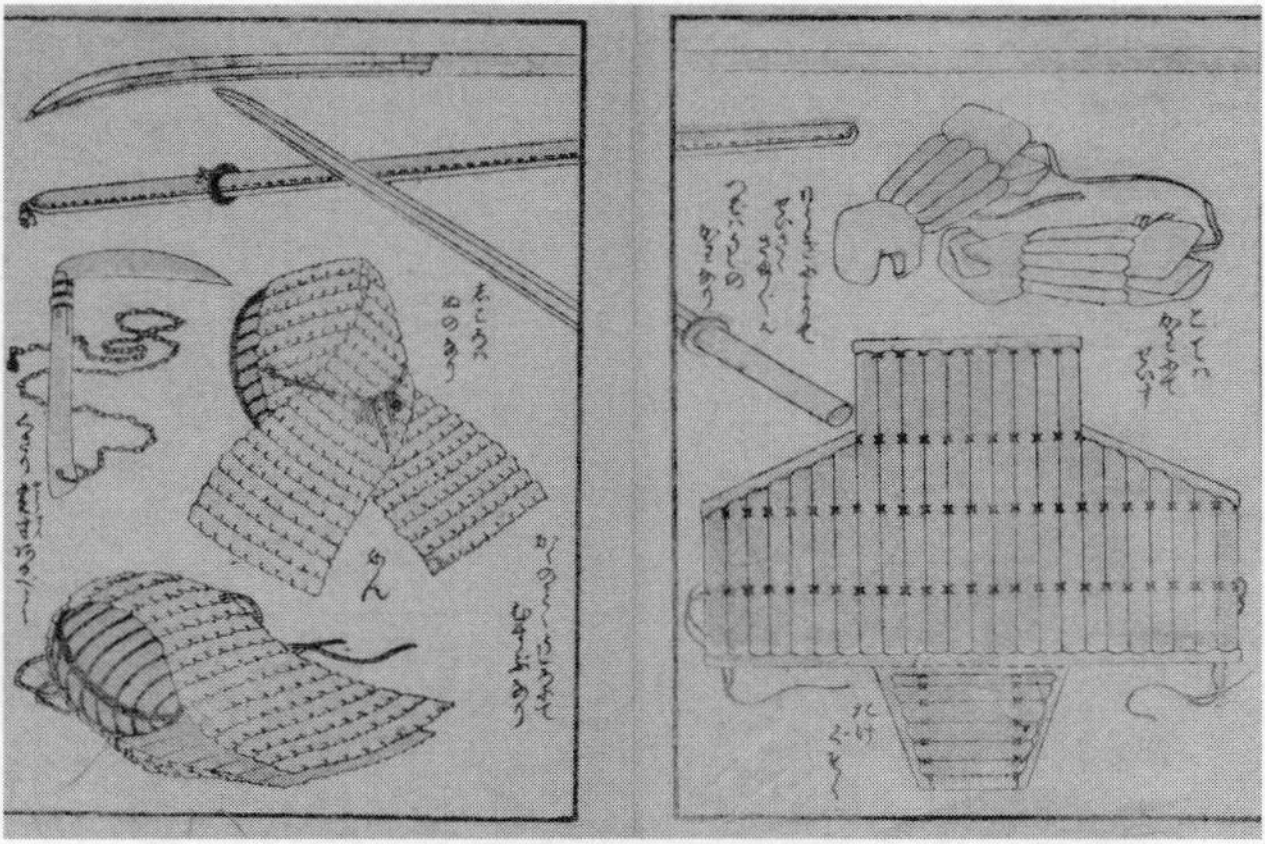

図三『北斎漫画・六編』（葛飾北斎著）足立区立郷土博物館蔵

がこぞって竹刀と防具を採用し始めたのである。

図三は、剣術の防具であり、すでに現在の剣道と基本的に同じだったことがわかる。

竹刀や防具について、**図三**のなかの説明をつぎに整理した。

流儀によりて製作様々なり
竹刀——鍔《つば》は牛の革なり
籠手——籠手は革にて製す
胴——竹具足
面——錏《しころ》は布なり　かくのごとく後ろにて結ぶなり

図四は道場での稽古の様子が描かれているが、文化五年（一八〇八）刊行の戯作の挿絵である。防具を身につけて竹刀で打ち

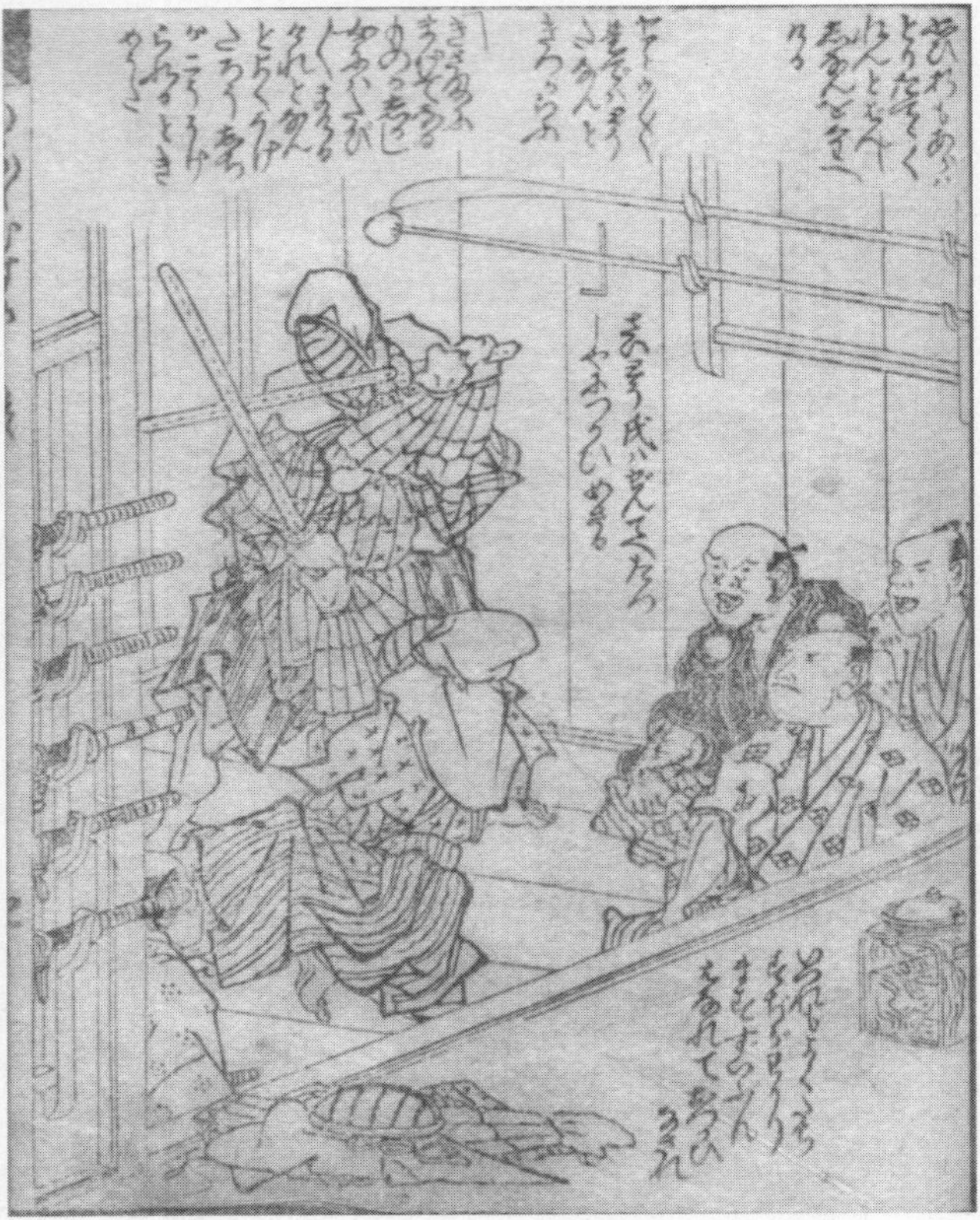

図四『孝行娘妹背仇討』（関亭伝笑著、文化５年）国会図書館蔵

合う様子は、すでに現代の剣道とほとんど変わらない。

なお、文化五年といえば、牟田文之助の武者修行の四十五年前である。つまり、文之助が剣術の修業をしていたころ、竹刀と防具が定着してすでにおよそ半世紀が経過していたことになろう。

ところが、漫画やテレビ・映画の時代劇に描かれる剣術道場では、防具をつけず、木刀で打ち合いをしていることが多い。そして、片方が手首や肩、胴を打たれ、

「うっ、参った」

となるが、あとは勝者も敗者も、さわやかである。

だが、木刀で直撃されれば、「うっ、参った」ではすまない。打撲傷や骨折につながるであろう。

まして、試合を見守っていた師範が、

「そこまで」

と、鋭い声で制止するや、片方が勢いよくふりおろした木刀が、相手の額すれすれでぴたりと止まるなどは、とうていありえない光景といってよかろう。まさに、フィクションなのである。

こうした木刀による稽古や試合の光景も、「はじめに」で述べたように拡大再生産されて、現代も描かれ続けているといってよい。

(三) 剣術のスポーツ化と隆盛

竹刀と防具の採用で試合形式の稽古――打ち込み稽古ができるようになり、剣術は俄《が》然《ぜん》、面白くなった。

当時、娯楽が少なかった。そんななかにあって、人々は初めてスポーツの面白さに目覚めたのである。画期的な娯楽の登場だった。なにせそれまで、武芸はあってもスポーツはなかったからである。

武士ばかりでなく、庶民までもが大挙して剣術道場に入門するようになり、一種の剣術ブームがおきた。なお、本書では江戸時代の身分制度を大きく武士（士）と庶民（農工商）に分けた。

この流行を受けて江戸を中心に次々と町道場ができた。○○流で稽古を積んでいた者が免許皆伝を受けるや、すぐに独自のくふうを加えて自流を立てた。つまり、○○流の出身者があらたに、

○○流××派、△△流、

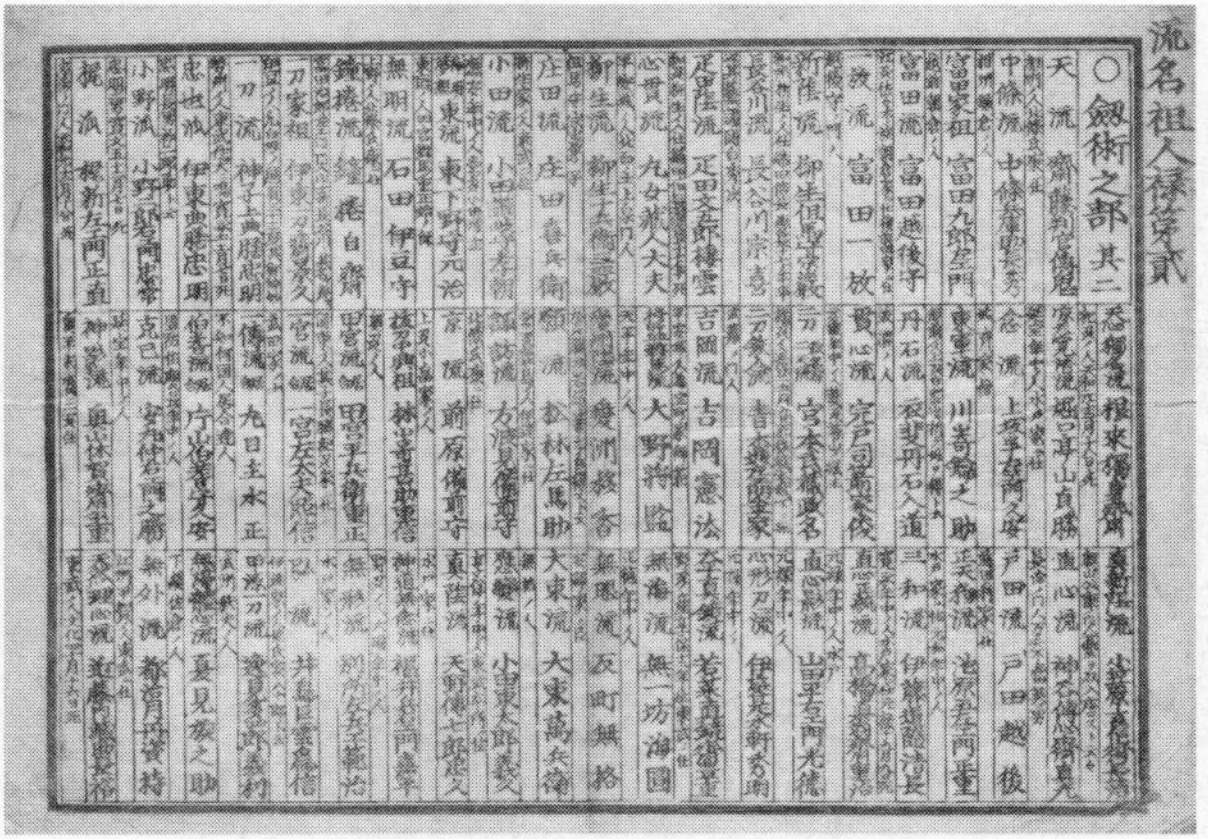

図五『江戸自慢』（嘉永 - 安政頃）国会図書館蔵

などと唱えて独立し、町道場をひらいたのである。幕末期には七百以上と、剣術流派が乱立したことを先述したが、これは剣術を修行した者がすぐに独立して自流を唱えたからだった。実際には従来の流派とほとんど差のない場合が多かったに違いない。**図五**に示したのは、幕末期の剣術流派の一部である。

『賤《しず》のをだ巻《まき》』で、旗本の森山孝盛《たかもり》は――

　武芸も翁が若年の頃は……（中略）……諸芸とも実の稽古にて、今の如《ごと》くうきたる事には非《あら》ず、今は若くても免許さへすめば弟子を扱ふ……

　今の人、精力も学力も劣りたる畳の上の工夫にて、我と流名を立《たつ》ると云《いう》は、途方もなき事なり。

と、若いにもかかわらず免許皆伝を受けるや、すぐに独立して門人を取る傾向に憤慨している。

この記述をしたのは享和《きょうわ》二年（一八〇二）で、著者の森山は六十五歳である。いわゆる老人の「昔はよかった。それにひきかえ、いまの若い者はなっとらん」式の苦言とはいえ、すでに享和のころには剣術界にあたらしい流派が続々と誕生していたのがわかる。

しかも、道場を開業しても指導法が親切で、わかりやすいと評判になれば入門者はふえ、剣術は充分にビジネスとして成り立った。とくに江戸においては、剣術道場は当時のベンチャービジネスだったと言っても過言ではない。

道場主はビジネスの観点から「来る者は拒まず」で、身分を問わずどんどん受け入れ、剣術の指導をした。

図六から、剣術道場のにぎわいがわかろう。

だが、多数の庶民が道場にかよって剣術の稽古をしている状況は、支配階級である武士にとって苦々しいかぎりだった。

幕府は文化二年（一八〇五）五月、勘定奉行を通じて農民に布告した。

　近来在方ニ浪人もの抔《など》を留置、百姓共武芸を学ヒ、又は百姓同士相集り、稽古致候

図六『一掃百態』（渡辺崋山著、明治 17 年）国会図書館蔵

も相聞へ候、農業を妨候計《さまたげそうろうばかり》ニも無之、身分をわすれ、気かさニ成行候基候得《そうらえ》は、
堅く相止可申候、勿論故なくして武芸師範致候もの抔、猥《みだり》ニ村方え差置申間敷《もうすまじく》候。

関東地方の農村では、剣術の心得のある浪人などに屋敷を提供して道場をひらかせ、そこで近隣の若者が剣術の稽古をしていたのだ。当時、江戸近郊の農村がゆたかになり、経済的、時間的な余裕があった証拠でもあろう。

ところが、こんな傾向は武士階級としては由々《ゆゆ》しき事態だった。幕府は「百姓が武芸の稽古をするなど身分不相応であり、まかりならぬ」と通告したのである。「百姓は剣術の真似事《まねごと》をする暇があったら農作業にいそしめ」という訓戒でもあった。天保十年（一八三九）五月には、ふたたびほぼ同文の布告が出された。

さらに天保十四年六月、幕府の老中水野越前守忠邦《みずのえちぜんのかみただくに》は大目付を通じて、つぎのような布告を出した。

町人共《は》、従来其産業を守、武術稽古等不致筈ニ候処、当時世上武備盛ニ取行候に随ひ、町人共之内、稽古致し候者も有之、師範之者も、中ニ《者》其望ニ任、町人共へ教授致し、免許、目録なと差遣候向《むき》も有之様相聞、如何之事ニ付、向後武術師範之者、町人共へ其道を教授いたし候儀、一切可為無用候。

「町人は稼業にはげみ、武術の稽古などしてはならないはずにもかかわらず、近年では剣術の稽古をしている者がいる。しかも、師範のなかには町人へ稽古をつけるどころか、免許皆伝まであたえている者すらいる。けしからぬことであり、今後、武芸の師範たる者は町人を門人に取ってはならない」――と。

江戸の町道場には多くの庶民がつめかけ、しかも、なかには上達して免許皆伝を受ける者も少なくなかったことがわかる。

幕末の慶応《けいおう》三年（一八六七）三月にも、幕府は文化二年のときとほぼ同文の布告を出して、農民が武芸の稽古をするのを禁じた。

一回だけならともかく、こうして何度も禁令が出されたのは、とりもなおさず剣術の稽古をする庶民がいかに多かったか、しかもその傾向はいっこうにおさまらなかったことを示していよう。

極端な例をあげれば、僧侶のなかにも剣術に熱中している者がいた。

牟田文之助は安政元年六月十六日、本荘《ほんじょう》（秋田県由利本荘市）藩の城下の戸田道場で門弟と立ち合ったが、そのなかに僧侶がいた。

僧侶は夜になって、文之助の泊まっている旅籠屋《はたごや》に訪ねてきて剣術談義に花を咲かせ、あげくは出された酒に酔っ払い、深夜になって千鳥足で帰っていった。

剣術に夢中になっている僧侶とは、想像するだけで愉快である。

このように庶民のあいだに広がった剣術熱は武士階級にとって苦々しいかぎりだったのは先述した通りだが、いっぽうで剣術界を活性化したのも事実だった。

＊

当時の武士の多くが、

「町人や百姓に武芸などできるものか」

と、庶民を見くだしていた。

現代でも、武士はみな武芸にひいでていたと思い込み、

「町人や農民が武士にかなうはずがない」

と信じている人は少なくない。

しかし、武芸にひいでた人間が選抜されて武士になるわけではない。あくまで武士は世襲の身分である。先祖は戦場で赫々《かっかく》たる武勲をあげた武勇の士だったとしても、子孫は平和な時代に生きていた。

剣術もスポーツである以上、天賦の才にめぐまれ、有能な師の指導を受け、かつ懸命に努力する者が強くなる。

なお現在、「剣道はスポーツではない、武道である」という主張もあるが、一定のルールのもと、身体能力と攻防の技術で勝敗をきそうという意味では、平和時の道場剣術はスポーツであろう。ここでは武士道論や修養論には立ち入らない。

武士のなかにも、才能のない人間や怠惰な人間はいた。いっぽう、庶民のなかにも才能にめぐまれ、身体能力にすぐれ、向上心を持った人間がいたが、これまでそれを生かす場がなかったにすぎない。

庶民が剣術の稽古をするようになってから、次々と傑出した剣客が輩出したのである。

例を挙げれば枚挙に遑《いとま》がないが、有名な人物だけを列記しよう。

北辰一刀《ほくしんいっとう》流を創始した千葉周作は玄武館《げんぶかん》の道場主として堂々たる武士のいでたちをしていたが、本来の身分は農民だった。天保十二年（一八四一）、四十八歳のときに水戸藩徳川家に召し抱えられることで士籍を得て、正式に武士になった。

しかも、千葉周作の成功はめざましかった。神田お玉が池の玄武館は敷地が約三千六百坪あり、大身の旗本に匹敵するほどだった。

神道無念《しんとうむねん》流の、練兵館《れんぺいかん》の道場主斎藤弥九郎《やくろう》も農民の出身だった。

柳剛《りゅうごう》流の道場主岡田十内《じゅうない》も農民の出身で、牟田文之助は『日録』に——

右十内と申人ハ、本百姓ニ而、江戸牢人と申居候也。

と記した。つまり、岡田十内は本来は農民だが、表向きは江戸の浪人と称しているようだ、と。

そもそも、柳剛流の創始者の岡田惣《そう》右《え》衛門《もん》が農民の出身だった。

直心影流の道場主の男谷精一郎は、曽祖父は越後出身の盲人の高利貸だった。曽祖父が金にあかせて息子に旗本の身分を買ってやった。おかげで男谷家は旗本になった。表向きは禁じられていたが、幕臣の身分は「株」として売買されていたのである。

もっとも有名な例が、新選組の近藤勇《いさみ》と土方歳三《ひじかたとしぞう》であろう。ふたりとも本来の身分は農民だったが、幕府の瓦解直前に幕臣に取り立てられ、正式に武士となった。それまでは、浪人という建前で腰に大小の刀を差していたのである。

このように、剣術で頭角を現わすのは武士の家に生まれることや、武家の血筋であることとはまったく無関係である。持って生まれた才能と、その後の努力できまった。

多くの事例を見るうち、庶民のあいだに、

「たとえ百姓に生まれても、剣術で強くなりさえすれば武芸者を称し、武士に成り上がれる」

という自信が芽生えてきた。

こうして、あたらしい人材の参入が剣術界に活気をあたえ、活性化したのである。

千葉周作が水戸藩に召し抱えられたように、剣術界で評判が高くなれば諸藩の剣術師範に登用される可能性もあった。というのも、江戸時代後期になって諸藩が次々と藩校を開設するなかで、藩校道場の師範という魅力的なポストが生まれていたのだ。

＊

いっぽう、剣術がスポーツ化し、とくに江戸の町道場が活況を呈するなかで、あらたな問題が生じてきた。

ひとつは、防具が一般化するにともない、打突《だとつ》の場所が限定されてきたことである。真剣で渡り合う実戦では、どこを斬ろうが突こうがかまわないはずだが、道場剣術では危険を避けるため、防具に守られたところを打突するメン、コテ、ドウ、ツキのみが有効となった。

この結果、実際の斬撃では肩先から斜めに斬り込む、いわゆる袈裟《けさ》斬りがもっとも多いとされるが、竹刀と防具の剣術では肩に打ち込んでも「一本」とは認められなくなったのである。

同様に、実戦の刺突《しとつ》では胸部や腹部を刺すほうが容易なはずだが、突き垂《つだれ》に保護された喉という小さな標的を突かないと「一本」とは認められなくなった（これらは現代剣道でも同じである)。

もうひとつは、勝つための剣術に変質してきたことである。勝負をする以上、誰しも勝ちたい。この勝ちたいという意欲があればこそ個々人も努力をするわけで、その意味ではよいことには違いないのだが、勝ちたいという意欲が先行するあまり、剣術の内容が実戦とはかけ離れてきたのである。

当時、竹刀の長さなどに統一的な規定はなかった。流派ごとに異なっていたといってもよい。

剣術の試合では(現代の剣道でも同じだが)、竹刀は長いほうが有利である。そのため、人より長い竹刀を作り、試合に用いる者が出てきた。

相手の長い竹刀で負けた者は悔しいので、対抗してさらに長い竹刀を用いるようになる。その結果、実際の日本刀ではありえないような四尺(約百二十一センチメートル)とか、五尺(約百五十二センチ)もの長い竹刀が道場で幅を利かせるようになってきた。

日本刀(大刀)の長さは刀身が七十数センチ、全長(刀身の切っ先から柄《つか》の先端まで)でも百センチ強くらいが一般的である。竹刀の長さがいかに現実離れしていたかがわかろう。

この傾向のひとつの典型が、コラム2(六七頁)に紹介した大石進《すすむ》の長竹刀《ながしない》であろう。

どこかで歯止めをかけなければならない。安政三年に開場した幕府の講武所は剣術に

ついて、直心影流の男谷精一郎の意向にもとづき、

自分持参之道具たりとも撓《しな》へ柄《つか》共総長さ曲尺《かねじゃく》にて三尺八寸より長きは不相成。

と定めた。竹刀の全長は三尺八寸（約百十五センチ）以下と規定したのである。

『日録』によると、安政二年七月二十五日、牟田文之助は臼杵《うすき》（大分県臼杵市）藩の藩校道場で、師範で直心影流の河崎藤之丞の門弟と立ち合った。このとき、文之助は先方から、

「直心影流では竹刀の長さを三尺八寸と定めております。ほかの藩、あるいはほかの流派の、三尺八寸より長い竹刀を用いる修行人はすべて立ち合いをお断わりしております」

と、聞かされた。

講武所が規定する以前から、直心影流は三尺八寸と定めていたようだ。この定めを男谷は講武所にも適用したのであろう。

講武所の規定以後、三尺八寸が竹刀の長さの基準になっていく。明治以降の剣道でも同様だった。

しかし、現在の剣道では日本人の平均身長の向上に対応して、大学生・一般の男子の場合、竹刀の長さは百二十センチ以下、重さは五百十グラム以上と規定している。

コラム1　剣と刀

日本語では「剣」と「刀」は同じ意味に用いられている。ところが本来、漢字の意味は異なる。

剣は反りがなく、まっすぐで両刃の武器をさす。いっぽうの刀は反りのある、片刃の武器で、両者は厳密に区別されている。

中国武術では現在も剣と刀はきちんと区別されており、剣を用いるのは剣術、刀を用いるのは刀術と呼ぶ。

剣の刃は短く、細く、軽い。そのため、剣を用いた動きは軽快である。いっぽう、刀の刃は大きく、背は厚くて、重い。その代表が青竜刀《せいりゅうとう》であろう。使用法は激しく、猛々《たけだけ》しい。その重量を利用して叩《たた》き斬るため、抜群の膂力《りょりょく》がなければ自在にあやつることはできない。あくまでフィクションの世界だが、『三国志』の豪傑関羽《かんう》がふるう偃月刀《えんげつとう》と呼ばれる刀の重さは約五十キロである。

わが国では剣豪や剣客、剣士が用いるのは日本刀である。刀を用いる技を剣術や剣法、撃剣と呼ぶ。刀を抜いて戦うのは真剣勝負である。「刀を抜いて剣先で突く」という表現もべつに違和感はない。現代でも剣道と称しながら竹刀を用いる。日本語では剣と刀はまったくの同義語といえよう。

ただし、わが国も古くは「草薙剣《くさなぎのつるぎ》」で知られるように、両刃の剣を用いた時期があった。

しかし、その後いつしか剣はすたれ、もっぱら刀のみが発達した。このため剣と刀が同義語になってしまったのであろう。

コラム2　大石進と長竹刀

柳川《やながわ》（福岡県柳川市）藩の剣術師範の大石進（七太夫《しちだゆう》）は抜群の長身だった。

その腕の長さと生来の左ききを生かして、それまで剣術にはなかった左手による片手突きをくふうした。しかも、用いる竹刀は五尺三寸（約百六十センチ）という長さだった。手槍《てやり》に近いと言ってもよかろう。

天保年間、江戸に出た大石は多くの道場で他流試合をおこない、その長竹刀による片手突きでことごとく相手を撃破した。北辰一刀流の千葉周作や直心影流の男谷精一郎とも試合をおこない、大石が勝ったとも、勝負なしに終わったとも諸説あってはっきりしないが、千葉や男谷が長竹刀の突きにてこずったのは間違いないであろう。大石の出現に江戸の剣術界は騒然となった。

なお、勝敗に諸説があることがすなわち、当時の試合は現代の剣道のような審判が一方の勝利を宣する形式ではなく、地稽古《じげいこ》の延長のようなものだった証拠であろう（このことは後述）。おたがいに「自分が勝った」と思っていたかもしれないし、観戦者の見方も様々だったことがわかる。

江戸で大石はほとんど無敵と言えたが、批判もあった。軽い竹刀だからこそ五尺三寸の長さでも片手であつかえる。もし真剣の長さが五尺三寸もあれば重くて、とても自在に片手突きなどできるものではない。要するに、

「道場でおこなう竹刀と防具の試合に勝つための剣術ではないか。実戦ではありえない」

という、痛烈な批判である。

だが、江戸で一躍名をあげたこともあって、大石神影流を唱える道場には他藩からも多数の入門者がやってきた。

牟田文之助は安政二年八月十一日、柳川城下に向かう途中、街道から寄り道をして大石を訪ねたが、あいにく不在であり、手合わせはもちろん面会もできなかった（三〇九頁参照）。

第二章　武者修行の仕組みと手続き

（一）　修行人宿で依頼

もともと剣術の各流派は他流試合を禁じていた。危険すぎるからという理由のほかに、流派や道場がもっぱら一子相伝《いっしそうでん》、口伝《くでん》などの秘密主義をとっていて、閉鎖的だったからである。

ところが、竹刀《しない》と防具の普及によって、たがいに打ち合っても危険はなくなった。さらに、新流派の勃興があった。

新流派は自流の宣伝のためもあって、文政年間ころから積極的に他流試合をおこない、各地に武者修行に出向くようになった。こうなると、従来の流派もうかうかとはしておれない。

ついに天保末年ころから、ほとんどの流派や道場で他流試合が解禁となった。これにともない諸国武者修行も盛んになったのである。諸藩の修行人が全国各地の藩校道場や町道場を訪ね、他流試合をするようになった。

こうして修行人の往来が増加するにつれて、武者修行の手続きや仕組みもととのえられていった。牟田文之助が諸国武者修行をしたころ、すでにその手続きや仕組みが確立していた。

武者修行をこころざした者は、まず藩に願い書を提出して許可を受けなければならなかった。もちろん、誰でも許されるわけではない。それなりの実績が必要だったので、その意味では選抜でもあった。

諸藩はどこも財政難だけに、できるだけ人数をしぼりたかった。というのも、武者修行に出る藩士には手当てを支給していたからである。

ただし、藩から支給される手当てで旅費はほぼまかなえたものの、交際費までは出ない。修行人の自己負担は大きかったので、それなりの覚悟が必要だった。このことは後出する文之助の記述でわかる。

許可がおりると、藩から修行人に手札《てふだ》が渡される。手札は藩の身元保証書で、いわばパスポートといえよう。この手札を示さないかぎり、藩校道場は修行人を受け入れなかった。

藩の役人は飛脚を立てて江戸の藩邸に、修行人が訪れる予定の藩校を知らせる。知らせを受けた江戸藩邸では留守居役が各藩の留守居役に連絡した。これを受けて、各藩の留守居役から国許《くにもと》の藩校道場に連絡がいった。こうして、各地の藩校道場は、

「〇月のなかばころ、佐賀藩の牟田文之助という鉄人流の修行人が行く」

と、あらかじめ知らされていたのである。

いっぽう、修行人は武名録《ぶめいろく》（姓名習武録ともいう）と呼ばれる帳面を用意しなければならなかった。武名録には各地で立ち合った相手に姓名を記してもらう。武名録に記載がないかぎり、武者修行の実績にはならなかった。

また、これまで自分が師事していた師匠に紹介状を書いてもらった。文之助の場合は、師匠の内田庄右衛門からつぎのような紹介状をもらった。

鉄人流剣術

肥前佐嘉藩

牟田文之助

右者私門人ニ而芸術修練、甚未熟ニ候得共、此度為ニ修行一致ニ経歴一候。何レ之御方ニ而モ無ニ御隔意一御指揮被レ下度偏ニ宜奉レ頼候。已上。

嘉永六年

丑九月

内田庄右衛門良興

（花押）

なお、佐賀藩の関係者は佐嘉藩と表記することが多いが、字が縁起がよいからであろ

図一『東講商人鑑』(足立区立郷土博物館蔵)

う。

*

さて、いよいよ出立である。

江戸幕府の成立以来、およそ二百五十年が経過している。参勤交代はもちろんのこと、国許と江戸のあいだの藩士の往来は頻繁だった。そのため、国許と江戸を結ぶ街道の宿場にはすでに各藩の指定旅籠屋《はたごや》ともいうべき定宿《じょうやど》があった。

牟田文之助も宿場では、こうした佐賀藩の定宿に泊まっているが、そのほうが手紙の受け渡しなど、なにかと便利だったからである。手紙の受け渡しについては後述しよう。

図一は、旅籠屋の入口が描かれている。

修行人は宿場では旅籠屋に泊まったが、各藩の城下町に着くと、修行人宿《しゅぎょうにんやど》と呼ばれる旅籠屋に草鞋《わらじ》を脱いだ。

各藩の城下町には修行人向けに、修行人宿、修行者宿、修行人定宿などと呼ばれる、その藩の指定旅籠屋が整備されていたのである。なお、文之助は『日録』で、修行人宿のことを執行人宿や執行人定宿とも書いている。

修行人宿は、修行人に対しては無料だった。宿泊費も食事代も、現地の藩が負担していたのである。これで『日録』の記述が理解できる。

牟田文之助は宿場の旅籠屋に泊まった場合、

旅宿銭〇〇文、旅籠〇〇文

などと、すべて几帳面に記録している。だいたい二百二十〜二百八十文くらいだったが、高い場合は三百文を超えた。幕末期のほぼ中級の旅籠屋の料金である。

ところが、文之助は城下の修行人宿に泊まったときは、料金についてはなにも書いていない。要するに無料だったからである。それどころか、修行人宿に藩から酒や料理が届けられることもあった。

藩相互に修行人を優遇する慣例ができあがっていたのである。ただし、例外もあった。

嘉永六年十一月二〜三日、牟田文之助は岡山（岡山市）藩の城下の修行人宿に二泊したが――

尤旅籠之義半分ハ自分ニ而候。

で、岡山藩は半額しか負担してくれなかった。半分は自分で支払えというわけである。

いっぽうでは、旅籠屋同士の争いもあった。

同年十一月十九日、文之助は津《つ》（三重県津市）藩の城下に着き、ふき屋という旅籠屋でたずねた。

「ここは修行人宿か」

「はい、さようでございます」

主人の言葉を信じて、文之助が部屋でくつろいでいると、油屋善四郎という旅籠屋の主人が乗り込んできた。

「あたくしども油屋は、お上《かみ》より修行人宿を仰せ付けられております。どういうわけで、あなたさまはふき屋にお泊まりですか」

「拙者はここが修行人宿と聞いたぞ」

「それは間違いでございます。二、三年前まではふき屋でしたが、いまは油屋が修行人宿でございます」

「そうか、あいわかった」

文之助もやむなくふき屋を出て、あらためて油屋に向かった。

この事例から、修行人宿の指定を受けるのは旅籠屋にとって、安定収入につながったことがわかる。いったん指定を受けると、その権益は断乎《だんこ》として守ろうとしていたこともわかる。武士に対してもひるむことなく、堂々とねじ込んでくるほどだった。

このように修行人宿の主人が強気だったのは、

「あたくしが斡旋《あっせん》しないと、藩校道場に立ち合いを申し込むなど簡単にはできませんよ」

という、事務手続きを熟知し、独占している者の自信だった。

とりもなおさず、諸藩の藩士の諸国武者修行は、当時の旅行業界にとって大きな市場だったといえよう。修行人は年間を通じて大事な顧客だったのである。

＊

修行人宿にあがると、挨拶にきた主人に手札を見せて依頼する。

主人は修行人の手札と希望をたしかめたあと、みずから藩校道場や個人道場に出向き、立ち合いを申し込んでくれた。

この申し込みを受けて、その日のうちに藩校の役人が修行人宿にやってきて修行人に面会し、予定をきめた。個人道場の場合は門弟のひとりが修行人宿をたずねてきて、同様に予定をきめた。

当日になると、藩校道場から、あるいは個人道場から門弟が迎えに来て、修行人とともに道場に向かった。

このように、きちんと手続きがきまっていた。序章で述べた、久留米城下の三道場での立ち合いは、まさに手続き通りだった。

ところが、ままならない場合もあった。

嘉永六年十一月十六日、牟田文之助は膳所《ぜぜ》（滋賀県大津市）藩の城下に着くと、修行人宿にあがり、さっそく主人に依頼した。

「岡田道場を頼みたい」

「あいにくですが、道場主の岡田藤太郎先生はせんだってより江戸に行かれ、ご不在です。あとは高弟の深谷伝次郎さまに託されたと、うかがっております」

「では、その深谷どのに申し込んでくれ」

「かしこまりました」

修行人宿の主人が深谷の屋敷に向かったが、やがてむなしく帰ってきた。

「深谷さまはけさから大津に、砲術の稽古にお出かけになっています。暮れ方までにはお戻りになるということだったので、牟田さまのことをお話ししてまいりました」

夜四ツ（午後十時頃）になって、ようやく深谷の使いの者が修行人宿にやってきた。

「主人は予定が変わり、さらに遠方に出向くことになったようで、帰りのほどはわかりかねますので、今回はひとまずお断わり申し上げます」

こうして、膳所の城下に一泊したのはまったくの無駄となった。

文之助は旅籠代、二百五十文を支払った。修行人宿とはいえ、その地で武者修行の実績のない修行人は、普通の旅人あつかいになったのである。藩としては、修行人を騙《かた》って旅籠代を払わない武士が横行するのを、黙認するわけにはいかなかったからだ。

（二）　他流試合の実態は

修行人宿の主人の斡旋により、藩校道場や個人道場との日取りがきまる。当日、迎えの者に連れられて道場に向かった。いよいよ、他流との立ち合いである。

では、藩校道場と個人道場でその状況を見てみよう。

まず藩校は、長州（山口県萩市）藩の明倫館《めいりんかん》を例にあげよう。明倫館道場には、師範として柳生新陰流の内藤作兵衛と馬来勝平、片山流の北川弁蔵がいた。

嘉永六年十月十七日、牟田文之助は明倫館道場で、内藤作兵衛の門人八十七、八人と立ち合った。昼は弁当が出て、休憩があったとはいえ、これだけの人数と一日のうちに立ち合ったのである。しかも、文之助は、

「剣術は盛んだが、みな、たいしたことはなかった。長い竹刀が目立つ」

と、さめた評価をしている。

翌十八日には、やはり明倫館道場で、午前中は北川弁蔵の門弟およそ四十人と、午後からは馬来勝平の門弟四十二、三人と立ち合った。

つぎは、個人道場の例として、白河（福島県白河市）藩の城下の森元道場をあげよう。道場主の森元与太夫は白河藩の師範だが、流派などは不明である。

安政元年八月九日、森元道場に出向いた牟田文之助は、およそ四十人の門弟と立ち合った。

門弟たちは二刀流が珍しく、立ち合いがよほど面白いのか、こう懇願した。

「ぜひ、もう一回ずつ、手合わせをしてください」

「拙者は何回でもかまいませんぞ」

文之助はみなと二度立ち合うことをこころよく了承した。

こうして、道場で用意してくれた昼飯をはさんで朝から夕方まで、文之助はおよそ

四十人と二度の立ち合いをしたことになる。合わせて八十人である。

ここまで読んできた読者は、とくに剣道の経験者であれば断言するに違いない。

「とうてい信じられない。昼飯をはさむとはいえ、一日で八十人以上と試合をするなど、時間的、体力的に不可能」

だが、実際は可能だった。文之助はけっして嘘《うそ》を書いているわけではない。

というのは、他流試合は、じつは現在の剣道で考える「試合」ではなかったのである。

現代の剣道で「地稽古《じげいこ》」と呼ばれる稽古方式がある。

それぞれ一列に並んで向き合い、主将の、

「始めーッ」

の合図で、おたがいに竹刀で打ち合う。それぞれが攻防の技を出し合うという意味では試合に近いが、こちらがメンを打っても、相手からコテを打たれても、審判が、

「一本！」

と判定するわけではない。おたがい内心で「いまのメンはきまったな」、あるいは「しまった、コテを取られた」などと思うだけで、なおも攻防を続ける。ややあって、主将の、

「やめーッ、交替」

の声で、相手を替えて同じような打ち合いが始まる。柔道の乱取《らんど》りに似た稽古方式である。

牟田文之助が各地の藩校道場や個人道場でやっていた他流試合は、要するにこうした地稽古に近い、一対一の打ち込み稽古だった。当時の他流試合の実態は、「他流との合同稽古」だったと言ってよい。みなが注視するなかで対戦し、審判が判定する「試合」ではなかったのである。

地稽古だったからこそ、文之助が一日で次々と相手を変えて八十人余と立ち合い、また、

「自分のほうが七、八割がた、勝っていた」

と自画自賛しているのも理解できる。

あくまで自己評価であり、自己申告だった。もしかしたら、相手が「俺のほうが優勢だった」と感じていたかもしれないのだ。

もちろん、みなが見守るなか、道場の中央で審判のもと、ふたりで対戦する試合が皆無だったわけではないが、当時の武者修行はほとんどの場合、各地の他流の道場で地稽古に参加していたのである。

他流試合の実態は、試合を申し込むのではなく、「他流の者ですが、いっしょに合同稽古をさせてください」というものだった。

図二『千代田之御表』（楊洲周延著、明治30年）国会図書館蔵

こうして他流との地稽古だったからこそ、遺恨も生じなかった。むしろ、終了後にはともに汗を流した爽快感と、相手に対する親愛感が生まれた。

「貴殿、なかなかやるな」

「いや、貴殿こそ、やるではないか。拙者もたじたじだったぞ」

などと、おたがいをたたえ合ったであろう。

趣味のスポーツを楽しんだあとのすがすがしさと変わらない。武者修行の実態は他流との試合ではなく、他流との合同稽古だった。

衆人環視のなかで勝敗があきらかになるような他流試合をおこなわないのは、一種の知恵でもあったろう。遺恨が生じないように配慮していたのである。

それでも、みな血気盛んな男たちである。時にはいさかいがおきたり、恨みを買ったりすることがあったが、それはあとで順次、紹介していく。

図三『寛永御前試合』（田辺大竜著、明治28年）国会図書館蔵

図二は「武術上覧」、つまり江戸城における御前試合が描かれている。将軍を前にしての他流試合といってもよい。

刊行されたのは明治になってからだが、江戸時代は、江戸城内の出来事を絵にして刊行することは許されなかった。そのため、明治になって初めて、江戸城における御前試合の実態が明らかにされたといえよう。

図二を見てもわかるように、一対一の試合ではない。将軍の前で、大勢が地稽古をしているにすぎない。これが、いわゆる御前試合の実態だった。

それでも、将軍は目の前で演じられる「他流試合」の迫力に、

「ほう、勇ましいのう」

と、感心しきりだったに違いない。

いっぽう、**図三**は講談の速記本の挿絵で、

これも御前試合が描かれている。

見守るのは三代将軍家光《いえみつ》、左の二本の木刀を構えているのは宮本武蔵。なお、言うまでもないことだが、家光と武蔵では時代が違う。荒唐無稽な設定と言ってよい。

つまり、講談師が語る御前試合は、将軍の前で、防具なし、木刀で他流試合をしていた。

これこそ、「はじめに」で述べたような、現代にまで続く御前試合や他流試合のイメージを形成した元凶のひとつといえよう。

同じ明治時代でありながら、ようやく江戸時代の実態を明らかにする絵が発表されるいっぽうで、すでにフィクションの拡大再生産が始まっていたのである。

(三) 剣術道場のありさま

現在の剣道の試合場は縦九〜十一メートル、横九〜十一メートルの正方形、または長方形と規定されている。

こうした試合場が複数面とれる大きな体育館もあるが、たいていの大学や高校の剣道場は板張りで、中央に白線で試合場の区画をしるし、その周囲に多少の余裕がある程度であろう。

試合のときは、白線で画された正方形や長方形のなかに対戦者ふたりと、審判ひとりがはいり、観戦者は白線の外で見守る。

ふたりは白線で区切られた試合場のなかを縦横に動きまわり、竹刀で打ち合う。対戦者が勢い余って白線の外に飛び出してしまうのは、よくある光景である。

普段の稽古では白線を無視して、道場の全部を使っておこなう。

これが現在の剣道場の使われ方といってよかろう。部員がよほど多ければべつだが、大学や高校の剣道部員が道場を狭いと感じることはあまりないのではなかろうか。もし、ひとりで竹刀を構えて道場の中央に立てば、むしろ広さを実感するであろう。

ところが、江戸時代の道場はかなり狭かった。**図四**からも、道場が狭いのがわかろう。

表2は、『日録』に記された各地の藩校道場や個人道場の規模をまとめたものである（牟田文之助はすべての道場について書きとめているわけではないので、判明しているものだけである）。

広さは十坪（三十三平方メートル）から二十坪（六十六平方メートル）ほどが多い。

図四『幼稚絵解古状揃』（一筆庵漁翁著、弘化２年）国会図書館蔵

現行の剣道場の試合場（八十一平方メートル〜百二十一平方メートル）とくらべてみても、かなり狭いことがわかろう。しかも、床は板張りではないところが少なくなかった。

個人道場の例で見てみよう。

荒木道場（道場主・荒木裕、流派不明）は三・六に七・三メートルで、土間に稲藁《いなわら》を敷いていた。

河田道場（道場主・河田権次郎、一刀流河田派）は三・六に五・五メートルで、土間に筵《むしろ》を敷いていた。

原道場（道場主・原彦四郎、天自流）は屋外の青天井で、土間に筵を敷いていた。

つぎに、藩校道場の例で見てみよう。

佐倉藩の藩校道場は五・五に十・九メートルで、土間に畳敷きだった。

土浦藩の藩校道場は三・六に九・一メートルで、土間だった。

笠間藩の藩校道場は五・五に九・一メートルで、土間だった。

このように個人道場はもちろんのこと、藩校の道場でも狭かったし、板張りではなく、地面で稽古をしているところも多かった。

すでに竹刀と防具は現在とほぼ同じ形にまで進化していたが、道場がこんな状態では、現代の剣道の試合のように竹刀を中段に構え、磨き抜かれた板の間をすり足で縦横に動きまわる。機を見るやパッと飛び込んでいって、手首のスナップを利かせ竹刀の先端でパシッと相手の面を打つ——このような軽快で機敏な動きはとてもできない。

道場そのものが狭く、しかも足元が土間や筵では、動きも鈍重だったろう。というより、しっかり足を踏ん張り、竹刀を上段や八相《はっそう》に構え、力をこめて打ち込む——このような試合になったはずであり、真剣の斬り合いに近い。つまり、より実戦に近い稽古がなされていた。

だが、右に示した例はあくまで「おくれていた」道場である。藩校道場では板張りが徐々にふえていたし、水戸藩の弘道館のように九・一に三十六・四メートルもの広さがあり、床は松板張りという立派な道場もあった。

とくに江戸では、藩邸内の道場や町道場はすべて板張りに進化していた。牟田文之助が訪ねたころ全国各地の道場は、現代の剣道場のような形に整備されていく途上だったと言ってよかろう。

だが、皮肉にも整備が進むにつれて剣術の技は実戦からは遠ざかり、コラム13（三一六頁）で隈元実道《くまもとさねみち》が酷評したような「板間裡《り》のみの」「摺《す》り込み打ち」になっていった。

確実に言えるのは、文之助の諸国武者修行では、ほとんどの道場で「板間裡のみの」「摺り込み打ち」はできなかったということである。

いっぽう、文之助は「進んだ」江戸の道場などでは、剣術が「道場剣術で勝つための剣術」と化していく傾向もひしひしと感じていたであろう。

新発田藩藩校道場	新潟県新発田市	5.5m×18.2m、板張り	閏7月24~26日
村松藩藩主稽古場	新潟県五泉市	5.5m×9.1m、板の間で立派	閏7月28日
三田道場	福島県白河市	3.6m×7.3m、板張り	8月10~11日
宇都宮藩藩校道場	栃木県宇都宮市	5.5m×14.6m、板の間	8月14日
館林藩藩校道場	群馬県館林市	5.5m×9.1m、板間	8月20日
片山道場	茨城県古河市	天井なしの土間	8月22日
膳所藩藩邸道場	東京都中央区	12.7m×14.6m、板の間で立派	安政2年2月25日
小諸藩藩校道場	長野県小諸市	5.5m×18.2m、板の間	4月17日
矢野道場	長野県長野市	5.5m×7.3m、土間に敷物	5月9日
橋村道場	長野県松本市	7.3m×3.6m、板間	5月13~17日
原道場	名古屋市	天井なし、土間に筵敷き	5月28日
水口藩藩校道場	滋賀県甲賀町	地震で建物が倒壊し、槍術道場を借用	6月9日
松山藩藩校道場	愛媛県松山市	土間に敷物、幕張り、上に渋紙で日除け	7月18日
臼杵藩藩校道場	大分県臼杵市	3.6m×7.3m、土間	7月25~26日
岡藩藩校道場	大分県竹田市	3.6m×9.1m、板間	8月6日
斎藤道場	長崎県大村市	3.6m×9.1m、板間、新築	9月1~2日
島原藩藩校道場	長崎県島原市	5.5m×14.6m、土間に敷物敷き	9月14~15日

(注) 道場の広さについて、『諸国廻歴日録』には「○間に×間」と記されているが、すべてmに換算した。

表２　訪れた道場の規模（面積や造りが判明しているもののみ）

道場名	場所	道場の造りと構造	年月日
溝口道場	大分県玖珠町	4.5m×12.7m、板間	嘉永６年10月５日
千野道場	大分県日出町	4.5m×10.9m、土間	10月７日
中津藩藩校道場	大分県中津市	5.5m×18.2m、土間	10月10日
長州藩明倫館道場	山口県萩市	広大	10月17~18日
荒木道場	広島県三原市	3.6m×7.3m、土間に稲藁敷き	10月28日
河田道場	京都市伏見区	3.6m×5.5m、土間に筵敷き	11月10日
浜松藩藩校道場	静岡県浜松市	3.6m×5.5m、ぬくふく（？）敷き	11月29日
佐倉藩藩校道場	千葉県佐倉市	5.5m×10.9m、土間に畳敷き	安政元年４月17日
土浦藩藩校道場	茨城県土浦市	3.6m×9.1m、土間	４月24日
笠間藩藩校道場	茨城県笠間市	5.5m×9.1m、土間	４月28~29日
水戸藩弘道館道場	茨城県水戸市	9.1m×36.4mを３分割、松板張り	５月２~４日
山田道場	福島県棚倉町	7.3m×10.9m、松板張り	５月12日
松本道場	福島県いわき市	7.3m×12.7m、板敷き	５月16日
笠間陣屋道場	福島県いわき市	3.6m×9.1m、板張り	５月18日
渋江道場	秋田県秋田市	3.6m×9.1m、板間	６月13日
戸田道場	秋田県由利本荘市	4.5m×9.1m	６月16日
大淵道場	山形県鶴岡市	3.6m×9.1m、板張りで立派	６月24日

コラム3　不意を衝かれた剣客

（その一）

旗本家の用人の熊谷紋太夫は、文武両道の人物だった。朝のうちは昌平坂学問所にかよって学問を修め、帰宅後は自宅の道場で子供たちに剣術の手ほどきをしていた。

熊谷は心形刀流《しんぎょうとう》の師範で、弘化《こうか》三年（一八四六）二月二十五日、いつものように熊谷が子供に剣術の稽古をつけていると、乱心した内弟子が突然、背後から斬りつけてきた。

熊谷は子供をかばおうとして、片手を斬り落とされてしまった。

片手を切断されながらも熊谷はひるむことなく、内弟子を取り押さえた。

この乱心した内弟子は、十二歳のときから熊谷のもとに住み込み、修行をしていたという。

その後、熊谷は治療を受け、片手は失ったものの一命は取り留めた。

（その二）

小川伝兵衛は膳所《ぜぜ》（滋賀県大津市）藩の藩士で、物頭《ものがしら》の役職についていた。

嘉永六年（一八五三）一月、藩邸内の道場で稽古始がおこなわれ、小川をはじめ、軽輩の足軽なども出席した。

稽古が終わったあと、酒宴となる。

最初に剣術師範が挨拶をした。

「きょうは稽古始であるので、身分や役職にかかわりなく、みな相弟子という気持ちで過ごしていただきたい」

宴会が始まってしばらくすると、小川がひとりの足軽の言動に怒りを発した。

「無礼であろう」

「きょうは稽古始でございます。みな相弟子ですから、上下のへだてはございません。きょうばかりは、同役でございます」

足軽が言い返した。

カッとなった小川が刀を抜き、足軽に斬りかかろうとする。

「おい、やめぬか」

師範が止めにはいろうとした。

はずみで刀が師範の喉を突いた。師範は即死だった。

思わぬ事態に、小川は呆然《ぼうぜん》としている。

みなで小川を取り押さえた。

（その一）は『事々録』、（その二）は『藤岡屋日記』に拠《よ》った。

剣術の達人になると、どんなときでもけっして油断はしないという、信仰に近い思い込みがある。また、背後から斬りつけられて対応できないようでは、あるいは寝ているときでも刺客の襲撃に対応できないようでは、真の剣豪ではないという見解もある。

しかし、どんな人間であっても二十四時間、緊張を持続できるものではない。まして不意を衝《つ》かれたり、熟睡しているときに襲われたりしたら、あえなく敗北を喫するのが当然ではあるまいか。

（その二）の剣術師範は、予期していなかった突きを喉に受け、身をかわすこともできなかった。

（その一）の熊谷紋太夫も、突然後ろから斬りつけられては為《な》すすべもなかった。むしろ、その後、片手を失いながらもひるむことなく、敢然と乱心者を取り押さえた気丈さを評価すべきではなかろうか。

第三章　出発から江戸到着まで

（一）米食修行人もいた

嘉永六年十月三日、牟田文之助が久留米で佐賀藩士四人と別れたあと、十二月八日に江戸の佐賀藩の上《かみ》屋敷に到着するまでの、およそ二カ月間の旅のあらましを述べよう。**表1**にまとめた旅程の、一と二に相当する期間である。

四人と別れたあと、日田（大分県日田市）を目指した。距離は十里（約四十キロ）なので、文之助は内心、

「十里など、なんてことはない。日が暮れる前に着けるだろう」

と、タカをくくっていた。ところが、けわしい山道でなかなか思うようには進めない。日田の旅籠屋に到着したときにはとっぷり日が暮れ、五ツ（午後八時頃）を過ぎていた。

翌十月四日、日田の旅籠屋を出立して、森（大分県玖珠《くす》町）藩の城下を目指した。七里（約二十八キロ）の道のりだが、山のなかを進むけわしい道である。

本来、修行人は竹刀や防具などの剣術道具と、衣類などの荷物を自分でかついで歩く。文之助はこのことを「自分荷」、あるいは「自分荷物」と称している。ところがさすがに昨日で懲りたのか、文之助は森城下まで荷物持ちの人足を雇った。修行人宿に着くと、さっそく溝口道場に手合わせを申し入れた。なお、人足賃は四百五十文かかった。

さらに、髪結床で月代《さかやき》を剃《そ》ってもらった。『日録』によると三〜五日くらいの間隔で、城下町や宿場で月代を剃っていたようだ。**図一**は、旅の武士が髪結床で月代を剃ってもらっているところである。

図一『忠孝再生記』（竹塚東子著、文化４年）国会図書館蔵

五日、溝口道場に出向いた。道場主の溝口市之丞は北辰一刀流で、森藩の師範である。

道場で溝口と朝田新七（流派不明）のそれぞれ門人と立ち合ったが、未熟な者ばかりだった。文之助は溝口とも手合わせをしたが、さほど感心しなかった。

図二『春の文かしくの草紙』（山東京山著、嘉永６年）国会図書館蔵

夕方、修行人宿に引きあげた文之助のもとに溝口と門人ら三人が訪ねてきて、礼を述べた。なお、『日録』にはしばしば、道場側が礼を述べたと記されている。本来であれば逆ではあるまいか。想像するに、道場主が挨拶する。

「きょうは門弟どもに稽古をつけていただき、かたじけない」

「こちらこそ、ありがとう存じました。よい修行になりました」

と、文之助が答礼する。

こうした儀礼的なやりとりが交わされたのではなかろうか。

日出《ひじ》（大分県日出町）藩の城下では、千野道場（道場主・千野直右衛門、流派不明）で、千野の門人や佐野兵三郎（流派不明）

の門人と立ち合った。ここで、こんな話を聞いた。

「江戸の長沼庄兵衛《しょうべえ》先生のご子息の直次郎どのが、おととし当地に来て、以来三年のあいだ千野道場で稽古を積みました。ほんの五、六日前、日出を離れたばかりです」

長沼庄兵衛は直心影流で、愛宕下《あたごした》に道場をかまえ、沼田（群馬県沼田市）藩の師範でもある。その息子がなぜ日出くんだりまで修行にきたのか、文之助は不思議な気がした。というのも、千野道場には手ごわい相手はいなかったからである。しかも門人の数も少なく、文之助が手合わせしたのはわずか七、八人だった。

八日の明六ツ（午前六時頃）、文之助は折からの激しい風雨のなか、日出を出立して中津（大分県中津市）藩に向かった。

けわしい山道を歩かねばならない。日出から立石（大分県宇佐市）までは自分荷だったが、その難儀はかなりこたえたようだ。

図二は、山道を行く旅の武士。文之助はさらに剣術道具をかついでいたわけである。

ついに文之助は、立石からは荷物持ちの人足を雇い、宇佐（大分県宇佐市）まで行った。人足賃は一里につき四十文で、二百文かかった。

いったん宇佐の旅籠屋に着くと、さっそく雨のなかを宇佐神宮に参詣した。だが、地元の人間によると、

「本来ならきょうが祭礼ですが、雨のため延期になりました」とのことである。文之助は「残念の参詣」と記した。

中津藩の藩校道場では、古宇田治郎太夫（流派不明）と坪坂何右衛門（流派不明）の両師範の門弟十八、九人と立ち合ったが、とくに実力のある者はいなかったので、文之助としては物足らなかった。藩校の道場らしく三間《けん》に十間（約五・五×十八・二メートル）と広いが、足元は土間だった。

十月十一日の朝、中津城下を出立して大里《だいり》（福岡県北九州市門司区）に向かった。距離は十三里（約五十一キロ）ある。日没前に着きたいので人足を雇って足を速めたが、大里の佐賀藩御用達《ごようたし》の旅籠屋に着いたときには五ツ半（午後九時頃）になっていた。人足には二百六十二文を支払った。

なお、佐賀藩の参勤交代は、江戸参府のときは佐賀から大里まで陸路、大里から大坂まで海路、大坂から江戸までは東海道（まれに中山道）を行き、ほぼ一カ月をついやした。帰国のときは逆の道筋をとる。

翌日の五ツ（午前八時頃）、大里の渡船場から舟に乗り、四ツ半（午前十一時頃）に

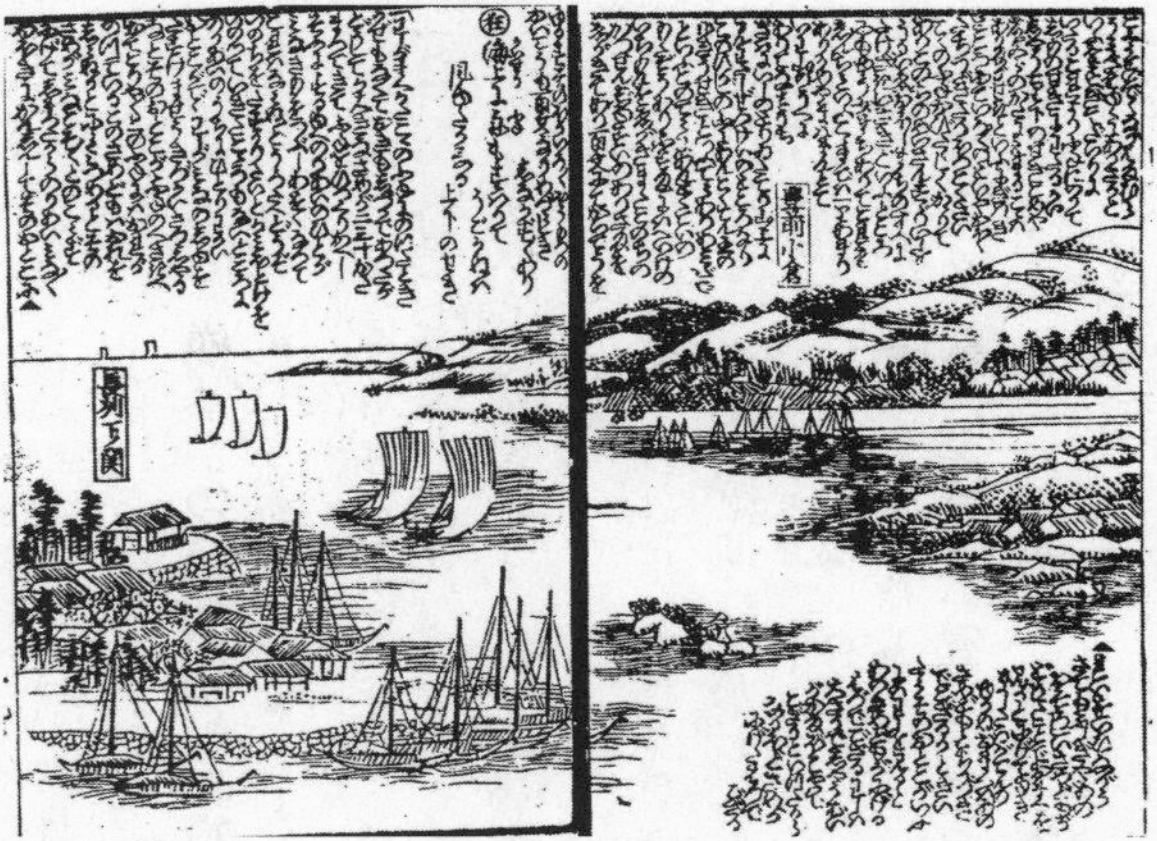

図三『諸国道中金の草鞋』（「金草鞋」十返舎一九著）国会図書館蔵

長府（山口県下関市）に着いた。図三で、右が大里、左が長府である。

舟からおりた文之助はさっそく長府藩の師範の益田信右衛門（流派不明）に手合わせを申し入れたが、

「差し障りがあって、お断わり申す」

とのことだった。当時、長府藩では異国船に備えて、足軽や郷士《ごうし》まで動員して砲術の稽古がおこなわれていたからである。

やむを得ず、あとは旅籠屋に泊まりながら長州（山口県萩市）藩の城下を目指すことにした。

十月十四日、雨のなかを歩いて八ツ（午後二時頃）すぎ、長州藩の城下の修行人宿に到着した。

修行人宿は薬種商も兼ねていて、手代《てだい》だ

けで二十人ほどもいる大店《おおだな》だった。さっそく主人に手札を示して、藩校明倫館に立ち合いを申し込んでもらった。十五、十六日は天満宮の祭礼とかで、山車《だし》などが町のあちこちに出ており、子供たちが走りまわり、にぎやかだった。

しばらくして明倫館の役人が修行人宿にやってきた。態度に威厳があるのは大藩意識であろうか。

「手札と武名録はお持ちか」

「はい、持参しております」

「あす、あさっては祭礼があり、道場の稽古も休みでござる。十七日からのお手合わせとしていただきたい」

これでは二日間もむなしくすごさなければならないが、明倫館道場で立ち合う機会はのがしたくないので文之助は了承した。

「では、すべてのご師範のご門弟と立ち合いたいのですが」

「すべてと手合わせをするとなれば、少なくとも五日間は逗留《とうりゅう》しなければなりませんぞ」

役人は重々しい口調で言い置き、帰っていった。

日暮れころ、徳島（徳島市）藩の家老荷田九郎兵衛の家来で村上卯右衛門と称する修行人が草鞋《わらじ》を脱いだ。

さっそく挨拶を交わし、おたがいのこれまでの修行の話をしたが、村上の言い分には辻褄《つじつま》の合わないことが多い。各地をまわりながら、当然訪ねるべき藩校や有名道場が抜け落ちている。

まじめに修行にはげんでいるとはとうてい思えないので、文之助は相手を米食修行人とにらんだ。

米食修行人とは、強い相手のいる道場は敬遠して小さな町道場ばかりえらび、修行人同士の交際も避けて旅をする修行人のことである。飯を食うのが目的の修行人という意味であろう。

「貴殿も明倫館道場に申し込むのか」

「いや、拙者はちと体調がすぐれぬので、明日、出立するつもりじゃ」

「では、せっかくではないか。これから近くの寺か神社の境内を借りて、拙者と手合わせしていただけぬか」

「うむ、よかろう。ただし、明日のことにしていただきたい」

こうは言ったものの、翌朝になると村上は病気を理由に手合わせを断わり、逃げるように修行人宿から出ていった。文之助は『日録』にこう書いた――

誠ニ米食修行人ニ間違無レ之事也。

あの男は米食修行人に間違いない、と。修行人の風上にも置けないと言えるかもしれないが、どんな時代、どんな人間集団にもできるだけ楽をし、要領よく表向きだけ飾りたいという、こすっからい人間はいる。武士も例外ではなかった。

村上は小さな町道場で適当にお茶を濁すつもりだったところ、文之助に立ち合いをいどまれ、あわてて長州藩の城下から退散したのかもしれない。


十六日も予定は空白だったが、午後から修行人宿の手代の案内で文之助は祭礼の見物に出かけた。藩の役人が祭礼に案内するよう命じたようだった。修行人宿に宿泊している他藩の修行人には、藩も気を使っていたことがわかる。

天満宮には長州藩の藩士はもちろんのこと、近郷近在から多くの人が参詣につめかけ、大変なにぎわいである。そこにつどう多くの若い女を見て、文之助は髪形や白粉《おしろい》のつけかたがほかとは違うと思った。ただし、「珍しいことだ」という感想を記しているのみで、どのように違っているのかは書いていない。

十七、十八の両日、文之助は明倫館道場で心ゆくまで立ち合った。人数については七七頁で先述した通りである。
文之助が明倫館を見学したいと願ったところ、文武方役人は稽古の終了後、こころよく案内してくれた。明倫館の聖堂、講堂、水練場、鉄砲場、槍の道場、馬の調練場など残らず見学したが、その広さと設備の充実は世評にたがわぬ立派さだった。

（二）　米屋の倅が立ち合いを望む

十月十九日の明六ツ（午前六時頃）、長州藩の城下を出立した牟田文之助は二十一日、徳山（山口県周南市）藩の城下の小田道場（道場主・小田勘右衛門、神道無念流、徳山藩師範）で、小田の門弟二十四、五人と立ち合ったが、とくにできる者はいなかった。

文之助が修行人宿に戻ると、井田団十郎という気楽流柔術の修行人が訪ねてきた。どこやらで二刀流の修行人と聞き、興味を持ったようだった。

井田の話によると、

「江戸の浅草に住まいがあります。諸国を廻歴し、すでに七年になります。ようやく江戸に戻るところです」

とのことだった。身分などは不明だが、七年ものあいだ諸国武者修行を続けてきたのは驚きである。富裕な商人の息子なのかもしれない。

井田は話好きで、なかなか腰をあげない。ようやく井田が帰っていくと、入れ違いに道場主小田勘右衛門と息子が宿にやってきた。

「門人に稽古をつけていただいたお礼を述べにまいりました」

とのことだったが、あとは長話が続いた。

十月二十二日の夕方、岩国（山口県岩国市）藩の城下に着いた。

修行人宿にあがるとすぐ、主人に翌朝から藩校道場で立ち合う手はずをととのえてもらった。岩国藩の師範は長谷川藤次郎（直心自得流）、筏次郎右衛門（流派不明）、桂六左衛門（新陰流）である。

翌朝、迎えが来て、藩校道場に案内された。道場の玄関には藩校の役人が出迎えるという仰々しさである。

「まず、いったん、奥座敷にお通りくだされ」

うながされて文之助が奥座敷に向かうと、そこには学校目付と三人の師範がいて、挨拶を交わした。その後、防具を身につけて立ち合いとなる。

午前中、長谷川藤次郎と筏次郎右衛門の門人、合わせて四十四、五人と立ち合った。

昼飯を供されたが、なかなかのご馳走《ちそう》だった。

午後、今度は桂六左衛門の門人およそ三十人と立ち合った。

「風呂の用意をしております。汗をお流しください」

こうして、文之助は稽古のあとは道場に備え付けの湯殿で汗を流した。まさに、いたれりつくせりの対応だった。

文之助が修行人宿に戻ってしばらくすると、藩校役人と師範三人がやってきた。

「あと五、六日、滞在して、門弟らに稽古をつけていただけませぬか」

「つぎの予定もあるので、あす、出立しなければなりません」

「では、佐賀に戻る帰り道には必ずお立ち寄りください」

役人も師範も、いかにも残念そうだった。

その後も、いろんな話が出て、みなはいっこうに腰をあげない。文之助もさすがに閉口した。しかし、岩国藩には厚遇されただけに、すげなく追い返すわけにもいかなかった。

翌朝、岩国城下を出立した文之助は船着場に向かった。じつは天下の名勝、安芸《あき》の宮島を見物するつもりだったのである。

＊

安芸の宮島を見物したあと、文之助は広島（広島市）藩の城下に向かう舟に乗ったが、数十人が乗り込んで混んでいる上に強風でゆれ、乗り心地は最悪だった。しかも、舟のなかで賭場がひらかれ、博奕《ばくち》をする者がいる始末だった。

舟からおり、船宿で休息していると、

「修行人とお見受けしましたが。拙者も修行人でござる」

と声をかけてきた者がいた。太田辰之助と名乗り、直心影流だという。

江戸の人というだけで身分は不明だが、諸国を廻歴している様子である。身分は庶民だが、浪人と称して腰に両刀を差し、武士のいでたちで武者修行をしていたのかもしれない。

柳剛流の道場主岡田十内が本来は農民の身分でありながら浪人と称していた例を先述したが、庶民が武者修行をする場合、浪人と称することが多かった。

太田とは各地の道場が話題となる。

「貴殿は広島城下で手合わせはしたのですかな」

「しましたぞ。貫心流《かんしんりゅう》の細《ほそ》六郎先生の道場で立ち合いましたが、たいしたことはありません。行くだけ無駄ですぞ」

とはいえ、せっかく広島に来たのである。文之助は「これも咄《はなし》の種」と思い、細道場に手合わせを申し入れたが、都合が悪いという理由で断わられてしまった。

広島城下をあきらめた文之助はそのまま内海《うちのうみ》（広島県呉市）まで歩き、夜船に乗って翌二十七日の明六ツ（午前六時頃）ころ、三原（広島県三原市）城下に着いた。

三原は広島藩の家老浅野家の所領で、城もある。なお、夜船の船賃は百五十文、夜具代三十二文、食事代五十文だった。

三原城下では荒木道場（道場主・荒木裕、流派不明）に立ち合いを申し入れた。

荒木道場は二間に四間（約三・六×七・三メートル）と狭い上に、土間に稲藁《いなわら》を敷いただけで足元が悪い。それでも早朝から、荒木と桜井市之丞（流派不明）の門弟十四、五人と立ち合った。

修行人宿に戻ると、城下のはずれの浄土宗の寺で、下級藩士が誰やらの追善のためと称して剣術の稽古をしているという話を小耳にはさんだ。

文之助は寺の場所を聞くと、さっそく見物に出かけた。ところが、

「他国の人は見物はお断わり申します」

とのことである。文之助が観察したところ、十人ほどが集まっているようだった。

また修行人宿の主人に、これから向かう先の道場の事情をたずねたところ、主人が言った。

「福山（広島県福山市）藩の城下では他流試合はいっさい禁止でございます」

「なぜか」

「去年までは、剣術と槍術の修行人は自由に手合わせができたのです。ところが去年の夏、修行人と福山藩士が喧嘩《けんか》になりましてね。そのため、他藩の修行人はいっさい断わることになったのです。藩校の道場はもちろんのこと、町道場でも禁止です」

文之助は福山藩の藩校も予定していたのだが、素通りするしかないと思った。

それにしても、なにか事件がおきると、すぐに行事や活動などを取りやめにするのは現代にも通じる風潮かもしれない。

二十九日、三原城下を発《た》ち、尾道（広島県尾道市）では済法寺《さいほうじ》に物外《もつがい》和尚を訪ねた。物外和尚は怪力と武芸で名高く、俗に拳骨和尚といわれた。文之助はぜひ会いたかったのだが、あいにく外出中であり、面会はできなかった。

岡田（岡山県倉敷市）藩の城下で泊まった修行人宿は、もとは農家ということで、その造りは不便きわまりなかった。岡田では三宅道場に立ち合いを申し入れたが、道場主の三宅仙左衛門（流派不明）はちょうど留守で、息子が応対に出た。

「せっかくのおいでですので、立ち合いができるよう取りはからいます。いずれにしろ、明日の朝、お知らせにあがります」

さらに、「岡田大男」と呼ばれている小田大三郎について述べた。小田は農民の生まれだが、岡田領内で一番の大男という理由で藩士として召し抱えられたという。

「なんせ六尺（約百八十センチ）を超す大男でしてね。腰に差す大刀は五尺四寸（約百六十四センチ）もの長さです」

息子の口調は自慢げである。

文之助が言い返した。

「拙者の国許にも坂田常右衛門という大男がおりましてな。岡田大男とやらに勝るとも劣りますまい」

日本は広い。小さな岡田藩で一番の大男ぐらい、日本をさがせばざらにいる。佐賀藩にも坂田常右衛門がいるぞ──と、文之助はややムキになって『日録』に記している。その対抗心はなんとなくおかしい。ともあれ、佐賀藩にも巨漢の藩士がいたようだ。

「さようですか。もし、お望みなら、小田どのと立ち合えるようにいたしますが」

「ほう、小田どのも剣術の稽古をしておるのか」

「はい。ただし、見かけは剛力のようですが、技はいたって未熟です」

「では、ぜひお願いしたい。立ち合うのが楽しみですな」

翌十一月一日、文之助は三宅道場へ出向き、十人ほどの門弟と手合わせをした。最後に、三宅仙左衛門が言った。

「せっかくのおいでですから、ぜひ四、五本、稽古をいたしましょう」

藩校の師範や、個人道場の道場主が修行人と手合わせをすることは滅多にない。三宅は五十を超えた年齢でありながら、みずから立ち合うというのである。文之助もそんな三宅に感心した。

手合わせのあと、酒や料理でもてなしを受けた。

なお、文之助が立ち合いを楽しみにしていた岡田大男の小田大三郎は急に都合が悪くなったとかで、けっきょく現われなかった。

二日、岡山（岡山市）藩の城下に着き、阿部道場（道場主・阿部右源次、直心影流、岡山藩師範）に申し入れたが、

「阿部先生は江戸に出ておられまして、不在です。あとは高弟の塩田喜代八さまが任されております」

とのことである。そこで、塩田に申し入れたところ、了解を得た。

翌日、阿部道場に出向いておよそ二十人の門弟と立ち合ったが、文之助の感想は「みな、たいしたことはない」だった。

四日、岡山を出立して三石《みついし》（岡山県備前市）で一泊し、五日、姫路（兵庫県姫路市）藩の城下に着いた。修行人宿に泊まったが、姫路城下はいま、いっさい修行人は断わりということである。姫路に泊まったのは無駄であり、しかも旅籠代は二百二十四文だっ

た。

六日の夜明け前、文之助は姫路を出るや、ひたすら足を急がせ、夜がふけてから明石（兵庫県明石市）藩の城下の旅籠屋に泊まった。

七日の朝、明石を出発して、途中、名所旧跡などを見物した。夕暮れころ大坂に着くと、佐賀藩御用達の旅籠屋「花屋」に草鞋を脱いだ。

八日、姫路から大坂までは強行軍だったので、文之助はこの日は休息に充てることにした。

佐賀藩の飛脚ふたりが花屋に到着した。夕方、大坂出航の舟に乗るという。

文之助はすぐに天満《てんま》町に行って買い物をした。そして買った品々に手紙を添え、佐賀の実家に届けてくれるよう飛脚に託した。

九日、一円俊之助（流派不明）の道場を尋ねたが、一円は旅に出ているという。やむなく、文之助は大坂城などを見物して歩いた。文之助は大坂はあきらめ、花屋に旅籠代を支払ったが、金二朱だった。

大坂に二泊三日しながら、立ち合いはまったくできなかったことになる。

夕暮れ、白川という場所から夜船に乗り込み、淀川をさかのぼって京都に向かった。小舟にもかかわらず四十人ほどが乗り込むので窮屈である。夜中、ゆっくり足をのばす

図四『人形手新図更紗』（墨川亭雪麿著、天保９年）国会図書館蔵

こともできなかった。しかも、船賃は四百二十四文だった。

十日の朝、伏見に着くと、鳥取（鳥取市）藩の京都屋敷内にある河田道場に申し込んだ。道場主の河田権次郎は一刀流河田派の師範である。道場は二間に三間（約三・六×五・五メートル）と狭い上、土間に筵《むしろ》を敷いただけの悪条件だったが、河田三兄弟はじめ門弟と手合わせをした。

稽古のあとは茶室に案内され、茶のほかに料理も馳走された。

夕方、文之助が修行人宿に戻ると、主人が言った。

「噺家《はなしか》三人がきており、夜には宿が臨時の寄席になります」

「ほう、それは楽しみじゃ」

日が暮れると、すでに評判になっているのか宿に多数の老若男女が集まってきた。三味線や太鼓の音で始まり、講談が演じられる。

そのうち、河田三兄弟が菓子折りを持って宿に訪ねて来たので、文之助は三人といっしょに九ツ（午前零時ころ）まで夢中になって講談に聞き入った。**図四**は、盛り場の辻談義《つじだんぎ》である。こうした寄席が臨時に、修行人宿に設けられたことになろう。

十一月十二日と十三日、大野道場でおよそ三十人と手合わせをした。道場主の大野応之助は西岡是心流で、京都所司代の与力である。二日目の稽古のあと、大野は昼飯を出して馳走した。

食後、大野は甲冑《かっちゅう》を取り出してきて、

「黒船騒ぎ以来、武具がことのほか値上がりしております。この甲冑など、およそ五十両も出さねば求めることはできますまい」

と、やや得意げだった。黒船に対抗するのに甲冑はもはや時代錯誤なのだが、多くの武士はまだ気づいていなかった。

十四日には佐和道場（道場主・佐和文十郎、流派不明）で、佐和の門人と、直心影流戸田栄之助の門人合わせておよそ三十人と手合わせをした。稽古のあと、佐和の屋敷で酒と料理を供された。

十五日にはまたもや大野道場で手合わせをしたあと、午後から大野応之助の案内で御所などを見物してまわった。

十六日、京都を出立した文之助は膳所《ぜぜ》（滋賀県大津市）藩、水口《みなくち》（滋賀県甲賀市）藩、津（三重県津市）藩の支城である伊賀上野城下とめぐったが、どこも断わられて空振りに終わった。

膳所藩は師範の不在、水口藩は「今年の夏以来、他藩の修行人を受け入れてはならぬ」という禁止令が出ているため、上野城下は「四、五日前から寒稽古が始まり、寒稽古中は修行人を受け入れない定めになっている」が、それぞれの理由だった。

ようやく立ち合いが実現したのは、津藩の藩校道場だった。

「いま寒稽古中でございまして、修行人はすべてお断わりしておるのですが、遠路はるばるお越しになったことであり、しかも兄上さまの二刀流という珍しいご流儀には感服しておりますので、特別にあす一日のみの稽古を認めましょう」

津藩の文武方役人がもったいぶって言った。

じつは先年、実兄の吉村久太夫が津藩の藩校道場で手合わせをし、鉄人流は強い印象を残していたのだ。文之助も鉄人流なので特別に認めるというわけである。

京都を出立して以来、無駄足が続いていたので、文之助としてはぜひともここで充実した稽古がしたかった。

「できれば一日だけでなく、三日ほど稽古をさせていただきたいのですが」

「いや、無理ですな」

こうして十一月二十日、一日かぎりの藩校道場での手合わせが許された。選抜された藩士二十人ほどと立ち合ったが、文之助の評価は、

「世評では津藩の藩校道場は実力者ぞろいということだが、格別の者はいない」

というものだった。

翌日から、文之助は伊勢神宮の参詣と二見浦《ふたみがうら》の見物などに出かけた。途中で槍術修行中の杵築《きつき》（大分県杵築市）藩士と知り合い、いっしょに見物してまわった。

文之助の伊勢神宮の感想は、たいして見どころはないが――

左《さ》も日本之親玉と中候也。

で、いちおう敬意を表した。伊勢神宮の権威を「日本の親玉」と形容する言語感覚が面白い。

伊勢神宮の参詣を終えると、いったん津藩の城下の修行人宿に戻り、あずけておいた剣術道具などを受け取り、あらためて追分《おいわけ》（三重県四日市市）を目指した。

途中、上野（三重県鈴鹿市）の郷士秋田吉五郎の家を訪ねた。応対に出た父親が言う

には、

「郷士が集まって槍術と剣術の試合をするとかで、泊まりがけで出かけております。当分、戻りますまい」

とのことである。文之助が辞去しようとすると、父親が引き留め、せめて昼飯を食べていってくれと勧める。

「このままお帰ししたら、あとで倅《せがれ》に恨まれます」

そこで、文之助は昼飯を馳走になった。

辞去したあと足を急がせ、日が暮れかかるころようやく追分に着いた。ところが、どの旅籠屋も、

「お武家さまをお泊めすることはできません」

と言って断わる。理由は不明だが、追分の旅籠屋は武士客を泊めないという協定があったようだ。

文之助が泊めてくれる旅籠屋をさがして歩いているうち、雪が降り始めた。風も強くなり、寒気はきびしい。

行商人などが泊まる安宿を見つけ、交渉の結果ようやく泊めてもらうことになったときは五ツ（午後八時頃）に近かった。

翌日、追分から桑名（三重県桑名市）に向かったが、雪融《ゆきど》けで道はぬかるんでおり、寒気はきびしかった。

桑名から舟で宮《みや》（名古屋市熱田区）に渡った。宮の旅籠屋に泊まったのは十一月二十四日で、その日は文之助の誕生日だったので、ひとりで酒を呑んで祝った。

たまたま国許《くにもと》に向かう佐賀藩の飛脚と同宿になったので、急いで手紙を書き、牟田家の屋敷に届けるよう頼んだ。手紙には、伊勢神宮でもらった御祓《おはら》いの札五枚を同封した。

二十五日、岡崎（愛知県岡崎市）から藤川（岡崎市）に向かう途中、声をかけられた。

「おや、牟田どのではありませぬか。こんなところでまた、お会いできるとは」

見ると、徳山城下で知り合った気楽流柔術の修行人、井田団十郎だった。

井田に同行しているのは加賀（石川県金沢市）藩の修行人で、やはり江戸に向かうところだという。どこかで知り合い、ふたり連れで旅をしているようだった。

「では、話をしながらいっしょにまいりましょう」

と、三人連れで藤川まで行った。

二十七日には吉田（愛知県豊橋市）藩の城下の中沢道場（道場主・中沢弥兵衛、流派不明、吉田藩師範）で、中沢の門弟およそ二十人と立ち合ったが、

「未熟者ばかりだが、寺尾という男は頭抜けている」

が、文之助の感想だった。

いっぽうの寺尾も文之助の実力を認めたのか、稽古が終わったあと、

「よろしければ使ってくだされ」

と、手ぬぐいを一本、文之助に進呈した。


翌十一月二十八日の明六ツ（午前六時頃）、吉田城下を出立して、その日の夕方、浜松（静岡県浜松市）藩の城下に到着し、修行人宿に草鞋を脱いだ。修行人宿の主人を通じてさっそく藩校道場に立ち合いを申し込むのはいつも通りである。

翌日の午前中、文之助は藩校道場で、浜松藩の師範である山野鋼平（鏡新明智流）と浅村太兵衛（流派不明）両人の門弟およそ三十人と立ち合った。みな二刀流は珍しいらしく、こぞって立ち合いを求めてきたので、文之助としてはおおいに得意だった。

稽古を終えて修行人宿に戻ると、主人が言った。

「牟田さまのお留守に、剣術修行をしている米屋の倅《せがれ》と申す男が訪ねてまいりまして、

『ぜひ稽古をつけていただきたいので、できれば、あすまでご滞在願いたい』

とのことでした」

「先を急ぐ身だから、あすまで出立を延ばすわけにはいかぬ。では、これからでもよい

ぞ」

文之助は修行人宿の奉公人に頼んで、その米屋の息子を呼びにいかせた。ところが、あいにく息子は外出中とかで行き違いになり、奉公人はむなしく帰ってきた。

やむなく文之助は浜松城下を出立し、天竜川を越えて、その日の夕方、見付《みつけ》（静岡県磐田市）の旅籠屋に着いた。

こうして文之助と米屋の息子の立ち合いは実現しなかったが、剣術の稽古をしている庶民のあいだには、

「二刀流を使う修行人が修行人宿に泊まっているぞ」

と、噂《うわさ》がすぐに広まっていたことがわかる。

しかも、「稽古をつけていただきたい」と、いちおうへりくだってはいるが、庶民が臆することなく武士に立ち合いを求めてきたのである。自分の腕にかなり自信があったのであろう。

文之助は米屋の息子について、こう評した──

尤余程好之者と存候。

町人とはいえ、剣術がよほど好きらしい、と。

(三) 旅の事情

ここで牟田文之助の修行からちょっと離れて、当時の旅や通信の事情について述べたい。

時代小説や時代劇、古典落語ではしばしば旅人が道に迷い、とっぷり日が暮れてしまって右も左もわからなくなる。どうしようかと困惑していると、遠くにかすかな人家や寺の灯が見える。

「ああ、助かった。今夜はあそこに泊めてもらおう」

と、訪ねていく場面があるが、あくまでフィクションである。

間道をたどっていたのならともかく、幹線道路である街道を歩いているかぎり道に迷ったり、途中で日が暮れたりすることはまずなかった。たいていの旅人は、日が暮れるはるか以前に宿場の旅籠屋に到着していたからである。

精密な地図や時計もなく、ひたすら自分の足で歩くしかなかった当時の旅でこの正確さは不思議な気がするが、逆に歩くしかなかったからこそ正確になったといえよう。

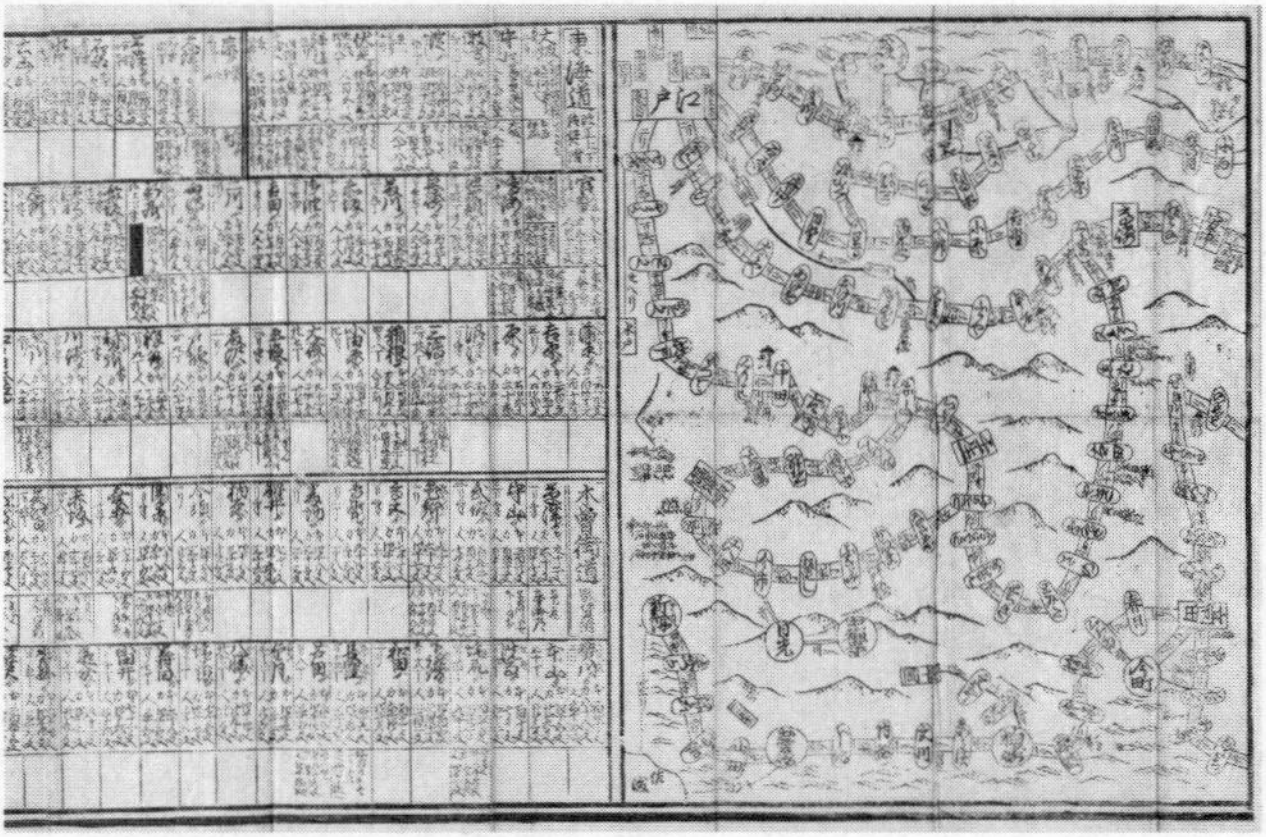

図五『道中独案内図』（竹原好兵衛ほか著、文政11年）国会図書館蔵

江戸時代の旅は一日（約八時間で計算）に男は十里（約四十キロ）、女子供の足弱は八里（約三十一キロ）を歩くのが標準だった。

また、『道中記』や、**図五**のような『道中独案内』などと称される携帯用の便利な旅のガイドブックがあり、街道ごとに宿場と宿場の里程、人足賃、旅籠屋の名称と宿泊代などが記されていた。

さらに、道路網は現代のように複雑ではなかった。街道は一本道であり、分かれ道には必ず道しるべの石柱が立っていた。さらに一里塚があったので、これまで自分が歩いた距離も、次の宿場までの距離もわかった。

街道を歩くかぎり道に迷う心配はなかったが、途中で日が暮れると大変である。日が暮れる前に宿場につき、旅籠屋に落ち着く必要があった。

そのため旅人はたいてい、前の晩に泊まった旅籠屋を明六ツ（午前六時頃）前に出て、八ツ（午後二時頃）前後にその夜に泊まる宿場に着く予定を立て、『道中記』などで里程を計算し、

「よし、きょうは○宿《しゅく》まで歩こう」

と、その日の旅程をきめた。午後二時の到着は早すぎる気もするが、日没前に必着するための用心であり、そのぶん朝の出発が早くなった。

牟田文之助の場合は右の標準が当てはまらないことが多いが、午前中は藩校道場で立ち合い、午後から出立したりする場合があったからである。

だが、藩校や町道場に立ち寄らず、ひたすら移動という期間もあった。たとえば嘉永六年十一月四日、岡山（岡山市）藩の城下を明六ツに出立して、十一月七日の暮六ツ（午後六時頃）ころ大坂（大阪市）に着いた。

岡山から大坂まで四日間で歩き通したことになる。旅籠屋を出立するのは明六ツ前後だった。地図で計測すると直線距離で約百五十キロあるので、実際に歩いた距離は一日四十キロを超えていた。

＊

つぎに当時の通信事情について述べたい。

江戸時代は全国的な郵便制度こそなかったものの、飛脚が発達していて、ほぼ全国で手紙のやり取りは可能だった。ただし、飛脚制度は複雑なので、ごく簡略に述べる。

江戸などの都市には飛脚問屋があった。また、街道の宿場には取次所があった。武士庶民を問わず、飛脚問屋や取次所に出向いて手紙を託せば、先方に届けてくれた。いわゆる、町飛脚である。

いっぽう、幕府は各地の奉行所や代官所との間に、継飛脚《つぎびきやく》の制度を確立していた。図六の飛脚は、「御用」と書かれた提灯《ちょうちん》をかついでいるので、公用文書を運ぶ継飛脚である。

では、諸藩の通信制度はどうなっていたであろうか。

現在、大企業はほとんど東京に本社を置き、地方に支社を置いている。ところが、江戸時代はまったく正反対だった。

藩を企業とすると、それぞれ地方に本社があり、東京に支社を置いていたようなものである。このような状況だと、東京には中央省庁があり、他社の支社も集中しているため、当然ながら東京支社の役割は非常に大きくなる。なにかにつけ地方の本社から東京

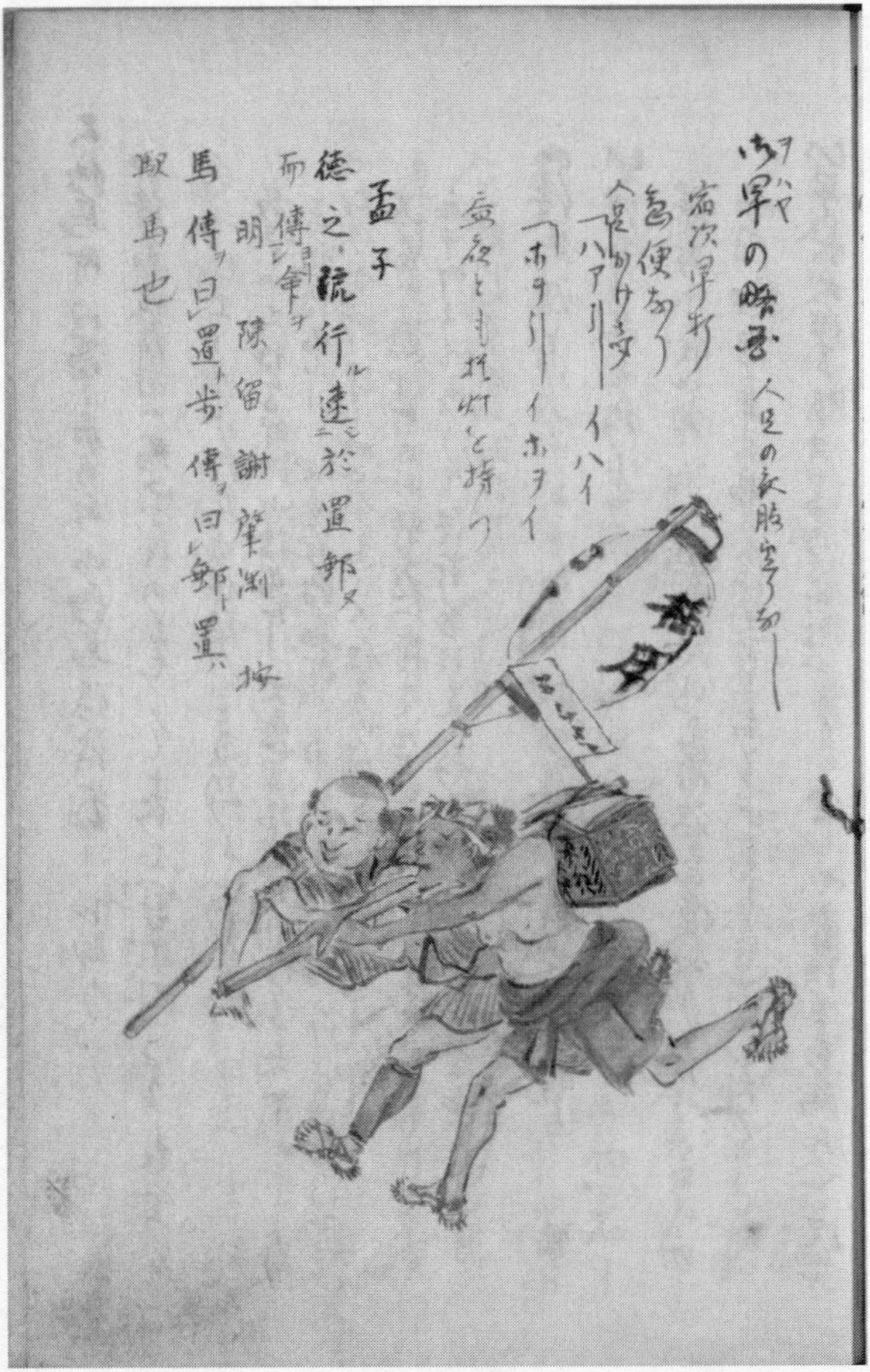

図六『そらおぼえ』（菅園著、明治15年）国会図書館蔵

支社に社員が出張してくるであろう。

諸藩の江戸藩邸の場合も事情はまったく同じだった。江戸には幕府があり、他藩の藩邸も集中していたからである。

このため、参勤交代にとどまらず、諸藩では国許と江戸藩邸のあいだの人や物、情報の往来は頻繁だった。江戸時代を通じて、藩ごとに国許と江戸のあいだの通信の仕組みができあがっていたといってもよかろう。

『日録』によると、佐賀藩では足軽が飛脚となり、国許と江戸藩邸とのあいだをひっきりなしに往来していた。足軽は最下級とはいえ身分は武士である。

牟田文之助の手紙のやり取りは『日録』に克明に記されているが、それを整理するとつぎのようになろう。

たとえば佐賀の家族や友人が、江戸に向かっている途中の文之助に手紙を出したいと思えば、江戸に向かう飛脚に託した。日数はかかるが、文之助は江戸藩邸に到着した時点で手紙を受け取ることになる。ところが、意外と早く本人の手に渡ることもあった。

街道の宿場では藩士が泊まる旅籠屋がきまっていたから、文之助もそんな定宿に泊まる。すると、江戸に向かう途中の飛脚が泊まり合わせることがあった。

「おや、牟田さま、手紙をあずかっております。ここでお渡ししましょう」

こんな具合に、思いがけず家族や友人からの手紙を入手した。

逆に国許に向かう飛脚に出会った場合、家族や友人あての手紙を書いて託した。飛脚と出会わなくても、旅籠屋の主人にあずける方法もあった。

「国許に向かう（あるいは江戸に向かう）飛脚に渡してくれ」

佐賀藩士の定宿なので主人は万事心得ていて、ちゃんと飛脚に渡してくれた。

こうして、時には複数の手紙を出した場合、相手に届いたときには順序が逆転することもあったが、藩の通信制度を使えばほぼ確実に届いた。

もちろん、普通の町飛脚を利用することもできた。

文之助は国許の家族、あるいは全国各地の友人知人からしばしば手紙を受け取っている。逆もしかりで、文之助のほうも国許の家族や、諸藩の友人知人にしばしば手紙を出している。こうして通信が気軽にできたのも藩独自の通信網が整備され、町飛脚も発達していたからだった。

(四) 合流して江戸へ

牟田文之助は足に大きな肉刺《まめ》ができて痛みを覚えていたが、十二月二日の早朝から掛

図七『道中画譜』（葛飾北斎著）国会図書館蔵

川（静岡県掛川市）藩の藩校道場で、師範鈴木半平（流派不明）の門弟二十四、五人と立ち合った。

　門弟は子供が多く、物足りないことおびただしいが、立ち合いのあいだはとくに痛みを感じなかった。ところが立ち合いが終わった途端、激痛に襲われて歩くのも困難なほどだった。

　当時の人々は現代人にくらべてはるかに健脚だったが、旅は草鞋ばきである。歩き慣れた人間でもしばしば肉刺ができた。しかも、現代のような傷テープなど便利なものはないため、化膿《かのう》することが多かった。文之助の肉刺も化膿してしまったのであろう。

　ようよう修行人宿に戻り、昼ごろから出立したが、とても荷物や剣術道具をかついで歩ける状態ではなかった。

自分荷は無理なので、文之助は軽尻《からじり》を雇って島田（静岡県島田市）まで行った。当時の宿場制度では馬に人が乗った場合、荷物は五貫目（約十九キロ）まで積むことが許された。これを軽尻という。もちろん、馬方が馬を引いて歩くので速度は人の歩行とほとんど変わらない。

図七に、駕籠《かご》と軽尻が描かれている。

島田の手前に大井川がある。橋も渡し舟もないので川越《かわごし》人足を雇って肩車に乗るか、人足四人でかつぐ輦台《れんだい》に乗って渡るしかない。文之助は大井川を越えるのに二百三文払ったと書いているので、輦台に乗ったのであろう。

その日に泊まった島田の旅籠屋の料金が二百二十四文だから、大井川の川越えは旅人にとって大きな負担だったことがわかる。

翌日も軽尻を雇って島田を出立した。当初の予定では田中（静岡県藤枝市）藩の藩校道場に立ち寄るつもりだったのだが、この状態ではとても無理である。文之助は無念ながら、田中藩は素通りすることにした。

ところが藤枝の宿場で、江戸に向かう佐賀藩の藩士四人と飛脚ふたりの総勢六人と出会った。当然、みな顔見知りである。

「おう、牟田ではないか。いったい、どうしたのか」

文之助はさぞバツが悪かったであろう。武者修行と称しながら、馬の背にゆられて、のんびり旅をしているのだから。

「じつは、足が痛くて歩けないのだ。しかし、旅籠屋でむなしく日を過ごすのも口惜しいので、こうして無理をして江戸に向かっている」

「そうか。ともかく、いっしょに行こうではないか」

こうして、飛脚はその役目から先行するが、あとは団体で旅をすることになった。ただし、文之助だけはその後も軽尻か駕籠を雇った。


十二月五日、一行は原（静岡県沼津市）を出立した。このときには文之助の足の破れた肉刺も快癒し、自分荷で歩けるようになっていた。

ところが、途中で伝奏《てんそう》の行列が通りかかり、文之助の一行は長々と足止めを食わされた。

伝奏は幕府と朝廷をつなぐ公家の役職である。文之助は『日録』で伝奏の行列の専横にやや憤懣《ふんまん》を表明しているが、このときの伝奏について――


土御門様、高倉様両方也。

図八『滑稽富士詣』（仮名垣魯文著、文久元年）国会図書館蔵

と記している。たとえ腹立たしく感じても、公家にはちゃんと「様」をつけていることで、文之助が身分制社会に生きていたことがわかる。

伝奏で足止めを食ったため、その日の暮れ方、ようやく箱根峠の手前の佐賀藩の定宿に到着した。さらに、ここで佐賀の藩士ひとり、飛脚ふたりの、合わせて三人と出会った。飛脚は先行するが、あらたに藩士ひとりが合流して、団体で江戸に向かうことになった。

翌日、みなで箱根峠を越え、関所を通過し、夕暮れころ平塚（神奈川県平塚市）に到着して、宿泊した。**図八**は、箱根の関所である。

つぎの日は平塚を出立して、神奈川（横浜市神奈川区）まで歩いて宿泊となった。じつは、文之助は横道をして、ついでに江の島や鎌倉の鶴岡八幡宮などを見物する予定をひそかに立てていたのだが、かなわなかった。『日録』には、

「今回は果たさなかったが、いずれ参詣するつもり」

と、決意を記した。ただし、この決意は実現することはなかった。

翌日の十二月八日、神奈川を出立して、途中、品川（東京都品川区）で昼食。すでに日が暮れた六ツ半（午後七時頃）、佐賀藩の上屋敷に到着した。

前もって手紙でこの日に着くことを知らせていたので、明善堂の道場の門弟たち八人

が文之助の到着を待ちかねていた。用意していた酒と料理でさっそく歓迎の宴《うたげ》が始まった。

文之助は九月二十七日に佐賀城下を出発し、各地の道場で立ち合いながら、二カ月以上をかけて江戸に着いたのである。

なお、佐賀藩の上屋敷は山下御門内にあった。現在の千代田区の、日比谷公園の地である。中《なか》屋敷は溜池《ためいけ》、下《しも》屋敷は千駄ケ谷《せんだがや》にあった。

コラム4　大日本諸州遍歴日記

牟田文之助よりひと足早く諸国武者修行をした武士がいる。佐賀藩の重臣諫早家の家臣の藤原左右一で、嘉永元年（一八四八）九月から翌年の七月までの、およそ一年間の旅だった。江戸までは、副島官三郎が同行している。この、ほぼ一年にわたる旅の記録が『大日本諸州遍歴日記』である。

藤原と副島は、文之助とほぼ同じ道筋で旅をしていた。有名道場が集中している江戸を目指し、途中で諸藩の藩校道場に立ち寄るとなれば、おのずから行程は似てくるのであろう。

ただし、藤原と副島は槍術修行であり、稽古を申し込む道場がことなっていた。そのため、文之助の記述内容と比較対照できないのが残念である。

だが、藤原が江戸ではさっそく吉原《よしわら》見物に出かけ、仙台城下では修行そっちのけで名勝松島の見物に出かけるなど、その行動は文之助とまったく同じなのがおかしい。当時の武士の興味関心はほぼ同じだったといえよう。

藤原は吉原について、こう記している――

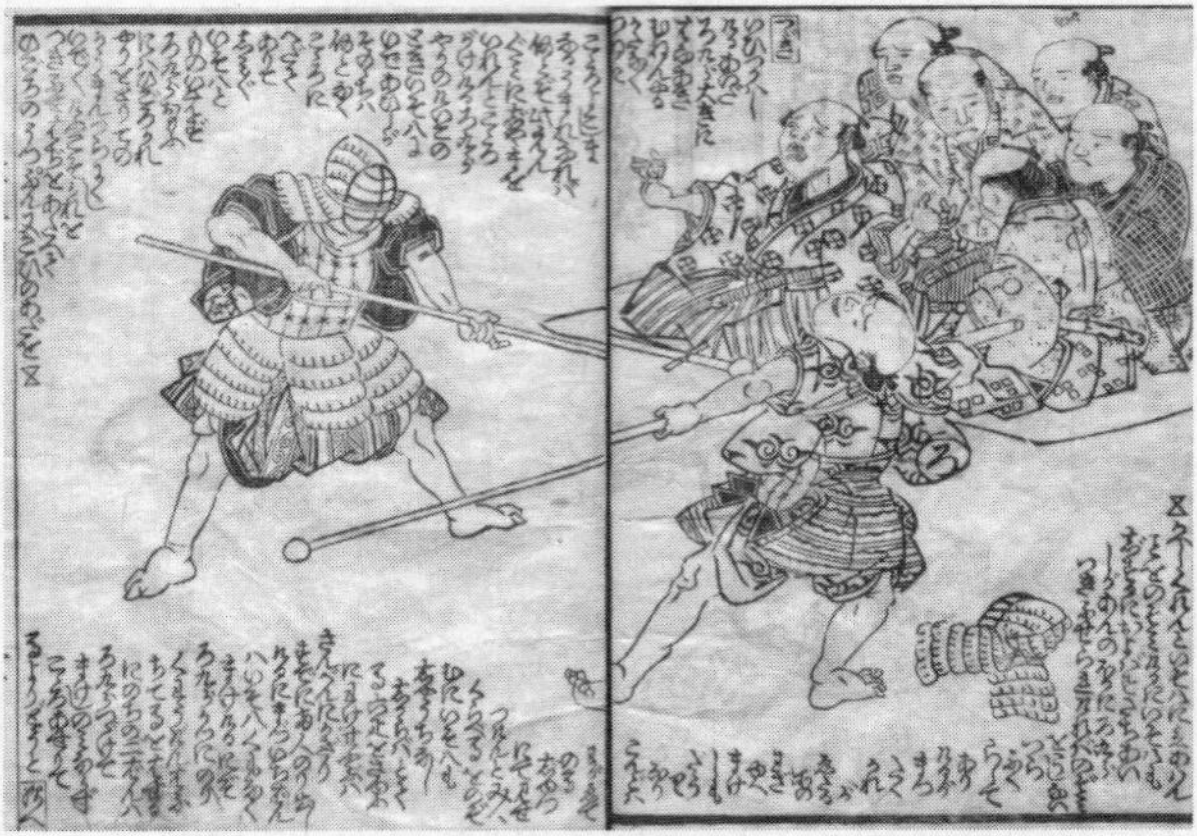

図『糸皿山更紗団扇』（墨川亭雪麿著、文政11年）国会図書館蔵

吉原にて、小泉遊女屋へ引き込まれ大いに面白く相笑い候こと。

小泉は同行者のひとりだが、客引きの若い者に袖を取られ、妓楼《ぎろう》のなかに引っ張り込まれたのであろう。小泉がほうほうのていで逃げ出す様子がよほどおかしかったようだ。

なお、嘉永六年九月二十九日、牟田文之助が久留米城下の修行人宿に滞在中、槍術修行の諫早家の家臣と同宿になったが（一三二頁参照）、この家臣こそ藤原左右一に江戸まで同行した副島官三郎である。

副島はあらためて武者修行の旅に出たのだろうか。それにしても不思議な縁といえよう。

図は、槍術の試合の様子である。防具を身につけ、たんぽ槍を用いていた。右の男は突きを受けて、面をとばされている。

コラム5　加藤田平八郎の武者修行

久留米（福岡県久留米市）藩の師範で神陰流の加藤田平八郎は若いころ、武者修行の旅に出た。

文政十二年（一八二九）五月、二十二歳の平八郎は神陰流の門下のふたりをともない、武者修行の旅に出立し、中国、近畿、近江、伊勢、四国を遍歴して同年十二月に久留米に戻った。

さらに天保九年（一八三八）三月、三十一歳の平八郎は門下のふたりをともない、ふたたび武者修行の旅に出て、江戸の諸道場で他流試合をおこない、同年十二月に久留米に戻った。

この加藤田平八郎が久留米城下でひらいていた道場こそ、奇《く》しくも牟田文之助が武者修行の旅で最初に訪れたところだった。嘉永六年九月二十九日のことである（二一頁参照）。

加藤田道場について文之助は、ほとんど歯牙《しが》にもかけない冷淡な評価をしているが、もちろん立ち合ったのは門弟だけである。加藤田本人と立ち合ったわけではない。

このとき、加藤田平八郎は四十六歳である。人生五十年、四十歳は初老と言われていた時代だった。

若く溌剌《はつらつ》とした文之助を見ながら、加藤田は自分の若き日を思い出したかもしれない。いっぽうの文之助は意気軒昂《けんこう》、加藤田のそんなほろ苦い感慨など想像もつかなかったであろう。

なお、武者修行の旅の帰途の安政二年八月十五～十六日にも文之助は久留米城下の加藤田道場に立ち寄り、高弟と手合わせをした（三一三頁参照）。

第四章　江戸での交友と体験

（一）　藩意識と藩士の交流

歴史・時代小説では「土佐藩」や「薩摩藩士」という表記がごく普通に用いられているが、そのほうが読者にわかりやすいからである。

実際には江戸時代を通じて、武士は「藩」や「藩士」という言い方はしなかった。そういう意識そのものがなかったからである。

当時の武士にとって土佐藩や薩摩藩ではなく、あくまで山内家や島津家だった。

たとえば佐賀藩士が自己紹介する場合は、「佐賀藩士でござる」ではなく、「肥前鍋島家の家中の者でござる」などと名乗った。

あるいは村上藩の藩士の場合、「村上藩士でござる」ではなく、「内藤紀伊守《きいのかみ》の家来でござる」などと名乗った。

つまり、〇〇藩の藩士という意識はなく、あくまで鍋島家の家中、内藤紀伊守の家臣や家来という意識が強かった。

例をあげると、江戸の『切絵図』には大名屋敷は「松平駿河守《するがのかみ》」と「家紋」が記されているだけで、今治藩とはどこにも書かれていない。

『武鑑』も「松平出羽守《でわのかみ》」のみで藩名の記載はないが、最後に「御在城出雲松江」とあるので、ようやく松江藩と判明する。当時の人々が藩を意識していなかったのがわかろう。

こうした家中や家臣、家来意識がうすれ、藩や藩士という自覚が芽生えてきたのはようやく幕末期とされるが、『日録』にもその兆候が見て取れる。

牟田文之助は出会った諸藩の人物について、

作州津山藩、唐津之藩士、高松藩士、他藩の人々、島原藩中

などと表記しているのだ。いっぽうで、

松平伊賀守家来、秋元但馬守様屋敷

などと、伝統的な表記もしている。

つまり、混在しているといってよい。文之助が諸国武者修行をしていたころは、ちょうど諸藩の藩士の意識の転換期だったといえよう。

＊

江戸には全国諸藩の藩邸が集まっていたが、対外折衝役の留守居役など一部の役職者

をのぞいて、藩が異なれば藩士同士の交流はほとんどなかったと考えられているのではなかろうか。

ましして、他藩の屋敷を訪ね、門番が詰めている表門を堂々と通り抜け、知り合いの藩士が住む長屋にあがりこんで長々と話し込んだり、酒宴を楽しんだりなど、とうてい不可能と思われているのではなかろうか。

ところが、『日録』を読むと、右記のような行為がごく普通に、日常的におこなわれていたことがわかる。

江戸藩邸では、文之助は藩校明善堂の寄宿舎ともいうべき部屋に、別の藩士と相部屋で住んでいた。ここに、しばしば他藩の藩士が訪ねてきた。酒盛りになるのはしょっちゅうである。

逆もしかりで、文之助もしばしば他藩の藩邸を訪ね、藩士が住む長屋にあがりこんで飲食をしながら歓談した。

また、明善堂の道場に他藩の藩士がやってきて合同稽古をしたし、文之助が他藩の藩邸内の道場で合同稽古をすることも多かった。

剣術修行という大義名分があれば、藩の垣根はほとんどなかった。文之助は江戸では藩邸の佐賀藩士よりも、他藩の藩士と付き合う時間のほうが長いくらいだった。

こうした親密な交流は言葉が通じてこそ成り立つ。ここで言葉の壁について考えたい。

諸藩の藩主はみな江戸生まれの江戸育ちだった。たとえば、薩摩弁は独特とされるが、薩摩藩主の島津斉彬《なりあきら》の言葉は江戸弁だったという。というより、江戸で生まれ育った斉彬は薩摩弁はしゃべれなかったのである。

牟田文之助は佐賀で生まれ育ったので佐賀弁しか話せなかったはずだが、各地で言葉による意思疎通に苦労している様子はない。

当時は、現代とは比較にならないくらい言葉の地域差が大きく、藩や地方がことなれば、話し言葉はほとんど通じなかったはずである。文之助はどうして各地で意思疎通が可能だったのか。

理由は堅苦しい武家言葉にあった。武家言葉は一種の共通語であり、武家言葉を用いているかぎり、多少の発音の違いや訛《なま》り、聞き取りにくさはあっても、基本的に全国共通だったのである。

江戸時代を通して幕府役人と諸藩の役人、諸藩の役人同士など、言葉が通じなくては折衝もできない。このため、武家言葉という共通語が形成されたのである。

文之助が諸藩の藩校道場や各地の個人道場で意思疎通ができたのも、佐賀弁まじりとはいえ武家言葉を用いていたからだった。江戸に出た文之助がいろんな藩の藩士と交流できたのも同じ理由である。

武士同士、武家言葉を用いていればほとんど言葉の壁はなかったといえよう。『日録』にも、他藩の藩士との会話に苦労した様子はない。

ところが相手が庶民の場合は、そうはいかなかった。『日録』には各地で言葉が通じない難儀が書き留められている。

たとえば安政元年五月十四日、下松川村（福島県古殿町）から湯本（福島県いわき市）まで移動したが、けわしい山道なので荷物持ちの人足を雇った。ところが人足の言葉がさっぱりわからず——

　左も唐人之咄同様ニ而候。

で、文之助には外国語としか思えなかった。

また、同年六月には、国見峠を越えて現在の宮城県から秋田県にはいったが、一帯の人々の言葉はまったく理解できず——

　勿論言語は少も分不レ申、唐人同様也。

と、外国人としか思えなかった。

それでも、相手が武士だと、きちんと意思疎通ができている。武家言葉のおかげだった。

庶民でも、城下の修行人宿の主人、宿場の旅籠屋の主人、村の名主くらいになると武家言葉に慣れていたので、相互理解が可能だった。

(二) 時中流との交流

牟田文之助は十二月八日の夜、江戸に到着し、上屋敷内の藩校明善堂の寄宿舎に住むことになった。

翌日、明善堂道場の師範原口寿左衛門(流派不明)から酒一升が届けられた。

午後から藩士ふたりの案内で京橋や日本橋あたりを見物し、富沢町で夜具などを買い求めた。その代金は一両三朱だった。

幕末のころ、職人は月に一両二分くらいの稼ぎがあれば親子五、六人が生活できたし、高給で知られる大工・左官の一日の手間賃が四百十二文だった。嘉永六年の相場では一両が六千二百五十文くらいだから、これで換算すると、文之助が買い求めた夜具の値段は当時の職人の月収、大工・左官の手間賃の十八日分にほぼ相当する。

現代、人件費は高く、物の値段は安い。江戸時代は正反対で人件費は安く、物の値段は高かった。

文之助は江戸時代に生きていたから、寝具や衣類が高いのは当然と思っている。高値に驚くどころか、むしろ、

「うむ、なかなかよい品じゃ。国許《くにもと》ではこんな夜具は手にはいらぬぞ」

と、その品質のよさに大いに満足した。

いっぽう、十二日には日蔭町《ひかげちょう》で竹刀《しない》を買い求めたが、代金は二百七十文で、文之助はその高値に驚いた。佐賀ではもっと安かったのであろう。

十日からは明善堂の道場で寒稽古が始まり、文之助も参加した。

十一日の九ツ（正午頃）すぎ、早朝からの寒稽古を終えて部屋に戻った文之助のもとに、上田（長野県上田市）藩の石川大五郎という藩士が訪ねてきた。

「貴殿が江戸に出て来るのを知って、首を長くして待っており申した」

「さようでござるか。まあ、とりあえずあがってくだされ」

文之助は気さくに石川を部屋に招き入れた。

修行人の情報は藩の垣根を越えて伝わっていたことがわかる。

石川は剣術修行のために江戸に出てきて、時中流《じちゅう》（両剣時中流）の稽古をしていると告げた。時中流も二刀流である。これで、石川が文之助の江戸到着を心待ちにしていたのも、訪ねてきた理由もわかった。

文之助もかつて実父や師匠の内田庄右衛門から、時中流のことは聞かされていた。時中流は鉄人流から枝分かれしたという。

「越後の村上（新潟県村上市）藩は、剣術流派としては直心影流と時中流がありますが、とくに時中流が盛んでしてな。拙者は江戸に出てきてからは、村上藩邸内の道場で時中流の稽古をしており申す」

石川はすでに時中流の免許皆伝を得たと言った。

上田藩の剣術は神道流、克己流《こっき》、直心影流、中条流である。そんななかにあって、上田藩士の石川が時中流に惹《ひ》かれて村上藩邸内の道場にかよって稽古し、免許皆伝まで得たのである。

「ほう、貴殿は奇特な御仁《ごじん》ですな」

うれしくなった文之助は酒を出してもてなした。

酒を酌み交わしながら、話がはずむ。鉄人流と時中流の違いから、石川のこれまでの修行、文之助の佐賀から江戸までの武者修行の旅まで、話題は尽きることがない。

初対面にもかかわらず不思議と馬が合うというのだろうか、文之助も石川もたがいに百年の知己を得た思いだった。

「上田藩邸と村上藩邸の道場で交互に稽古をしている。明後日は上田藩邸に、村上藩の時中流の面々がくる。ぜひ、貴殿も来てくれ。みなに引き合わせたい」

「うむ、それは面白いな。必ず行く」

「では、楽しみにしておるぞ」

日が沈みかけたころ、石川はようやく辞去して上田藩邸に帰っていった。これがふたりの親密な友情の始まりだった。

十二月十三日、牟田文之助は朝から、西の丸下にある上田藩の上屋敷に石川大五郎を訪ねた。

すぐに道場に案内され、そこで村上藩の青山国太郎、島田季次郎、島田安五郎を紹介された。三人とも剣術修行のため江戸に出てきていた。青山は後に国許で、時中流の師範になる人物である。

鉄人流と時中流の合同稽古が始まった。

稽古を終えると、酒と料理が出て宴会となる。文之助は青山ら村上藩士ともすっかり意気投合した。なにより、源流を同じくする鉄人流と時中流が出会えたのがうれしい。

「できれば拙者も、みんなといっしょに稽古をしたいのだが」

この文之助の申し出を、青山らは快諾した。

そして佐賀藩、上田藩、村上藩の各道場を順に使って合同稽古をすることがきまった。

文之助が提案した。

「では、次回はぜひ、わが明善堂の講武場を使ってくれ」

「うむ、よかろう。佐賀藩邸の道場をぜひ見てみたい」

こうして、上田藩と村上藩にまたがる時中流の輪に、佐賀藩士の文之助も加わることになった。

三日後の十六日、上田藩の石川大五郎、村上藩の青山国太郎、島田季次郎、島田安五郎、岩槻采女《いわつきうねめ》の五人が剣術道具をかつぎ、連れ立って佐賀藩邸にやってきた。岩槻采女も剣術修行のために江戸に出てきていたひとりである。

ところが、いざ道場で稽古を始めようとすると、明善堂の文武方役人から横槍《よこやり》がはいった。

「他藩の藩士が講武場を使うことはまかりならん」

役人特有の杓子《しやくし》定規な措置だった。

文之助としては面目丸つぶれである。五人には安請け合いをして無駄足を踏ませたことになり、「すまん」と頭をさげるしかない。とりあえず酒を出してもてなした。

図一『絵入り旅行記』（ベイツ編、1869年？）国際日本文化研究センター蔵

「お詫《わ》びと言ってはなんだが、きょうは拙者にまかせてくれ」

文之助は五人を湯屋にさそい、みなでひと風呂浴びた。そのあと、居酒屋に行き、猪鍋《いのししなべ》などを肴《さかな》に酒を呑んだ。

図一は、幕末の獣肉を食べさせる店である。「山くじら」は、猪の肉のこと。

すべて文之助が支払い、総額は千三百文を超えた。東海道などの宿場で文之助の泊まった旅籠屋の一泊二食付の料金が二百五十文前後だったから、そのおよそ五倍にあたり、かなりの出費となった。

みな、文之助のつらい立場はわかっている。そのいさぎよい態度に、五人はますます文之助に好感をいだくようになり、信頼も深めた。

その後、文之助は明善堂師範の原口寿左

衛門らを通して、他藩の藩士も道場を使えるよう上層部に懸命に懇願した。ようやく許可がおりたのは翌安政元年の二月二十二日だった。

これ以降、佐賀藩の上屋敷内、上田藩の上屋敷内、そして西の丸下の村上藩の上屋敷内の道場で持ちまわりで合同稽古がおこなわれるようになる。

十八日には、文之助はふたたび上田藩邸の道場に出向き、石川大五郎ほかの上田藩士、そして青山国太郎ら村上藩士、合わせて十四、五人で合同稽古をおこなった。

この日、国許から先月二十六日付の手紙と焼鮒《やきふな》や干海老《ほしえび》などが届いた。

また、綿入や縞《しま》の布地二反を買い、金一分二朱かかったが、やはり文之助はその品質のよさに満足した。

（三）　藩邸での生活

牟田文之助は剣術を通じて他藩の藩士と密接な交流をしていたが、藩邸内の佐賀藩士との付き合いも多かった。

安政元年（一八五四）一月十六日、ふたたびペリーが軍艦を率いて浦賀沖に来航した。最初の黒船来航では恐慌状態におちいった江戸市民だが、二回目となると動揺はなかった。

それどころか、物見高い庶民は黒船見物に出かけるほどだった。ほとんど行楽気分である。武士も同様であり、文之助も例外ではなかった。

十九日、文之助は佐賀藩士四人と連れ立ち、八ツ（午前二時頃）に藩邸を出発した。東海道をひたすら歩いて六ツ半（午前七時頃）に神奈川に到着し、そこで舟を雇った。舟で沖合いに出て、停泊中の黒船が間近に見えるところまで接近した。

「やはりアメリカの軍船じゃ」

「火船じゃのう。黒船とはよく言ったものだ」

みな黒船を間近にながめて大満足だった。

神奈川の船着場に戻ると、すぐさま江戸に取って返す。

「いかん、このままでは門限におくれるぞ。飯を食う暇はない。急いで帰ろう」

ほとんど食事もしないままひたすら足を急がせ、ようやく藩邸に帰り着いたのは六ツ半（午後七時頃）だった。

大名屋敷の門限はきびしく、暮六ツ（午後六時頃）には表門が閉じられるが、六ツ半くらいまでであれば、門番に頼んで裏門からそっとはいりこむことができた。

三月三日には吉原《よしわら》見物に出かけた。

藩主の参勤交代に従って江戸に出てきた勤番武士が、まず一番に見物したがったのが遊廓《ゆうかく》の吉原だった。文之助の場合、江戸に着いてからおよそ三カ月後にやっと吉原に足を向けたことになる。おそすぎたくらいだが、やはり剣術修行で忙しかったからであろう。

『日録』には同行者の名は記されていないが、江戸滞在の長い佐賀藩士が案内役だったはずである。おそらく、こんなやりとりがあったに違いない。

「なんだ、貴殿はまだ吉原見物をしておらぬのか」

「うむ、一度行きたいと思っているのだが、なかなか機会がなくてな。それに、ひとりでは行きにくいからな」

「よし、では、拙者が案内しよう。ちょうどいい季節だぞ」

三月は吉原がもっともはなやぎ、にぎわう時季である。植木屋が三月一日、開花直前の根つきの桜の木を多数運び込み、大通りである仲《なか》の町《ちょう》に植えたのだ。花が散る三月末までに桜の木はすべて運び出される。

桜の時季の灯ともしごろ、雪洞《ぼんぼり》の明りに照らされた満開の桜の下を静々と進む花魁道《おいらんどう》中《ちゅう》は妖艶であり、ため息が出るほどの美しさといわれた。夜桜と花魁道中の見物に来る人は多く、吉原は殷賑《いんしん》をきわめた。
ただし、藩邸暮らしの文之助には夜桜見物は無理なので、昼前から出かけた。
昼間ではあるが、桜の下を行く花魁道中を見物した文之助はよほど感銘を受けたのか
――

女郎衆ハ美々敷行連ニ而、かむろ弐人其外数多引連、長ゑ之日傘、三本足之黒高下駄ニ而徒行、髪差は前後左右ニ差、并其装妢好、誠天人之如し。


と、その様子を懸命に描写している。

要するに、花魁道中は華麗な行列だった。花魁は禿《かむろ》ふたりのほか多数の下級遊女を引き連れている。若い者が長柄《ながえ》の傘を高々とかかげて従っていた。花魁は三本歯の黒塗りの高い下駄をはき、ゆるやかに進む。髪には前後左右に笄《こうがい》を挿しており、その衣装は豪華絢爛《けんらん》。まさに天女のようだった、ということであろう。

文之助は花魁道中を熱心に観察し、かつ的確に描写したといえよう。

図二は、桜の下を行く花魁道中である。

六日、国許から藩主鍋島直正の四男武之進が死去したとの知らせが届いた。

図二『ぬしや誰問白藤』（市川三升著、文政11年）国会図書館蔵

「三月十日まで喪に服するよう」

と言い渡され、藩士は道場での稽古はもちろんのこと、外出も禁止された。

当時の武士にとって服喪はよくあることだった。大名は正室のほかに複数の側室を持っていたので子供が多い。しかし、当時は乳幼児の死亡率が高く、「子供は生んだ数の半分育てばいい」と言われていたくらいである。

鍋島直正も二十二人の子供がいたが、十二人が夭逝《ようせい》している。そのたびに藩士は服喪を命じられた。

(四) 練兵館に入門、江戸の町道場

幕末期、江戸の町道場は、千葉周作が神田お玉が池で主宰する北辰一刀流の玄武館(千葉道場ともいう)、斎藤弥九郎が麴町三番町《こうじまちさんばんちょう》(かつては俎橋《まないたばし》にあったが、天保九年の火事に類焼して移転)で主宰する神道無念流の練兵館、桃井春蔵《もものいしゅんぞう》が八丁堀蜊河岸《はっちょうぼりあさりがし》で主宰する鏡新明智流の士学館が有名だった。

玄武館、練兵館、士学館は江戸の三大道場とも呼ばれ、天保年間から安政年間にかけて隆盛をきわめた。この三道場について、俗に「技は千葉、力は斎藤、位は桃井」とも称された。

これら三道場に、伊庭軍兵衛《いばぐんべえ》が下谷御徒町《したやおかちまち》で主宰する心形刀流の伊庭道場を加えて四大道場ということもある。

牟田文之助はこの四大道場のすべてで他流試合をしているが、それは後に述べよう。

江戸に到着したのは十二月だったため、月末から新年一月のなかばくらいまで、藩邸

道場も町道場も稽古は休みとなる。

安政元年一月二十五日、牟田文之助は熨斗目《のしめ》に裃《かみしも》の正装で、藩邸の中間《ちゅうげん》を従えて麴町三番町に向かった。中間には菓子箱を持たせている。神道無念流の練兵館に入門するためだった。

文之助がなぜ練兵館をえらんだのか、その理由は不明だが、明善堂師範の原口寿左衛門の推薦があったのかもしれない。あるいは、いろんな評判をもとにして、佐賀にいたころからすでに決めていたのかもしれない。

ただし、入門といっても、神道無念流を習うわけではない。練兵館でいっしょに稽古をさせてくれというものだった。

練兵館で応対したのは、斎藤弥九郎の長男の新太郎（後に二代弥九郎）である。すでに弥九郎はほとんど道場に出ることはなく、新太郎が事実上の道場主だった。

新太郎は文之助の経歴などを聞くと非常に喜び、入門を許可した。練兵館の門人にしても、馴染《なじ》みのない二刀流と対戦する経験を積めるからである。新太郎自身も興味津々だったのかもしれない。

「では、さっそく、あしたの朝から、おいでなされ」

その後、話がはずみ、文之助が藩邸に戻ったときには夕暮れがせまっていた。

翌二十六日、文之助は練兵館に行き、斎藤弥九郎の三男の歓之助《かんのすけ》をはじめ門弟

十七、八人と立ち合った。『日録』には、「妙也」と記している。あまりに簡潔な表現だが、要するに感服したということであろう。

なお、新太郎はその日は具合が悪いとかで、翌日の立ち合いを約束した。

二十七日、文之助は練兵館で、最初に新太郎と立ち合った。その評価は――

大ニ吉し、外は数人無レ限事也。

である。新太郎の技はすばらしいし、門弟にも数人、傑出した者がいる、ということであろうか。珍しく手放しでほめちぎっている。

こうして、文之助は練兵館でも稽古を始めた。

すでに時中流を通じて村上藩や上田藩に知己を得ていたが、練兵館には全国の諸藩から多数の藩士が剣術留学にきている。これ以降、文之助は練兵館で多くの他藩の藩士と知り合うことになる。

二月五日、牟田文之助は上田藩の石川大五郎、村上藩の青山国太郎、島田季次郎、島田安五郎と連れ立ち、総勢五人で蜊河岸の士学館に出かけて行った。鉄人流と時中流の、二刀流連合である。

立ち合いを申し込んだところ、士学館は受け入れた。

道場にいた門人すべてと立ち合い、最後に文之助が道場主の桃井春蔵に申し入れた。

「ぜひ、先生に一手、ご指南願いたいのでございますが」

「あいにく、きょうは体調がよくないのでな」

そう言って、桃井は立ち合いを断わった。

文之助としては桃井と立ち合えなかったのは残念だったが、高弟の上田馬之助らと立ち合い、自分たちのほうが勝っていたことに大いに満足した。

なんといっても相手は三大道場のひとつ、鏡新明智流の士学館である。文之助たちは、

「いやあ、面白かったなぁ」

と、満ち足りた気分で帰途に就いた。

なお、文之助たちは、図三のようないでたちで「他流試合」に出向いていたのであろう。

文之助の「他流試合」は続く。練兵館の門弟ら総勢三十六人で、愛宕下《あたごした》にある直心影流の長沼道場に立ち合いを申し入れたのである。道場主の長沼庄兵衛は三月二十三日で了承した。

いよいよ当日、文之助がまず練兵館に出向き、集合して一行で愛宕下に向かおうとす

図三『嵯嶺奥猫魔多話』（楳田舎好文著、安政２年）国会図書館蔵

る矢先、長沼道場の使いがやってきて告げた。

「きょうは雨なので、あすに延期してほしい」

そして翌日の二十四日、文之助が練兵館に着いてまもなく、またもや長沼道場から使いが来た。

「いろいろ支障があり、今月中は無理でござる」

この断わりには、文之助はもちろんみな腹を立てた。

「最初からそう言えばよいではないか。いまになって今月中は無理など、納得がいかぬ」

「われらが三十六名と大人数なので、長沼道場は怖気《おじけ》づいたに違いないぞ」

みな、口々に長沼庄兵衛と長沼道場をののしった。

その後、四月一日になって、ようやく練兵館と長沼道場の対戦が実現した。

斎藤歓之助が文之助ほかの練兵館の門人十五名を率いて長沼道場に出向き、他流試合をおこなった。一対一で対戦するが、審判が勝敗を判定するわけではない。いわば一対一の地稽古と言ってよかろう。

文之助はふたりと試合をしたが、その結果は記していない。

これまでのいきさつもあるので、自然と練兵館側も長沼道場側も熱くなり、立ち合いは荒っぽくなる。ついには、練兵館の鈴木定七《さだしち》という勝山（福井県勝山市）藩士が対戦相手と激しい口論になった。

そのため急遽《きゅうきょ》、両道場の対戦は打ち切りとなった。なお、鈴木定七は後年、勝山藩の師範となる。

喧嘩がおきたら、その時点で稽古や試合は即打ち切りというのは、騒ぎを大きくしないための当時の剣術界の知恵であろう。

ただし、その場にいた文之助は血沸き肉躍るものがあったようで、『日録』に、大いに盛りあがり、じつに面白かったと書いた。また、双方がかなり殺気立っていたが、歓之助と自分だけは冷静だったとも書いている。

翌日には、練兵館で稽古のあと、歓之助の歓送宴がひらかれた。大村（長崎県大村市）藩の師範として招聘《しょうへい》され、近日中に大村の地におもむくことになったのである。後日、文之助は大村を訪ねたときに歓之助と再会する。

長沼道場との立ち合いが延び延びになっていた三月二十五日には、文之助は上田藩の石川大五郎ともうひとり、合わせて三人で本所亀沢町《ほんじょかめざわちょう》の男谷道場に出向いた。道場主は直心影流の男谷精一郎である。

男谷はすでに五十七歳だが矍鑠《かくしゃく》としており、いまだに道場に出て門弟に稽古をつけ、他流試合もけっして断わらなかった。

このときも、男谷は文之助らと立ち合っている。その結果——

尤老人男谷様始手合致し、実ニ老人之稽古誠ニかんしん仕候。

と、文之助も高齢の男谷の剣技には感心した。とても自分の優勢だったと書けるような状態ではなかったのであろう。男谷には「様」づけをしているほどである。『日録』には多くの道場主や藩の師範の名前が記されているが、「様」が付いているのは男谷精一郎だけである。文之助が男谷には一目も二目も置いたことがわかる。

ただし、ほかの門弟はみなたいしたことがなかったと評している。

なお、男谷は他流試合に来た者は拒むことなく立ち合い、最初の一本は自分が取り、二本目は相手に譲り、三本目は自分が軽く決めて、二対一で勝つのを常としていたという。どんな相手にも一本を譲って面子《めんつ》を立ててやったのである。他流試合といっても、地稽古に近い形式だったことがわかる。

そのため、誤解する者もいた。中津（大分県中津市）藩士の家に生まれた島田虎之助は若いころ、男谷精一郎から一本を取り、相手がたいしたことはないと自惚《うぬぼ》れていたという。もちろん後日、自分の間違いに気づいてあらためて男谷に師事し、ついには江戸で道場をひらいた。

文之助と男谷の立ち合いも、結果は文之助の一勝二敗だったのだろうか。『日録』のひかえめな記述からして、一勝二敗だったのは間違いないであろう。

（五）江戸の藩邸道場

牟田文之助は上田藩や村上藩だけでなく、そのほかの藩邸内の道場にも出向いている。三月二十日、文之助は上田藩士の石川大五郎ともうひとりの、合わせて三人で、かねてから手合わせを申し入れていた館林《たてばやし》（群馬県館林市）藩の藩邸道場に出向いた。

文之助は、直心影流で師範の杉江鉄助との立ち合いを楽しみにしていた。当時、江戸では館林藩の藩邸道場は実力者ぞろいという評判があり、とくに杉江の名は鳴り響いていた。

ところが、杉江と立ち合った文之助の感想は、噂《うわさ》ほどでもないので、世評の高いのが不思議でしかたがない、というものだった。

およそ三十人の門弟も、世上の風説とはことなり、たいしたことはないと評した。

四月三日には、福井（福井市）藩の上屋敷で武術上覧があり、練兵館からおよそ百二十人が出席した。

藩主松平慶永《よしなが》（春嶽《しゅんがく》）が見学するなか、庭で激しい稽古がおこなわれた。第二章の図二（八〇ページ）のような情景だったであろう。

その後、斎藤新太郎と歓之助の兄弟対決、文之助と鈴木定七の対戦などの試合が組まれた。

ただし、試合の勝敗についてはなにも記されていない。この場合も、審判が勝敗を判定する形式ではなかったのであろう。

さらに勝山（福井県勝山市）藩から練兵館に対し、合同稽古に出席してほしい旨の要請があり、斎藤新太郎が弟の歓之助ほか六、七人の門弟を率いて四月五日、勝山藩の上屋敷内の道場に出向いた。このときも文之助がえらばれた。

勝山藩の藩士と稽古をしたあと、座敷で豪華な料理が出された。しかも、藩の重役も出席するという丁重さだった。

日が暮れてからようやく辞去したが、門の外には辻駕籠《つじかご》三丁が用意されていて、斎藤兄弟と文之助用ということだった。

斎藤兄弟と文之助は恐縮して、

「駕籠など、とんでもないことでございます」

と辞退したが、勝山藩側はなかなか聞き入れない。

ようやく辞退して歩いて帰ったが、勝山藩の待遇には文之助も感激した。

＊

牟田文之助のおよそ四カ月におよぶ江戸滞在もいよいよ終わり、あらためて関東一円から奥州にかけて修行の旅に出かける日が近づいていた。

いまや親友となった上田藩士の石川大五郎と酒を呑んでいるとき、こんな話になった。

「できれば貴殿といっしょに旅をしたいな」

「無論、拙者も同じ思いだが、なんといっても藩が違うからなぁ。無理であろう」

「待てよ……、こういう方法があるかもしれんぞ」

妙案を思いついたのは石川だった。

石川もそろそろ帰国のときが迫っていた。本来であれば江戸から中山道《なかせんどう》を通って上田に帰る。そこで、

「せっかくの機会なので、各地で武者修行をしながら帰国したい」

という願いを出すというものだった。遠まわりをして帰国するのを認めてもらうとい

うわけである。

あとは、出発の日取りを文之助と合わせればよい。武者修行なら藩から手当てが支給されるし、手札を示せば各地の修行人宿も無料となる。

さいわい、上田藩の江戸藩邸には石川の親類縁者がいた。こうした人々による根まわしもあって、石川の帰国を兼ねて武者修行をしたいという願いは許可された。

上田藩の上層部も薄々は石川が佐賀藩士の文之助といっしょに旅するのを知っていたであろうが、あくまでひとりで武者修行に出るとして認めたのである。粋なはからいといえよう。

出立がきまってからは忙しい。文之助は練兵館に玉子一箱を持参して挨拶し、道場主の斎藤弥九郎に紹介状を書いてもらった。上田藩邸や村上藩邸にも挨拶に出向いた。

村上藩の青山国太郎らとは送別の宴で今後の計画を話し合った。青山らも近々、帰国の予定だったのだ。

また、佐賀藩士らも送別の宴をもうけてくれた。

なお、文之助の出立に先立ち、白浜代四郎と斎藤弥平太が四月六日、剣術修行のため江戸の佐賀藩邸から旅立った。後日、ふたりとは旅先で思いがけない形で再会することになる。

コラム6　江戸の撃剣修行

古老の聞き書きを収録した『幕末百話』は明治三十八年（一九〇五）に刊行された。同書に、つぎのような懐旧談がある――。

安政の頃私共血気熾《さか》んの時代には、撃剣修業《げきけんしゆぎよう》と申して、竹刀《しない》、面、小手《こて》を担い、各道場へ出掛け、一本願うと申し入れる。その頃《ころお》い有名な先生方の道場はというと（いずれも師範役）、番町《ばんちよう》の斎藤弥九郎《さいとうやくろう》、蜊川岸《あさりがし》の桃井春蔵《もものいしゆんぞう》、お玉《たま》ケ池《いけ》の千葉周作《ちばしゆうさく》、子息の栄次郎《えいじろう》などと申すがすこぶる達人で、日本で三天狗と唱えられていた。私共の扮装《いでたち》は小倉《こくら》のマチ高袴《たかばかま》を穿《は》き、袴の紐に修業の帳面を提げて、「拙者は何々藩士、師匠は何の某でござる。剣術修業のため罷出《まかりで》ました。何分共御教授を願いたい」と望みますと、その帳面へ先生の名義を記載してくれます。こうして諸方の道場を廻るのが修業の一つでした。その代り辛《ひど》い目に遭うこととといったらお話にならぬ。打倒《うちのめ》されたものだ。

およそ五十年後の回想であり、しかも時代が変わっている。記憶がかなり変質している可能性がある。

いわゆる、「今の若い者はなまぬるい。昔は厳しかったぞ」というものだ。同時代的に記した『日録』を読むと、各道場で「辛い目」にあったとは信じがたい。

しかし、他流試合などの手続きは、『日録』の記述内容とほぼ同じである。回顧者は、そのころ藩邸内の長屋に住んでいた勤番武士と思われる。藩邸内の道場で稽古をすると同時に、仲間と連れ立って江戸のいろんな道場をまわっていたのであろう。回想中に「修業の帳面」とあるのは武名録である。

コラム7　講武所

ペリー率いる黒船の来航を契機に、幕府は幕臣に武芸の鍛錬をさせる必要性を痛感し、安政元年（一八五四）、講武所をもうける決定をした。

安政三年四月、築地の佐倉藩の中屋敷跡地に講武所が開場し、剣術十一名、槍術十名、砲術十四名が教授方に任命された。講武所の設立を建白した男谷精一郎は講武所頭取に任ぜられた（総裁のつぎが頭取）。

剣術の教授方は、

戸田八郎左衛門（田宮流）

松下誠一郎（心形刀流）
榊原鍵吉（直心影流）
藤田泰一郎（神道無念流）
本目鑓次郎（直心影流）
三橋虎蔵（心形刀流）
伊庭惣太郎（心形刀流）
松平主税之助（柳剛流）
今堀千五百蔵（直心流）
近藤弥之助（一刀流忠也流）
井上八郎（北辰一刀流）

で、流派はさまざまだが、これは男谷の意向にもとづいていた。

男谷自身は直心影流だが、剣術は特定の流派にこだわらず、実戦を重視すべしという考えを持っていた。

講武所では形《かた》の稽古はせず、打ち込み稽古中心としたため、その激しい稽古を見物しようと、道場のまわりは黒山の人だかりになったという。

牟田文之助は講武所の開場のちょうど一年前に江戸を去った。もし、江戸滞在中に講武所が開場していたら、『日録』にどんな感想を記しただろうか。

その後、講武所は万延元年（一八六〇）、小川町の今治藩の上屋敷と周辺の旗本屋敷を接収した跡地に移転した。さらに、慶応二年（一八六六）の軍制改革で陸軍所に改編された。

第五章　他藩士との旅

（一）関東の修行

安政元年四月十四日に江戸を発《た》ち、八月二十四日にふたたび江戸に戻ってくるまでの、およそ五カ月間の旅のあらましを述べよう。**表1**にまとめた旅程の、四～八に相当する期間である。

「四月十四日、朝五ツ（午前八時頃）、京橋」

が、牟田文之助と石川大五郎の待ち合わせの時刻と場所だった。

佐賀藩邸と上田藩邸からそれぞれ大勢が見送りに来た。このことから見ても、ふたりがいっしょに旅をするのは周知の事実だったのがわかる。

京橋の小料理屋でみなと別れの盃《さかずき》を交わしたが、多くの者がまだ別れを惜しんでついてくる。両国で昼食をとったが、ここでも酒が出た。さらに、浅草で石川の伯父が酒を出した。

途中途中で別れの盃を交わすため、なかなか先には進めない。けっきょく、その日の泊まりは日光・奥州街道の最初の宿場である千住《せんじゅ》だった。

ようやく翌十五日から、ふたり連れの旅となる。千住宿から分岐する水戸街道をたどる予定だった。

天気は晴天である。市川（千葉県市川市）の国府台《こうのだい》では、

「ほう、江戸城が見えるぞ」

「あちらに富士山も見えるぞ」

と、ふたりははしゃいだ。

道場を訪ねるのはもちろんだが、途中ではできるかぎり名所旧跡にも立ち寄るつもりだった。

中山《なかやま》法華経寺《ほけきょうじ》でも、境内から富士山が見えた。

その日は船橋（千葉県船橋市）の旅籠屋に泊まった。道のりはあまりはかどっていないが、文之助は『日録』で足の痛みで早めに泊まったと弁解している。

江戸滞在時は草履などをはいていた。久しぶりの草鞋《わらじ》で、早くも足に肉刺《まめ》ができてしまったのだ。

図一は、武者修行のふたり連れが描かれている。図では、左の武士がふたりの防具を棒に通して運んでいる。武者修行の武士が賭けや、じゃんけんなどの勝負でかつぎ役を

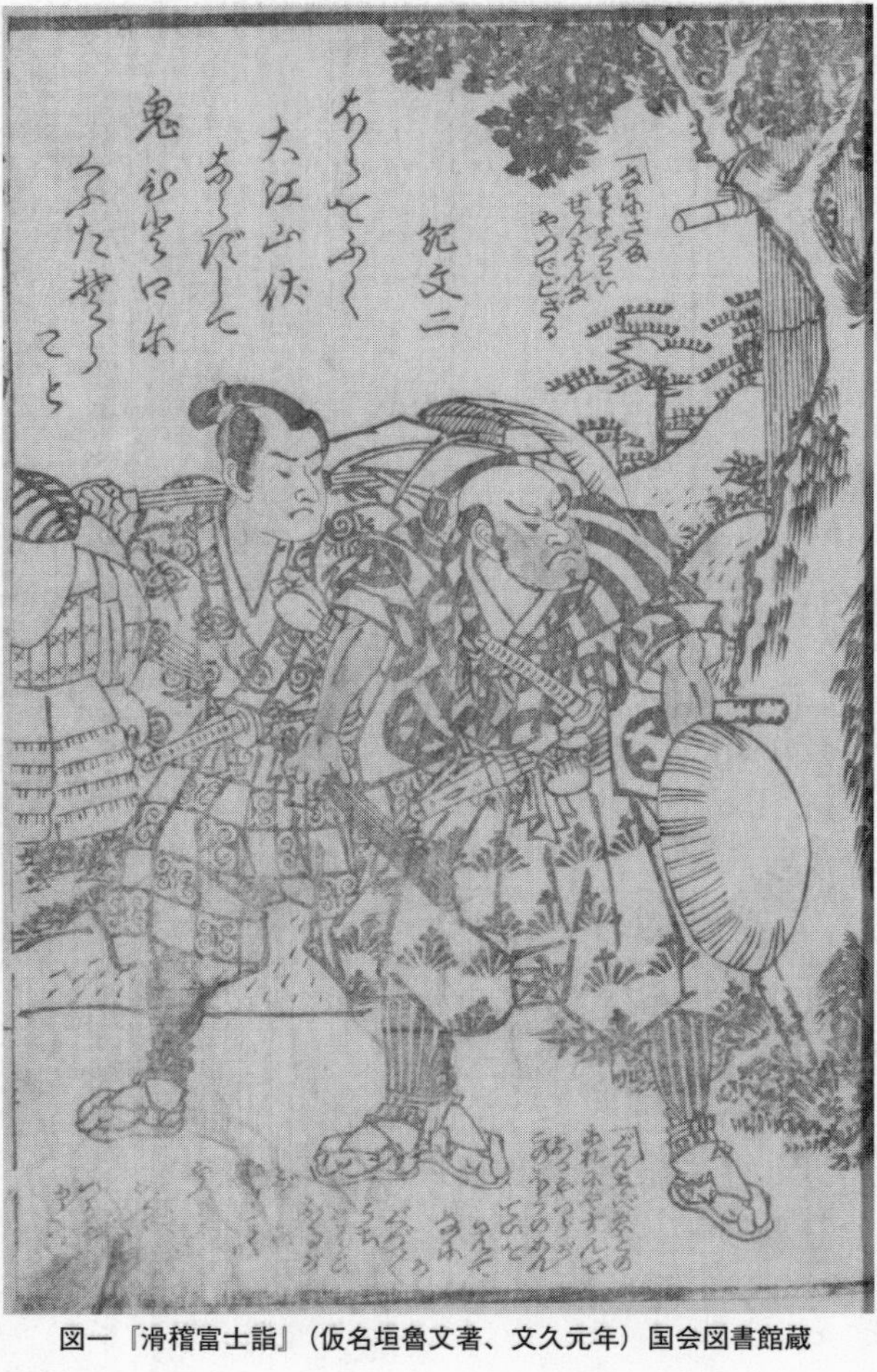

図一『滑稽富士詣』（仮名垣魯文著、文久元年）国会図書館蔵

決めていたと想像すると、ほほえましい。要するに、男のふたり旅なのだ。文之助と石川も、このような旅姿だったのであろう。

十六日、ふたりは佐倉（千葉県佐倉市）藩の城下に着いて修行人宿にあがると、すぐに主人を通じて藩校道場に立ち合いを申し込んでもらった。

主人が文之助に言った。

「佐賀藩の白浜代四郎さまと斎藤弥平太さまという修行人が四、五日前、お泊まりでしたよ」

「ほう、そうか。ふたりも藩校道場で手合わせをしたのか」

「はい、丸一日、道場で手合わせできたと、うかがっております」

翌日の朝、佐倉藩の文武方役人が修行人宿に来て、午後からの手合わせときまった。その際、役人が佐賀藩士ふたりの名をあげ、こう言った。

「みどもの弟が奥州仙台で修行中、おふたりに大変お世話になったそうでしてな。帰国のみぎり、よろしくお伝えくだされ」

午後になると迎えの者が来て、いっしょに藩校に向かった。

佐倉藩の師範は夏見又兵衛（無停滞心流）、服部四郎左衛門（中和流）、石川左内（浅山一伝流）、逸見忠蔵（立身《たつみ》流）で、四人の師範の門弟合わせて四十一人と立ち合った。

道場は三間に六間（約五・五×十・九メートル）の土間で、地面の上に畳を敷いていた。

手合わせを終えて文之助と石川が修行人宿に戻ってしばらくすると、またもや文武方役人が挨拶に訪れ、長話をしたあとでようよう帰っていった。

夕方、べつな修行人が宿に到着した。さっそく、おたがいに自己紹介する。修行人は高山銀次郎と名乗り、七千石の旗本小笠原若狭守《おがわわらわかさのかみ》の家来で、直心影流の団野源之進の門人だという。

「水戸（茨城県水戸市）まで行ったあと、あらためて東海道筋で修行するつもりでござる」

高山は今後の予定を語った。

佐倉を出立したあと、文之助と石川は成田山新勝寺や鹿島神宮などの参詣を経て、舟で霞ヶ浦を渡り、四月二十三日、土浦（茨城県土浦市）藩の城下の修行人宿に着いた。すると、六日前に佐倉の修行人宿で会った高山銀次郎とまたもや同宿となった。

高山も藩校道場に立ち合いを申し入れているという。おたがいに今後の予定などを話しているうち、高山が願った。

「貴殿らも水戸まで行くのなら、できれば同行させてもらえないだろうか」

「ああ、かまいませんぞ。では、三人連れでまいろう」

文之助と石川は快諾した。

まもなく、藩校の文武方役人が訪ねてきて、翌日の午後からの手合わせときまった。

翌日、迎えの者といっしょに三人連れで藩校道場に向かった。藩校の道場とはいうものの、二間に五間（約三・六×九・一メートル）の土間だった。

土浦藩の師範は佐々隼太《さつさはやた》（直心影流）と早川辰人（直心流）で、なかでも佐々はその名が鳴り響いていた。

佐々と早川の門弟二十四、五人と立ち合ったあと、文之助は佐々に手合わせを申し込んだ。ところが、体調不良を理由に断わられてしまった。文之助は、

「高名な佐々との手合わせを楽しみにしていたのだが、断わられてしまい、まことに残念である」

と書いた。また、門弟のなかに遠山国蔵ともうひとり、できる者がいるが、ほかはたいしたことはないとも書いた。遠山国蔵は直心影流で、後に藩の師範となる。文之助は稽古を通じてちゃんと実力を見抜いたことになろう。

藩の重役はじめ多数の藩士が見学に集まっていた。なお、この日の文之助のあざやかな剣技の噂は大坂にまで届いていたことが後に判明する。

四月二十六日、文之助、石川、高山は降りしきる雨のなか、筑波山に登った。やや無

謀な登山だが、男が三人いると無鉄砲になる。

「なんのこれしき。頂上まで登ろう。これも修行のひとつじゃ」

ただし、荷物は人足に頼み、下山口までさきまわりして運んでおいてもらった。なかなか利口な手筈《てはず》だが、修行人宿の主人の助言であろう。

頂上までは登ったが、雨天では眺望はほとんど望めなかったはずである。

下山した三人は荷物を受け取って、降りしきる雨のなかを真壁（茨城県桜川市）まで歩き、旅籠屋に泊まった。全身ずぶ濡《ぬ》れであり、真っ裸になって着物や袴《はかま》をしぼったあと、旅籠屋に用意してもらった火鉢であぶって乾かさねばならなかった。

ひとりだとみじめだが、男三人だとこんな騒ぎが無性に楽しい。おたがい軽口を叩《たた》き合い、大笑いしながら、裸で衣類を乾かした。


その後、三人は笠間（茨城県笠間市）藩の藩校でも立ち合いをした。師範は示現《じげん》流の村上善左衛門と、もうひとり（流派不明）がいた。

道場はただの土間で、屋根があるとはいえ数日来の雨で土が濡れている。そんな足元にもかかわらず、両師範の門弟五、六十人と立ち合った。

文之助は、

「世評では笠間藩の藩校道場は関東随一ということだが、傑出した者はいない」

と、さほど評価していないが、剣術が盛んなことは認め、手合わせはなかなか面白かったと書いた。

笠間藩の役人は文之助らに好意的であり、

「城内の佐白山《さしろやま》という山に観音堂があります。本来であれば他藩の人の参詣は許されておらぬのですが、特別に許可いたしましょう」

と、もったいぶりながらも、三人を佐白山に案内してくれた。

山の上からの眺望はすばらしく、しかも城内の配置も丸見えである。いわゆる城の防衛機構をすべて見せてしまったわけだが、すでに当時、城の守りは幕府や他藩には機密という意識は希薄になっていたのであろう。

太平の世が二百五十年も続くと、すでに「城を枕に討死」という言葉も死語になっていた。十数年後におきる戊辰《ぼしん》戦争で、東北の諸藩はまさに「城を枕に討死」が現実になるのだが、もちろん誰もそんな事態は想像すらしていなかった。

笠間の城下を出立したあと、三人は関東では最大の目的地である水戸に向かった。

（二）　水戸での交流

安政元年四月晦日《みそか》、牟田文之助、石川大五郎、高山銀次郎の三人は水戸城下の修行人宿に到着すると、さっそく主人を通じて、水戸藩の藩校である弘道館の道場に立ち合いを申し込んでもらった。

文之助は練兵館の道場主斎藤弥九郎の紹介状を添えたし、前もって佐賀藩の留守居役から水戸藩に依頼してもらっていたので、なんの支障もないはずだった。弘道館の道場の剣術流派は三つである。それぞれの門弟と立ち合うとして、文之助は三日間の滞在が必要と計算していた。

五月一日、弘道館道場から使いが来て、立ち合いは翌日からときまった。

いっぽう、水戸藩の藩医松延貞雄の息子が手紙を届けて来た。その手紙によると、

「佐賀藩の修行人白浜代四郎と斎藤弥平太は先月十三日に水戸に到着したが、斎藤が病気になった。以来、斎藤は拙宅で病の床に臥《ふ》せっており、白浜も同じく逗留《とうりゅう》している」

とのことだった。

驚いた文之助と石川はすぐさま松延宅に向かった。石川は稽古で佐賀藩邸の道場に出入りしていたため、白浜や斎藤とも面識がある。

松延宅に着き、病床にいる斎藤を見舞った。その後、文之助は松延に迷惑をかけていることを詫《わ》び、またこれまでの礼を述べた。

松延は迷惑がるどころか、にこやかに、

「あと十日ほども寝ていれば全快するでしょう。お気になさることはない」

と言い、蕎麦《そば》やうどんなどを出して文之助と石川をもてなした。

他藩の藩士に対し、信じられないほどの厚遇である。

なお、図二に医者が描かれている。松延貞雄も図のように、剃髪《ていはつ》していたであろう。

ふたりが斎藤や白浜と話をしたあと松延宅を辞し、修行人宿に戻ったときにはすでに夜がふけていた。

五月二日から四日まで毎日、文之助、石川、高山の三人は弘道館道場にかよった。

最初の日、迎えの者とともに道場に出向いたところ、藩のおもだった重役がずらりと列席していた。そのなかにひとり、異彩を放つ文武心懸《こころがけ》の役人がいた。頭は総髪で、黒いひげを一尺（約三十センチ）ほどものばしており、武田耕雲斎《こううんさい》と名乗った。この武田耕雲斎こそ、後の天狗党《てんぐとう》の乱の頭領である。

図二『庭教塵塚物語』（山東京山著、嘉永３年）国会図書館蔵

道場は広々としていて板張りで、これまで文之助が訪れたどの道場よりも立派だった。

終日、神道無念流で藩師範の長尾理平太の門弟六、七十人と立ち合い、昼には弁当が支給された。

世上では水戸の弘道館の評価は高いが、文之助の感想はこうだった。

「人数こそ多いが、とくに目立った者はいない」

夕方、修行人宿に戻ると、小林春三郎という水戸藩士が訪ねてきた。

「貴殿の噂を聞いたのでな。久しぶりだな」

小林は江戸の練兵館に剣術留学していたため、文之助とは心安い間柄だった。

さっそく石川と高山にも引き合わせる。

小林が酒や料理を取り寄せ、振る舞ってくれた。すぐに打ち解けた雰囲気になり、四人で話がはずんだ。

二日目は、やはり藩師範の荷見《はすみ》安太郎（流派不明）の門弟五、六十人と立ち合ったが、文之助の感想はこうだった。

「神道無念流の門弟よりも落ちる」

修行人宿に戻ると、小林春三郎が訪ねてきた。

「江戸藩邸に向かう飛脚がある。書状があるなら、あずかって託してやるぞ」

水戸藩の飛脚を利用させてやるというわけだった。

小林の親切に甘え、さっそく文之助は藩邸の明善堂と国許あてに手紙を書き、小林に託した。石川と高山もおそらく手紙を書いて託したであろう。

続いて、藩医の松延貞雄の使いが来て、

「あさっての節句の日にはぜひ、お越しください」

と、文之助らを招待した。

三日目は、北辰一刀流で藩師範の渡辺清左衛門の門人、およそ七十人と手合わせをした。すでに二刀流対策を練っていたのか、みないろいろなくふうをしている。そこが文之助には面白かったが、技量は長尾や荷見の門弟のほうがすぐれているように思えた。

すでに文之助と石川の二刀流が評判になっていたのか、道場には見物人が四、五百人も詰めかけるにぎわいとなった。四、五百人はちょっと大げさではないかと思うが、文之助は――

人山を付候如し。左《さ》も花々敷事ニ而候。

と、大いに得意だった。「山を付」は、山を築きの意であろう。山のような人だかりで、じつに華々しいことだ、と。

弘道館の役人の賛辞もうれしい。

「これまで諸方から多くの修行人が来ましたが、これほどたくさんの見物人が集まったのは初めてでござる。また、家老の太田《おおた》丹波守《たんばのかみ》も二刀流の妙義にはまことに感服したと申されておりました」

修行人宿に戻ると、小林春三郎が顔を出した。さっそく四人で酒を酌み交わし始めたところに、松延貞雄の息子と白浜代四郎がやってきて、酒席はにぎやかになった。そこにまた、今回は立ち合えなかった藩師範で神道無念流の斎藤銀四郎が挨拶に来て酒宴に合流し、いよいよ盛りあがる。

酒盛りは夜九ツ（午前零時頃）過ぎまで続き、みなで七、八升ほども呑んだ。ついには松延の息子は畳の上に酔いつぶれてしまい、白浜がかかえるようにして、ようよう帰っていった。

五月五日、藩医松延貞雄の招待に応じて、文之助らがそろそろ修行人宿を出ようとしているところへ、槍を持った佐賀藩士の伊東辰之助と大野藤七が到着した。

伊東と大野は槍術《そうじゅつ》修行のため、文之助から十三日おくれの四月二十七日、江戸を出立し、佐倉や土浦を経て水戸に着いたという。

佐賀藩邸から一カ月のうちに、剣術修行の白浜代四郎・斎藤弥平太、剣術修行の文之助、槍術修行の伊東・大野が旅立ったことになる。ほかにももっといたかもしれない。いかに多数の修行人が廻歴していたかがわかる。

斎藤が病に倒れているのを知り、着いたばかりの伊東と大野が言った。

「そうだったのか。ぜひ見舞いたい」

「では、ついでだ、これからいっしょに行こうではないか」

こうして、大人数で松延宅に出かけて行った。

松延は迷惑がるどころか、喜んで歓迎した。

斎藤も寝床から出て、座敷で挨拶できるくらいまでに回復していた。

酒や料理が出て、にぎやかな宴会となる。四ツ半（午後十一時頃）になり、辞去しようとして文之助が挨拶した。

「いろいろとお世話になり申した。あす、出立のつもりでござる」

「もう一両日、滞在なされ。関東一の名所、磯浜《いそはま》（大洗《おおあらい》町の磯浜海岸）にぜひご案内したい」

松延は熱心に滞在の延長を勧める。

文之助らも無下には断われず、とうとう出発を延期することになった。

なお、こんな噂話が文之助の耳にはいった。

土浦城下に泊まった者に、旅籠屋の亭主がこう話をしたという。

「先日、肥前鍋島のご家中で、二刀流を使う修行人が藩校道場で立ち合いをしましたが、土浦藩士はみな軽くあしらわれてしまったそうです。まことに名人と評判です」

聞かされた文之助はさぞ照れ臭かったであろう。

磯浜見物を予定していた七日はあいにく雨だったので、文之助らは修行人宿にこもっていたが、昼過ぎになって武田耕雲斎の次男が訪れた。松延宅に逗留中の白浜代四郎もやってくる。いつしか酒盛りになった。夜九ッ（午前零時ころ）までにみなで六、七升の酒を呑み、酔っぱらっててんでに畳にごろ寝をする始末だった。文之助は、

「水戸の人々も鍋島武士も大酒呑みでは引けを取らない」

と満悦そうに書いている。

さて翌八日、松延貞雄はじめ、文之助や石川大五郎ら六人連れで、二里（約八キロ）

ほど歩いて磯浜に出かけた。大洗明神の鳥居の下に茶屋があり、ここで生きた鮑《あわび》の身を小柄《こづか》で切り取り、塩に漬けたものを肴《さかな》にして酒を呑んだ。文之助はその珍味に感心した。さらに、一里ほど歩いて湊《みなと》（茨城県ひたちなか市）に行った。繁華な場所で、海べりの料理屋にあがり、ここでも馳走《ちそう》を受けた。松延の門人数人が合流し、さらににぎやかになる。

いよいよ帰る段になって、

「酔っているので歩いて帰るのは面倒です。舟を雇いましょう」

と、松延が提案した。

ここで、高山銀次郎が東海道筋に向かうため、別れることになった。逆から言えば、旗本の家臣である高山が佐賀藩士らにまじってここまで行動を共にしてきたことになる。図々しいというより、高山にとって文之助とその仲間の輪のなかにいるのは、よほど居心地がよかったのであろう。

夕暮れころ、舟に乗り込み、那珂川《なかがわ》をさかのぼって水戸城下に向かう。舟のなかでは詩吟が始まり、歌を詠む者もいた。

松延宅に帰り着いたのは四ツ（午後十時頃）だったが、いったん風呂で汗を流したあと、ふたたび酒が出る。ようやく就寝したのは八ツ（午前二時頃）に近かった。

それにしても、藩医松延貞雄の文之助ら佐賀藩士に対する厚情は不思議な気がする。なぜ、これほど歓待するのか。

病人の斎藤弥平太と同行者の白浜代四郎を長逗留させているのみならず、文之助や、合流してきた伊東辰之助と大野藤七、さらに上田藩士の石川大五郎や旗本の家臣の高山銀次郎を招き、気前よく酒や料理を振る舞った。

なんらかの見返りを期待しているわけではない。松延には、文之助ら修行人との交流が本当に楽しかったのであろう。

（三）奥州を横断

五月九日、牟田文之助と石川大五郎は水戸城下を出立した。前夜、松延貞雄宅で深夜まで酒を呑んだので、四ツ（午前十時頃）の出発だった。これからはふたたび、ふたり連れの旅である。

十一日、棚倉《たなぐら》（福島県棚倉町）藩の城下の修行人宿に着き、さっそく山田道場に手合わせを申し入れた。道場主の山田順左衛門（流派不明）は棚倉藩の師範である。

翌日、山田の息子が迎えに来て、ともに道場に向かった。四間に六間（約七・三×十・九メートル）の広さがあって、床は松板張りだった。

山田の門弟三十四、五人と立ち合ったが、棚倉藩士はもちろんのこと城下の町人が多数、見物に集まってきた。この盛況を知って、修行人宿の主人も大喜びだった。

「あたくしも、お世話をした甲斐《かい》がありました。棚倉藩には剣術は三流あるのですが、山田道場以外の二流は他流試合をしないことになっております。槍術には種田流、宝蔵無天流の二流派がございます」

その夜、山田の息子が宿に挨拶にやってきた。

文之助と石川は十三日、棚倉城下を出立し、平《たいら》（福島県いわき市）藩の城下に向かう途中、湯本（いわき市）の旅籠屋に泊まった。湯本は温泉地で、諸所から入湯に来た人々でにぎわっている。

もちろん、ふたりも温泉につかった。旅籠賃《はたごちん》は二百五十文だった。

図三は、信州の諏訪《すわ》温泉の光景だが、当時の温泉の雰囲気がわかろう。

翌日も、朝から温泉につかった。

「温泉につかるぜいたくなど滅多にできぬぞ。せっかくだから、ゆっくりしていこう」

ふたりは昼ごろまで温泉に出たりはいったりを続け、ようやく湯本を出立したのは昼

図三『諸国道中金の草鞋』（「金草鞋」十返舎一九著）国会図書館蔵

過ぎだった。

平藩の城下では、松本道場で立ち合った。道場主の松本権太夫（流派不明）は平藩の師範である。

松本の屋敷は城をかこむ堀の外にあり、敷地は広大だった。門をはいってすぐ右手に道場があった。

松本の門弟およそ二十人と立ち合ったが、道場は四間に七間（約七・三×十二・七メートル）の板敷きと、なかなか立派なのに対して、門弟の実力たるやお粗末だった。文之助は「できる人はひとりもいない」と評した。

いっぽう、城下はなかなかにぎやかで、海に近いせいか魚の種類が豊富なのがうかがえた。

平藩の城下を出立すると、浜街道を北上した。

神谷村《かべや》（いわき市）は笠間（茨城県笠間市）藩の飛び地で、陣屋がある。

「笠間陣屋には道場があり、諸藩の修行人がしばしば立ち寄っている」

と聞かされていたため五月十七日、ふたりが陣屋に向かっていると、途中で出会った年配の武士が声をかけてきた。

「ご修行のかたとお見受けしました。みどもは陣屋詰めの笠間藩士でござる。ぜひ陣屋の道場でお手合わせを願いたい」

先方からの積極的なさそいである。その夜は紹介された旅籠屋に泊まり、翌日、陣屋道場で十一人ほどと立ち合うことができた。

道場は二間に五間（約三・六×九・一メートル）の板張りで、郡《こおり》奉行ふたりが見分していた。

二十日、浪江《なみえ》（福島県浪江町）に泊まったが、地元の者の話によると、

「沢井此面という剣術使いがいて、近所の若者などが集まって稽古をしております」

という。さっそくふたりが訪ねてみると、貧弱な家で、菓子屋をいとなんでいるようだった。

「われらは剣術修行の者であるが、お手合わせ願えないか」

「いえ、わたくしごときが、とてもとてもお相手はできません。伏してお断わり申し上げます」

沢井は平身低頭して断わり、その態度は卑屈なほどだった。

やむなく文之助と石川も旅籠屋に戻ったが、その夜、沢井が焼鰻《やきうなぎ》を届けてきた。

「沢井はよほどわれらが怖かったのであろう」

「命拾いをした気分かもしれんな」

文之助と石川は顔を見合わせて苦笑したが、田舎道場をいじめたようで、ちょっと気が咎《とが》めた。

原ノ町（福島県南相馬市）では伝統の野馬追いを見物し――

誠ニ戦場ニ少モ不レ替。

と、その戦場を想起させる勇壮さに文之助も石川も大いに興奮した。やはり武人の血が騒いだようだ。

図四は、野馬追いの光景である。

図四『諸国名所百景　奥州相馬妙見祭馬追の図』（広重著）国会図書館蔵

二十三日、中村（福島県相馬市）藩の城下に着いたが、

「中村藩では他流試合は厳禁で、たとえ同流であっても他藩の修行人と立ち合うのは禁じられております」

と聞かされ、あきらめざるを得なかった。

続いて北上の途中で柳剛流の道場を訪ねたが、道場主は三年前に死去し、その後はとくに門人もいないという。

丸森（宮城県丸森町）では北辰一刀流の道場を訪ねたが、道場主は不在ということで断わられた。

さらに角田《かくだ》（宮城県角田市）で柳剛流の道場に立ち合いを申し込んだが、ここも断わられてしまった。

けっきょく文之助と石川がつぎの立ち合いを実現できたのは、ようやく五月二十七日、仙台（宮城県仙台市）藩の城下だった。

文之助と石川は修行人宿に泊まり、北辰一刀流で仙台藩の師範の桜田良佐《りょうすけ》に立ち合いを申し入れた。ところが桜田が提案してきた。

「藩の役人を通して藩校道場を使うとなると手間がかかり、許可が出るまでに四、五日

はかるでしょう。ここは内々で、拙者の道場で手合わせをいたしましょう」

文之助と石川もその提案に了承し、翌日、桜田道場に出向いて、十一、二人と手合わせをした。

桜田の息子は江戸の玄武館で修行したということだったが、実力はそれほどでもなかった。ほかの門弟は推して知るべしであると、文之助の評価は低い。また、桜田良佐に対しても手きびしく――

一体諸事広満之人ニ而候。

と評した。「広満」は高慢のことであろう。修行人に兵学や砲術の話をして煙《けむ》に巻くようなところがあり、文之助も面白くなかったようだ。

桜田道場での立ち合いを終えてから、文之助の足の出来物が悪化し、歩くこともままならない状態になった。旅籠屋に逗留を続けながら医者の往診を受けた。

ようやく仙台城下の修行人宿を出立したのは六月二日である。

なお、桜田道場での立ち合いは仙台藩に正式に報告していないので、宿泊費などはすべて自分旅籠（自己負担）になった。

ようやく仙台を発ち、ふたりが勇んで向かった先は名勝松島だった。ここまで来た以上、松島見物をしたかったのだ。

文之助と石川は松島で舟一艘《そう》を借り切り、案内人ひとりを頼んだ。松島を海から遊覧したのである。舟の雇い賃は四百五十文だった。

松島をながめ、さすが日本一の名勝だけあって、その景色は筆紙に尽くし難いと、文之助は感想を記した。その夜は、湾に面した旅籠屋に泊まった。

翌日はやはり案内人を頼んで瑞巌寺《ずいがんじ》に参詣し、くまなく見物したあと石巻（宮城県石巻市）まで行き、旅籠屋に泊まった。

翌日は渡し場まで行き、舟で金華山に向かった。舟賃はひとり三百七十二文である。山頂からのながめに、文之助と石川は感激した。その夜は寺に泊まった。

翌朝、舟で金華山を出発して石巻に到着、旅籠屋に泊まった。

こうして、四泊四日の松島、瑞巌寺、金華山観光を楽しんだことになる。

六月六日、ふたりは石巻を出立した。

当初、文之助と石川は松前（北海道松前町）藩に行くことを計画していた。江戸にいたころ、ふたりで酒を呑みながら話をしているうち、

「よし、蝦夷地《えぞち》（北海道）に渡ろう」

と、盛りあがったのである。文之助は練兵館の道場主である斎藤弥九郎に頼み、松前藩への紹介状も書いてもらっていた。

ところが、その後、諸所で事情を聞くうちに、ふたりも考えが変わった。

岩ケ崎（宮城県栗原市）で昼飯を食べながら最後の相談をした。岩ケ崎には街道の仙台・松前道が通っていて、松前に行くならここから北上しなければならない。

「さて、これからどうしようか」

「松前までたいした道場はないので、ただむなしく旅をするだけに終わるかもしれぬ」

「そうだな。それに青森から蝦夷地への渡海も、海が荒れていたら足止めを食うかもしれぬ」

「松前藩の箱館《はこだて》（函館市）にアメリカ船が来航して騒動になっているとも聞くぞ」

「松前に行くのは無駄だ。よし、進路を変えて秋田（秋田市）藩に向かおうではないか」

「うむ、それがいい。山越えをしよう」

こうして秋田藩を目指すことになった。ただし、苦難続きの道中となるのだが、それについては後述する。

六月十三日、文之助と石川は秋田城下に着き、渋江道場にあすの手合わせを申し込んだ。

ところが、道場主の渋江内膳《ないぜん》（流派不明）の使いが来て、こう伝えた。

「当藩のご家老から、他藩の修行人と手合わせをしてはならぬと言い渡されております。練兵館で修行していた者から牟田どのの噂は聞いており、いずれ当地にも来訪されると思い、楽しみにしていたのですが。このままではあまりに残念なので、内々で手合わせをいたしましょう、とのことでございます」

ふたりも了承する。

やがて迎えが来て、その日のうちに立ち合うことになった。

二十四、五人の門弟と立ち合い、渋江も喜んでいた。その日は秋田城下の旅籠屋に泊まった。

翌朝、渋江の門人が宿に挨拶にきて、藩の内情を話した。

「じつは、去年の夏、臼杵《うすき》（大分県臼杵市）藩の修行人が当地に来たのですが、病気になってそのまま逗留を続けているうち、女とできてしまいましてね。修行はそっちのけで女と浮かれ歩くようになりました。このため今月の初め、その修行人は追放になったのです。この事件がまだ尾を引いているものですから、他藩の修行人との手合わせは禁じられており、渋江先生も困っておるのです」

すべての修行人が志操堅固なわけではない。米食修行人もいるし、女にうつつを抜かす修行人もいるということであろう。

それにしても、なにか不祥事がおきるとすぐに行事や活動を中止にするのは、どの藩も同じだった。

十五日、文之助と石川は本荘（秋田県由利本荘市）藩の城下の修行人宿に着き、本荘藩師範の戸田文内（流派不明）と小野派一刀流の源間竜尾に手合わせを申し入れた。戸田からはすぐに明日の立ち合いを了承する旨の連絡がきたが、源間は明日になってたしかな返事をするとのことである。

その日、神社の大祭とかで、城下町には近郷から多数の農民が集まってにぎやかだった。文之助と石川も見物に出かけたが、多数の本荘藩士が編笠《あみがさ》をかぶり蓑《みの》を着て、小脇《こわき》差《ざし》一本を腰に差しただけの姿で町を歩いている。さらには、袴を身につけてはいるものの、腰から酒を入れた瓢簞《ひょうたん》をぶらさげて四、五人連れで、歌を唄いながら歩いている藩士もいて、文之助はややあきれた。

文之助と石川が見物から戻ると、宿の隣に寄席があるのに気づいた。多くの人が集まってきている。

「出し物はなにか」

「軍書講談でございます」

ふたりは一も二もなく寄席にはいった。代金は八十文だった。

翌日の朝、源間の門人が宿にやってきた。

「せっかくのお申し入れでございますが、最近では稽古人も少なく、しかもいろいろと支障もございますので、残念ながらお断わり申し上げます。ただし、三人ほど門人を戸田道場につかわしますので、お手合わせを願います」

その後、戸田道場に案内され、門人およそ四十人、さらに戸田文内とも手合わせをした。本荘藩士の見物も多かった。稽古のあとは、戸田の屋敷に招かれ茶と菓子でもてなされた。

戸田道場の門弟のなかに僧侶がいたのは第一章（五七頁）でも述べた通りである。

十八日、塩越《しおこし》（秋田県にかほ市）の旅籠屋で、塩越の港から松前行きの舟が出るという話を耳にした。文之助はさっそく旅籠屋の主人にくわしい説明を求めた。

「乗合船で、船賃はひとり金一分でございます。そのほかに食費がかかります」

「よい便があれば、乗りたいのだが」

「つぎはいつ出るかわかりません。当分のあいだ、予定はございません」

「そうか、いつ出るかわからぬのでは、しかたがないな」

文之助と石川はまだ松前行きをあきらめきれなかったようだ。

二十二日には庄内（山形県鶴岡市）藩の城下に着き、大淵道場に手合わせを申し込んだ。道場主の大淵竜之介は直心影流で、庄内藩の師範である。

翌朝、大淵自身が修行人宿にやってきた。

「きょう、藩の重役に届けを出すので、手合わせはあす二十四日になりますな。昼過ぎに案内を差しあげるので、ご来駕《らいが》願いたい」

大淵は長身の大男で、腰には朱鞘《しゅざや》の大小をおびていた。態度や口ぶりも居丈高《いたけだか》である。

「みどもは江戸の島田虎之助先生のもとで稽古を積みました。そのため、いまもしばしば江戸に出向きますぞ。これまで江戸の道場で引けをとったことはありませぬ」

さんざん自慢話をしたあと、大淵は帰っていった。

あとで、文之助と石川はののしった。

「あの偉そうな態度はなんだ。自分が日本一と思っているのではないのか」

「片腹痛いとはこのことだ。あす、きりきり舞いさせてやろうではないか」

「うむ、思い知らせてやろう」

「あすの立ち合いが楽しみだぞ」

ふたりは闘志を燃えあがらせた。

そして当日。大淵道場は二間に五間（約三・六×九・一メートル）の広さで板張りと、なかなか立派だった。道場の板壁には、諸国からきた修行人の姓名を記した木札がずらりと掛けられている。道場の隆盛を誇示しているかのようであり、いかにも大淵らしい。道場には噂を聞きつけて庄内藩士はもちろんのこと、町人も多数、見物に詰めかけていた。

およそ三十人と手合わせしたあと、文之助は大淵とも立ち合った。その結果は——

昨日咄とハ格別ニ相違、四足ハ如レ虫、門人共も同様ニ而候。

だった。「四足は虫の如く」の意味は不明だが、要するに文之助や石川の二刀流に翻弄され、大淵は手も足も出なかったのであろう。門人たちも、たいしたことはなかった。文之助も石川も溜飲《りゅういん》を下げる思いだった。

その夜、大淵が門人ふたりを連れて修行人宿に訪ねてきた。初対面のときの傲慢な態度とは打って変わり、餞別《せんべつ》として高級な竹刀二本、それに菓子折りを持参するという丁重さだった。

長々と話をして、大淵ら三人がようやく帰っていったのは九ツ（午前零時頃）に近かった。

（四）村上での日々

六月二十六日の夜明けとともに牟田文之助と石川大五郎は鼠ヶ関《ねずがせき》（山形県鶴岡市）を出立し、およそ十三里（約五十一キロ）離れた村上藩の城下を目指して街道を南下した。

途中、渡し舟に乗るところが二カ所あるが、折からの増水で川越えに手間取り、とうとう途中の猿沢《さるさわ》（新潟県村上市）で日が暮れてしまった。しかも、強い雨まで降り出した。

猿沢は宿場なので泊まることもできたが、ふたりだと強気になる。

「村上の城下まであと、わずか二里（約八キロ）だぞ」

「うむ、ここは一気呵成《いっきかせい》に行こうではないか」

そこで宿場の問屋に掛け合い、夜間は無理だと渋るのを強引に説き伏せ、荷物を運ばせるため軽尻《からじり》用の馬一頭と人足二人を提供させた。

夜中の山道である。しかも雨が降りしきっているため、歩みはおそい。村上城下の修行人宿にたどり着いたのは四ツ半（午後十一時ころ）になっていた。人足には苦労をかけたため、酒手としてそれぞれ三百文を渡した。

翌日の早朝、修行人宿の奉公人に、すでに帰国しているはずの青山国太郎と岩槻采女あてに手紙を届けさせた。

昼前、さっそくふたりがやってきた。江戸で別れて以来、およそ二カ月ぶりの再会である。

「おお、村上に来てくれたのか。うれしいぞ」

青山も岩槻も大喜びだった。

いったん帰ったあと、昼過ぎ、あらためて青山ら数人がやってきた。江戸で親しかった島田季次郎もいたし、時中流師範の宮川唯右衛門も挨拶に訪れるという歓迎ぶりだった。

「稽古はあすからとしよう。きょうはともあれ」

酒と料理が運び込まれ、さっそく歓迎の宴となる。およそ二カ月にわたる村上滞在の初日だった。

二十八日、文之助と石川は藩校道場で時中流の門人十二、三人と手合わせをした。

村上藩のもうひとりの師範は直心影流の杉田新右衛門だが、その門人ふたりが夕方、宿に挨拶に訪れた。そして、道場で直心影流の門人たちとも手合わせをすることがきまった。夜には青山らが話をしにやってくる。

以来、文之助と石川は朝から道場にかよい、時中流と直心影流の門弟と手合わせをする。夜になると、青山らが宿に酒や肴を差し入れにきて、酒宴になるという毎日だった。

文之助と石川は、江戸で付き合っていた時中流の面々はもとより、村上に到着してから知り合った時中流の門弟、さらには直心影流の門弟とたちまち親しくなった。

七月一日には、さそわれて十六人の集団で酒や肴を用意し、瀬波《せなみ》（村上市）の海岸に投網《とあみ》に行った。宿に帰り着いたのは深夜だったが、さらに酒が出て盛りあがった。

この日、国太郎の兄の青山団右衛門が言った。

「藩の重役の方々が申されるには、旅籠屋にはほかの旅人も泊まるので、多数が集まって流儀の話などをするのはこのましくないとのこと。たまたま空き屋敷があるので、できれば今夜からでも、そちらに移ってもらえませぬか」

「いろいろ取り乱しておりますので今夜は無理ですが、ではあすの朝から移りましょう」

文之助と石川は了承した。

村上藩としては、ふたりに修行人宿に長逗留されては経費がかかるという事情もあっ

図五『石城日記』（慶應義塾大学文学部古文書室蔵）

たろう。それにしても、いくら空いているからといって村上藩士の屋敷を佐賀藩士と上田藩士に提供したのである。藩意識はすでにかなり変化していた。

翌朝、文之助と石川は空き屋敷に案内されたが、三畳の玄関、八畳の座敷、十二畳の茶の間、四畳の台所があり、畳も建具もきれいだった。用意された寝具は絹で、立派だった。敷地も広く、門のそばには井戸もある。しかも、雑用をさせる中間《ちゅうげん》をひとりつけてくれた。ふたりは村上藩の厚遇に恐縮してしまった。

およそ二カ月にわたる文之助と石川の村上での生活は、現代の観点からするとまるでスポーツ選手の合宿のようである。

ただし、合宿と言っても世界大会などを

目指す代表選手のきびしい、管理された強化合宿ではない。

大学の同好会が高原や海岸などの宿泊施設でおこなう、昼間は趣味のスポーツに汗を流し、夜は酒を呑んで騒ぐ、楽しく自由な合宿である。こうした合宿はせいぜい二泊三日くらいであろうが、文之助たちの場合は二カ月も続いたことになる。

図五は、文久《ぶんきゅう》二年（一八六二）年二月、忍《おし》（埼玉県行田市）藩の藩士の屋敷でもよおされた宴会の様子である。文之助たちの宴会も同様な、いやもっと大勢で、にぎやかだったであろう。

ともかく連日連夜、道場での稽古のあとは村上藩士が連れ立って屋敷にやってくる。若い村上藩士にとってかっこうの遊び場、たまり場ができたといってよい。旅籠屋であれば傍若無人に騒ぐことはできないが、敷地の広い武家屋敷だから夜でも放歌高吟は思いのままである。

当初、文之助はその日に訪れた藩士の名前をすべて几帳面に『日録』に記載していた。ところが、毎日のことなのでさすがに面倒になった。一カ月半ほど経過した閏《うるう》七月十五日、ついに次のように記した——


家中之人々、毎日々々六七人充ハ詰切ニ而、毎日之事故略記ス。

毎日六、七人がやってきて、たむろしているため、もういちいち名前は書かない、と。差し入れも多かった。ほとんど毎日、藩士らが競い合うように持ってきた。『日録』にはそれら品々が克明に記録されているが、その一端を示すと、

七月二十二日　冷麦二箱。菓子一重。
七月二十三日　餅、漬物二重。
七月二十四日　小鯛《こだい》七枚。小鯛二枚。漬物一重。
七月二十五日　甘鯛一枚、小鯛三本。さば、あかえい、なすびの煮付け一鉢。さば、ねぎ、なすびの煮付け。
七月二十六日　緋鯉《ひごい》煮と鱠《なます》。ぼら、たなご、ねぎ、なすび等の煮物一鉢。

などなどである。藩士の屋敷の台所で作った家庭料理が多い。また、煮魚が多いのも当時の食生活をうかがわせる。酒の差し入れも多かった。

七月三日　酒一斗、樽《たる》入にして。
七月十日　一斗樽一ツ。
七月二十一日　酒五升、樽入にして。

七月二十七日　酒五升、樽入にして。
閏七月十一日　酒一斗、樽入にして。

などという具合である。もちろん、これらの酒や肴はみなで宴会をひらいて楽しむのが目的だった。みなで持ち寄ったといえよう。

若い藩士はもちろんのこと、時には時中流師範の宮川唯右衛門も屋敷にやってきて宴席に参加するほどだった。文之助と石川の交友の輪のなかにはいるのはよほど楽しかったようだ。

当時、娯楽が少なかった。しかも城下町とはいえ村上は、江戸とは比較にならないほどの田舎である。江戸の生活を経験した青山国太郎らにとって、文之助と石川の存在は江戸の楽しさの再現でもあったろう。

七月二十九日、夕方から青山、島田季次郎、石川と四人連れで町へ白玉を食べに出かけ、四ツ（午後十時頃）から「極内々」で、城の見物に出かけた。月が出ているものの夜中であり、すべて見渡せたわけではないが、城内をくまなく歩きまわったことに変わりはない。屋敷に戻ったのは八ツ（午前二時頃）になっていた。

いくら親しくなったといっても、他藩の文之助と石川に城内を案内したことになる。

笠間藩でも役人が城内の見物をさせたことは先述した。当時の諸藩の藩士の城に対する感覚がわかろう。

閏七月一日には、青山国太郎の親類縁者が河原で暑気払いをするのに文之助と石川も招かれた。子供もふくめて、男女総勢四十六、七名というにぎやかさである。

河原のあるその川について、青山はこう説明した。

「越後名産の鮭《さけ》の遡上するところです」

川で網を打って、捕れた魚をその場で料理する。河原に建てた即席の小屋で酒宴となった。

現代でいえば、親戚一同が集まっておこなう盛大なバーベキューであろうか。文之助と石川が屋敷にもどったのは四ツ（午後十時頃）に近かった。

そのほかにも、村上藩士に名所旧跡にさそわれることは多かった。出かけるときは必ず酒と肴を持参し、酒宴になった。

もちろん、遊び暮らしていたわけではなく、稽古も続けていた。そして、いよいよ閏七月七日、文之助は時中流の免許皆伝を得ることになった。

当日、師範の宮川唯右衛門はじめ門弟の青山国太郎ら七人が裃姿で道場に勢ぞろいした。文之助は時中流の巻物をすべて渡され、宮川と血判を押した誓約書を取り交わした。

その後、祝宴となる。

村上を去る日が近づいていた。

閏七月十八日で文之助と石川は稽古じまいとし、その後はふたりで方々に暇乞《いとまご》いの挨拶に出向きながら、出立の支度をした。いっぽう、連夜のように送別宴がひらかれた。

（五）ひとり旅へ

閏七月二十一日、牟田文之助と石川大五郎は村上を出立したが、大勢の見送りでにぎやかだった。町の人々が、

「いったい、なにごとでございますか」

と、驚いた様子で武士の一行をながめているのが、文之助にはなんともおかしかった。

見送りは直心影流の門弟たちは城下町のはずれまで、時中流の門弟は城下から一里半（約六キロ）の宿場の岩船（村上市）までと、区別があったのも興味深い。

岩船で時中流の門弟およそ三十人と最後の離別の盃を交わしたあと、文之助と石川は

やや酩酊《めいてい》気味で歩き出した。ただし、ふたりではない。青山国太郎、島田季次郎、牧野常之助が同行しているため、五人連れの旅である。

文之助が佐賀を出立したとき、途中まで四人の佐賀藩士が同行して武者修行をしたのと同様に、三人の村上藩士が同行することになったのである。なお、青山と島田は江戸以来の友人だが、牧野は村上滞在中に親しくなったひとりだった。

五人連れなのでにぎやかである。大いに語らい、大いに笑いながら旅をした。

二十三日、五人は新発田《しばた》(新潟県新発田市)藩の城下の修行人宿に着くと、主人を通して藩校道場の師範である精眼派直心影流の溝口周太と久保田良三郎、直心影流の島村男也に立ち合いを申し込んだ。

しばらくして、島村の門人が宿にやってきた。

「当流では以前より他流試合はおこなわないことになっておりますので、手合わせはできかねます。残念でございますが、お断わり申し上げます」

その後、溝口と久保田の門人が挨拶に訪れ、手合わせをすることがきまった。

翌日、五人は藩校道場に案内され、溝口と久保田の門人合わせて五十人以上と手合わせした。文之助らはこの日だけのつもりだったのだが、溝口と久保田が引き留める。

「せっかくの思《おぼ》し召しですが、我らは先を急ぐものですから」

「いや、ここでお引き留めしないと主人に対して不忠、かつまた門人どもに対して不愛になります。どうか、あと数日、ご逗留していただきたい」

そこまで懇願されると文之助らも断われない。けっきょく、新発田城下に四泊することになった。最終日には懇望されて、文之助は木刀で鉄人流と時中流の形を披露した。

新発田藩の対応は宿に様々な料理を届けてくるという手厚さだったし、五人の出立に際しても、両師範の門人合わせて数十人が城下のはずれまで見送りにきたほどだった。


閏七月二十七日、五人は村松（新潟県五泉市）藩の城下の修行人宿に着き、藩校道場に手合わせを申し入れた。

当時の藩主は、村松藩中興の英主ともいわれ、名君のほまれ高い堀直央《なおひさ》である。直央は武芸にも熱心で、神伝流という剣術流派の創始者でもあった。

そのとき直央は在国だった。剣術に熱心な藩主の意向が働いているのか、宿では頼みもしないのに酒が出る厚遇だった。

翌日、宿の主人が同行して五人は道場に出向いた。村松藩の剣術は神伝流、堀之内流、心形刀流の三流があるが、案内されたのは神伝流の道場「御稽古場」だった。

三間に五間（約五・五×九・一メートル）の広さの板張りで、見事な道場である。道場に面して座敷があり、そこに藩主の堀直央と重役が出座して観戦していた。文之助が観察したところ、直央は体が大きく、色黒だが目元は涼やかだった。

神伝流の門人およそ三十人と立ち合ったが、藩主が見守っているので、いわゆる「御前試合」である。文之助ら五人は失礼のないように気を使い、荒っぽい技はできるだけひかえた。

神伝流の竹刀は異様に長く、手槍のようだった。文之助の感想は——

誠ニ手槍同様ニ而、奇妙之剣術ニ而候。

である。実戦とはかけ離れた道場剣術だった。ただし、藩主が創始者だけに、文之助も酷評はひかえたようだ。

宿に戻ると、豪華な料理と酒が届けられた。しかも、藩の役人はいっさい顔を出さない。修行人に気を使わせないための配慮のようだった。

五人は暮れごろから気がねのない酒宴を始め、九ツ（午前零時ころ）まで酒を呑んで、大いに酔っぱらった。

閏七月二十九日の夕方、五人は新潟（新潟市）に到着した。

当時、幕府領の新潟は繁華な港町で、女郎屋も多かった。

図六は、幕末の新潟の湊である。文之助は『日録』に、

新潟だけで遊女は三千四、五百人もいる。

旅籠屋は多いが、遊女を置いていないのはわずか三、四軒のみ。

なかでも新町二丁目の会津屋は三階建てで、豪壮な造り。

などと書いている。これらの知識を仕入れたのは、五人が新潟見物をしたからだった。

同時に、新潟で最後の別れの宴をもよおした。

八月二日、広小路で、

「では、拙者はここで」

と、石川大五郎が別れた。あとは徒歩でひとり上田に向かうのである。

文之助と村上藩士三人は広小路の船着場で舟に乗り込んだ。そして、文之助は沼垂《ぬったり》（新潟市）で青山国太郎、島田季次郎、牧野常之助と別れた。以後は、文之助のひとり旅である。

舟で川をさかのぼって亀田（新潟市）で下船し、その後は軽尻を雇って分田《ぶんだ》（新潟県阿賀野市）まで行き、旅籠屋に泊まった。

図六『諸国名所百景　越後新潟の景』（広重著、安政６年）国会図書館蔵

＊

牟田文之助は分田から大牧《おおまき》（新潟県阿賀町）を経て会津（福島県会津若松市）藩を目指したが、若松街道はけわしい山道が続く。

車峠を越える際には軽尻を雇ったが、会津は日本でももっとも悪馬が多いそうだと記している。馬には乗ったものの鞍《くら》が小さくて――


迚《とて》もせんき持抔《など》ハ、中々一寸も乗馬出来不レ申、小子ニ而もさへ、きん玉をせき、甚難渋仕候。


と、乗り心地は最悪だった。疝気《せんき》のある人間はとても乗れないであろう、自分でさえ睾丸《こうがん》が圧迫されて苦しかった、と。疝気とは、腰や腹部の疼痛《とうつう》の総称である。

それにしても「きん玉をセき」という表現が面白い。馬上で睾丸への圧迫を少しでも緩和しようと、もじもじ身動きしているさまを想像すると、苦笑を禁じえない。

こうした難儀も同行者がいると笑い話になるが、ひとりだと心細く腹立たしい。いまさらながら文之助は石川大五郎がいないのがさびしかった。

八月五日、会津藩の城下の修行人宿に着き、さっそく藩校日新館に、練兵館の道場主斎藤弥九郎からもらった添書きをつけて申し込んだ。

ところが、師範で奇心流の黒河内伝五郎から手紙が届いた。

「遠路、お訪ねいただき、斎藤先生の添書きもあることながら、たまたま当方に不幸があり、しかも体調がすぐれぬこともあって、せっかくだがお断わりしたい」

いっぽう、聖悳太子流《しょうとくたいし》の長坂源吾からは、あすになれば予定がわかるので、連絡をするとの手紙が届き、原勝馬（流派不明）と小松源之助（流派不明）からは、「江戸の留守居役からの連絡がないかぎり、立ち合うことはできない」旨の断わりの手紙が届いた。

文之助は江戸で、留守居役を通じて会津藩邸に申し込んでいなかったのだ。

文之助としてはぜひとも日新館道場で立ち合いたいので、長坂からの連絡を待つことにした。

たまたま会津城下は祭礼で、翌日は朝からあちこち見物してまわった。昼ごろ文之助が宿に戻ってみても、まだ長坂からの連絡はなかった。

「これは待つだけ無駄だな」

そう判断した文之助は昼過ぎに会津を出立し、白河（福島県白河市）藩に向かうことにした。けっきょく会津城下に一泊したのは無駄になった。

それにしても、日新館の対応は意外である。あまりに杓子《しゃくし》定規といおうか、煮え切らないといおうか。それとも当時、何らかの事情があり、会津藩の諸師範は修行人を受け入れる状態ではなかったのだろうか。

八月八日の昼ごろ、文之助は白河藩の城下に到着した。修行人宿を通じてさっそく森元道場と三田道場に手合わせを申し入れ、森元道場は九日、三田道場は十日ときまった。

ちょうど藩主阿部正者《まさひさ》のお国入りの日だった。多くの白河藩士が出迎えのため裃《かみしも》姿で歩いており、城下町ははなやかな雰囲気に包まれていた。

昼八ツ（午後二時ころ）過ぎ、正者が馬に乗って通り過ぎるのを文之助も見物した。

道の端に敷物を敷いて正座した町人たちが、

「下に〜、下に〜」

という声に応じて、いっせいに平伏する。

馬に乗った正者に従うのは三十人ほどで、文之助は十万石の大名にしては供の数が少ないと思った。馬に乗った藩士は七人、続く駕籠には医者が乗っているようだった。

日が暮れてから、森元道場の道場主森元与太夫が提灯《ちょうちん》をさげて、みずから宿に挨拶にやってきた。森元は流派は不明だが、白河藩の師範である。

いろいろ話をするなかで、文之助がたずねた。

「佐賀藩の修行人で、白浜代四郎と斎藤弥平太という者が当地に来ませんでしたか。ふたりとは水戸で別れたきりでして、気になっておるのです」

「来ましたぞ。まず三田道場で立ち合い、その後にみどものほうでも立ち合う予定になっておったのです。ところが、白浜どのが三田道場で足の裏に釘《くぎ》がささって怪我《けが》をし、途中で稽古もやめたそうでしてな。けっきょく、みどものほうで立ち合うことなく、白河を去ったようです」

「そうでしたか」

斎藤が水戸で病気になり、今度は白浜が怪我をした。ふたりには不運が付きまとっているといえよう。

あとで文之助が宿の主人にたしかめると、ふたりは会津藩を経て新発田藩を目指すつもりのようだったという。文之助とは逆の行程をたどっていることになろう。

翌日、森元道場に出向くと、門人は四十人ほどいた。みな二刀流は珍しいのか、こう願った。

「ぜひ、ひとり二回ずつ立ち合ってくだされ」

「拙者は何回でもかまいませんぞ」

こうして、朝から夕方までおよそ四十人と二度の手合わせをおこなった。昼飯は道場で出してくれた。

十日と十一日は三田道場で立ち合った。道場主の三田大六も流派は不明だが、白河藩の師範である。

たまたま最初の日、仙台藩士で柳剛流の佐々木軍吾という修行人がいた。江戸で五、六年ものあいだ稽古を積んだとのことで、二十六、七歳だった。

文之助は三田道場の門弟およそ三十人と手合わせしたが、途中で佐々木に声をかけた。

「一手、お願いしたい」

「こちらこそ、お願いいたす」

佐々木のほうも二刀流に興味をいだいていたようだった。

柳剛流は足打ちの技のある、独特な流派である。剣術（現代の剣道も同じ）には本来、足を打つ技はないため脚部に防具は用いないし、防御の技も発達しなかった。そのため、初めて柳剛流と立ち合う者は戸惑うことが多い。

文之助は柳剛流と立ち合うのは初めてだったが、二度試合をして、両方とも八二の割合で自分が勝っていたと判断した。つまり、審判が判定したわけではない。

三田道場には白河藩士もふくめて多数の見物人が詰めかけていたが、二刀流の鉄人流と、足打ちのある柳剛流との異色対戦にみな大喜びだった。

道場主の三田も喜び、文之助を自宅に招いて馳走した。高弟の数名も同席した。

「倅《せがれ》は近々、江戸に出て練兵館に入門する予定でしてな」

三田はうれしそうだった。

文之助が修行人宿に引き取るとき、三田の息子は提灯を持って供をし、練兵館の先輩に敬意を表した。

十二日の未明、三田の息子に見送られて白河城下を出立したが、息子は城下のはずれまでついてくるという丁重さだった。

その日は大田原（栃木県大田原市）藩の城下の旅籠屋に泊まった。当初は大田原でも手合わせを求めるつもりだったが、宿の主人にたずねると、

「修行人は受け入れておりますが、いたって小藩のため藩士の数も少なく、名高い方はひとりもおりません」

とのことである。文之助は大田原藩は素通りすることにした。

なお、白河から大田原までの旅程はすべて軽尻を雇った。とくにけわしい山道だったわけではないが、

「白河で三日連続、終日稽古をしたため、かなり疲れた。そのため馬に乗り、足を休めた」

と、『日録』で弁解している。

八月十四日、宇都宮（栃木県宇都宮市）藩の藩校道場で、師範の渡辺量平（流派不明）

以下門弟三、四十名と手合わせをした。文之助の感想は、宇都宮藩の技量は白河藩より劣るというものだった。

稽古が終わると、渡辺が言った。

「拙宅でおもてなしをしたいところなのですが、ちと取り込みごとがありましてな。宿のほうに料理を命じましたので、お召し上がりください。そうそう、六月の初めころ、佐賀藩の白浜代四郎と斎藤弥平太という修行人が来て、手合わせをしましたぞ」

「そうでしたか、拙者は五月の初めに水戸で別れたきりです。ふたりは元気でしたか」

「斎藤どのは病みあがりとかで、手合わせも早めに切りあげていましたな」

ともあれ、宇都宮でもふたりの消息がわかった。

修行人宿に戻ると、たくさんの料理でもてなされ、宇都宮藩の厚遇に文之助も感激した。

宇都宮城下を出立したあと、文之助は日光に足をのばした。案内人を雇って東照宮はもちろんのこと中禅寺湖まで行き、華厳《けごん》の滝を見物した。二泊の観光旅行だった。

なお案内賃は、一日目の東照宮などは二百文、二日目の中禅寺湖は四百文だった。

日光見物のあと、十八日に壬生《みぶ》（栃木県壬生町）藩の城下に着き、松本道場（道場主・松本昇、流派不明）に立ち合いを申し込んだところ、返ってきた答えはこうだった。

「いま、どなたがお訪ねになってもすべてお断わり申しております。というのも、去年十二月二十九日、大火がおきて壬生城下は申すに及ばず、お城にまで燃え広がるありさま。藩士の屋敷はことごとく焼失しました。そんなわけで、道場はいまだ再建できておりません。城下町も復興なかばというところでございます」

これでは断わるのも無理はない。文之助はあちこちで家屋の建設に取り掛かっている様子をながめながら、壬生城下をあとにした。

十九日の朝、栃木（栃木市）を出立して、佐野（栃木県佐野市）で昼飯を食べたが、町のにぎわいには驚いた。

その日のうちに館林（群馬県館林市）藩の城下の修行人宿に着き、藩校道場に手合わせを申し入れた。館林藩の師範は北辰一刀流の井草改右衛門と、直心影流の飯塚剛一郎である。

翌日、藩校に案内されて出向くと、まず学問所に通され、文武目付役人四人から挨拶があった。その後、道場で井草と飯塚の門弟合わせて三十人ほどと立ち合ったが、見物人が多かった。

文之助はすでに江戸で、館林藩邸内の道場で立ち合いを経験している。感想は、江戸藩邸よりも技量は劣るというものだった。

みな二刀流と立ち合うのは初めてとかで、感心しきりだった。ひとりが言った。

「二刀流を使う、吉村とかいう佐賀藩の修行人の話を聞き及んでおりますが」

「それは拙者の兄の吉村久太夫でござる」

「おや、そうでしたか」

大笑いとなった。

夜になって、飯塚剛一郎そのほか四人が宿に挨拶にやってきた。話がはずみ、深夜になってようやく四人は引きあげていった。なお、飯塚が高級な竹刀を一本、持参して文之助に進呈した。


雨が降りしきるなか、文之助は館林城下を出立して、古河《こが》（茨城県古河市）藩の城下の修行人宿に着き、片山道場に手合わせを申し入れた。道場主の片山勇次郎は東軍《とうぐん》流で、古河藩の師範である。

夕方、片山道場の門人が宿に来て、こう告げた。

「あす、晴天であればお手合わせいたしますが、雨天の場合はお断わり申し上げます」

文之助はなんたる失礼な言い分かと内心、憤慨したが、翌日、早朝から片山道場に出向いてみてその理由がわかった。

片山道場は青天井、つまり天井のないただの土間だったのだ。数日来の雨で足元はぬかるみ、しかも当日も小雨が降っていた。それでも、片山の門弟三十人ほどと手合わせを始めた。

足元が泥濘《でいねい》状態での立ち合いなど、文之助も初めてである。さすがに音をあげそうになったが、

「これも修行だ、面白いではないか」

と、自分に言い聞かせた。

片山道場で稽古を終えると、翌朝、古河城下を出立して日光街道を進み、粕壁《かすかべ》（埼玉県春日部市）で昼食を取ったあと、心当たりの町道場を訪ねたが、道場主は、

「あいにく、これから幸手《さって》（埼玉県幸手市）まで出かける用事がありまして」

とのことである。しばらく話をしただけで、手合わせはできなかった。

その夜は越谷（埼玉県越谷市）の旅籠屋に泊まった。

翌八月二十四日の六ツ半（午前七時ころ）、文之助は越谷を出立して千住で昼食、そこで荷物持ちの人足を雇って足を速め、八ツ半（午後三時ころ）、佐賀藩邸内の明善堂に到着した。五カ月以上におよぶ修行の旅だった。

明善堂ではすでに藩士らが待ち受けていて、さっそく歓迎宴が始まる。

コラム8　僧侶が武芸の師範

忍《おし》（埼玉県行田市）藩の下級藩士だった尾崎石城《せきじょう》の『石城日記』は、三十三歳の文久元年（一八六一）から翌二年までの日常生活を記したものである。石城は画才があり、日記にも多数の絵を入れていて、いわゆる絵日記になっている。石城は武士だけではなく、多くの庶民とも広く交際している。僧侶とも親しく交流し、寺で酒盛りがひらかれるのもしばしばだった。

忍藩の城下の北のはずれに長徳寺という寺があった。この寺では居合、棒術、太刀、長刀《なぎなた》、柔術などの武術の稽古がおこなわれていた。しかも、師範役は住職の篤雲で、多くの武士や庶民が師事して稽古をしていた。日記の一節にこうある――。

八月九日　晴冷気。……（中略）……夜、長徳寺にゆきて居合入門数刻稽古。

なんと石城も篤雲和尚に入門して数時間にわたり、居合の稽古をしているのだ。武術の技量は、武士の身分とはまったく無関係だったことの証左であろう。なにせ、武士が僧侶に師事して武術の稽古をしているのだ。

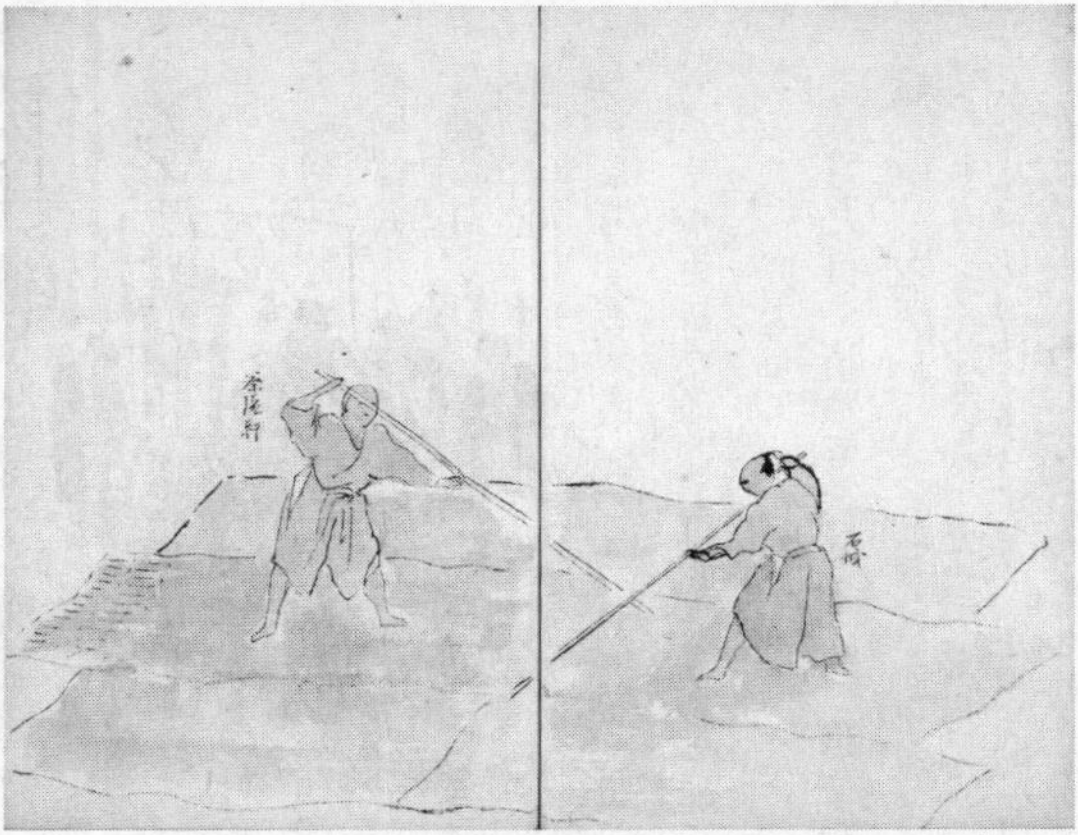

図『石城日記』（慶應義塾大学文学部古文書室蔵）

いっぽうでは、武術の稽古が一種の娯楽だった証拠でもあろう。

図は、武士の石城が、篤雲和尚に棒術の手ほどきを受けているところである。

牟田文之助は本荘藩の城下の町道場に僧侶の門弟のいたことを記しているが（五七頁参照）、僧侶が武術の稽古をするのはけっして珍しくなかったし、なかには武士に教授するほどの腕前の者もいたことになろう。

文之助は面会できなかったが、尾道の済《さい》法寺《ほうじ》の物外《もつがい》和尚も寺に道場をひらき、各種の武芸を教えていた。

コラム9　花法になる剣術

旗本の川路聖謨《かわじとしあきら》は天保十一年（一八四〇）、佐渡奉行に任じられた。佐渡での見聞を記した『島根のすさみ』に、同年十月十日、奉行所で地元の武芸者による武術の演武があったことが記されている。

奉行所の書院の畳をはずすと、七間に三間（約十二・七×五・五メートル）の板の間の稽古場に早変わりした。次の間で奉行の川路以下、役人が見分する。

槍術《そうじゅつ》は宝蔵院流、佐分利《さぶり》流、無敵流。剣術は無眼流、東軍流、新陰流。無敵流の杖術《じょうじゅつ》。柔術は吉岡流、渋川流、玉心流である。出席者の総数は七十名を超えていた。いずれも形《かた》の演武がおこなわれたあと、東軍流と新陰流の免許皆伝者による剣術の試合がおこなわれたが、川路は同書で――

東軍流、新陰流いつれも花法也。

と冷静に評している。東軍流も新陰流も花法《かほう》にすぎない、と。

花法（華法）とは、一見すると派手で強そうに思えるが、実戦ではありえないような技のこと。

つまり、軽い竹刀《しない》を用いて平坦な道場でたがいに打ち合う試合だからこそできる軽快で敏捷《びんしょう》な動きであり、重い真剣を用いて起伏のある地面で斬り合う実戦ではとうてい不可能な動作であることを川路は鋭く見抜いていた。

従来の形の稽古にくらべ、竹刀と防具の採用によって実戦的な打ち込み稽古ができるようになった。だが、竹刀と防具、板の間の道場が定着するにともない、実戦とはかけ離れた花法が横行するようになっていたのである。

コラム10　祖父の教育

渡部平太夫《わたなべへいだゆう》は桑名（三重県桑名市）藩の米蔵の出納役《すいとうやく》だった。息子夫婦は天保十年（一八三九）、桑名藩の支領である柏崎《かしわざき》（新潟県柏崎市）の陣屋に赴任するに際して、長男の鐐之助《りようのすけ》を平太夫夫婦にあずけて旅立った。このとき、祖父の平太夫五十五歳、孫の鐐之助四歳である。

平太夫は『桑名日記』として知られる日記に、鐐之助の成長の様子を記した。

・天保十二年四月二十三日、鐐之助が「おめこ、おかんこ、へのこ、ちんぼ」などの卑《ひ》猥《わい》語を連発するので困ると記した。このとき鐐之助は六歳だった。平太夫が叱っても、そのときはあやまるが、面白がってまたもや口にする。子供のやんちゃは、武士の子も庶民の子もまったく変わりはなかった。

・同年十一月二十四日、「鐐に大学の初めをそらで読ませ」とあり、この日、平太夫が鐐之助に漢籍『大学』の素読《そどく》をさせた。ようやく六歳の孫の教育に取りかかったのである。

桑名藩にはすでに藩校はあったが、強制（義務教育）ではない。しかも、教育内容は高等教育だったから、初等教育は依然として家庭にまかされていた。

父親不在の渡部家では、祖父の平太夫が鐐之助の教育をするしかなかった。

・天保十四年四月五日、平太夫は八歳の鐐之助といっしょに寝ながら、「二二が四、二九十八」と九九の稽古をさせていたが、三五までできたところで鐐之助は寝入ってしまった。

・同年四月九日、平太夫の妻が鐐之助を留五郎という男のもとに連れて行った。留五郎は手習い師匠のようである。平太夫は勤めがあるし、やはり祖父がつきっきりで孫の教育をするのはむずかしい。ついに専門の師匠にまかせたのである。この日から八歳の鐐之助は「いろは」の書き方を習った。逆からいえば、まだきちんと平仮名の読み書きを習っていなかったことになろう。

・同年四月十五日、鐐之助が「いろは」の清書をした。

・同年十一月十四日、「鐐之助大学珍らしく読む」とあり、二年前に始めた『大学』の素読はほとんど進んでいなかったことがわかる。孫にはやる気がないし、祖父も根気が続かなかったのであろう。

・弘化元年（一八四四）九月十二日、九歳の鐐之助に『大学』を暗唱させたが、ほとんど覚えていない。平太夫が叱ったが、鐐之助はけろりとしていて、まったく反省の色はなかった。

・弘化二年十一月八日、いまだに百人一首をひとつも覚えていないのを叱ったところ、鐐之助が教えてくれというので、妻が百人一首の本を取り出してきて、平太夫が教え始めた。

・弘化三年五月一日、平太夫は「兎角《とかく》殺生好には困り果る」と、十一歳の鐐之助の勉強嫌いで釣好きの傾向を嘆いた。「大我《おおわが》ままには困る」が平太夫の悩みだった。

父親や祖父にかなりの能力と覚悟がないかぎり、やはり家庭で子供の教育をするのは困難だった。ともすれば武士の子弟の初等教育がいきとどかなかったはずである。なお、『桑名日記』を読むかぎり、鐐之助が武芸の稽古をしている様子はまったくない。

第六章　二度目の江戸

（一）　意外な玄武館

二度目の江戸滞在は安政元年八月二十五日から安政二年四月十日までと、およそ七カ月半の長きにわたっているが、一度目の江戸滞在中にくらべると『日録』の記述は簡略で、どことなく精彩も欠いている。

やはり上田藩士石川大五郎や、村上藩士青山国太郎らとの交流がなくなったからであろう。牟田文之助は心の一部にぽっかり穴があいたような気分だったかもしれない。

ともあれ、江戸に到着した翌日には、剣術道具の面、胴、籠手《こて》などを風に当て、乾《ほ》しあげた。五カ月にわたって汗を吸い、むれていたからである。二十七日には練兵館に挨拶に行った。

文之助はふたたび練兵館にかよって稽古を再開し、藩邸内の明善堂道場でも稽古を始めた。

いっぽう、江戸に到着してから上田の石川、村上の青山ら、そのほか各地で世話になった人々に手紙を出した。水戸で世話になった藩医の松延貞雄にもきちんと礼状を出している。こうした律義さと誠実さが、文之助が人々から愛された理由のひとつであろう。

やがて各地から次々と返信が届いた。

九月二日、鍛冶橋御門《かじばしごもん》内の津山（岡山県津山市）藩の上屋敷の道場で合同稽古がおこなわれることになり、文之助も招かれた。

声をかけてきたのは津山藩の藩邸道場の師範で、神道無念流の井汲《いくみ》幸右衛門である。

井汲は斎藤弥九郎の弟子で練兵館に出入りしているため、すでに文之助と面識があった。しかも、かつて武者修行中の吉村久太夫と知り合い、親友になった間柄だった。吉村の実弟である文之助に対して、井汲は当初から好意的だった。

文之助は練兵館の門人らと出かけた。他の藩邸からも二十人ほどが出席し、終日、合同稽古をおこなった。

稽古のあと、文之助は藩邸内の井汲の長屋に招かれ、馳走《ちそう》になった。

十月二十六日、直心影流の道場主鈴木民弥、杉江鉄助、島田孝蔵がそれぞれ門弟を引き連れ、総勢十四人で練兵館に乗り込んできた。この「他流試合」を見ようと、三百人以上の見物人がつめかける騒ぎとなった。

文之助は島田孝蔵と二度立ち合い、

「もう一度、いかがですかな」

と、声をかけたが、

「いや、もう、これきりにしておきましょう」

と、島田のほうから断わってきた。もう実力の差は充分にわかったということだろうか。

文之助はこの島田との二度の立ち合いについて――


島田と之手合小子八ノ利也。


と、自分が八割がた勝っていたと自己評価している。この他流試合もやはり審判が勝敗を宣する試合形式ではなく、地稽古に近いものだった。

十月二十八日、村上藩士の島田安五郎ら三人が明善堂道場にやってきたので、いっしょに稽古をしたあと、酒を出してもてなした。

島田はかつて青山国太郎らといっしょに稽古をしていた仲間だが、青山らが帰国したあとも江戸に残っていたのだ。以前ほどではないが、島田安五郎を通じて村上藩との付き合いは続いていた。

島田らが帰ったあと、文之助は神田お玉が池の玄武館を訪ね、立ち合いを申し入れた。ところが、応対に出た門人が言った。

「先生はいまお留守なので、なんとも申し上げられません。明日、あるいは明後日、またおいでください」

文之助はむなしく引きあげた。

翌朝、ふたたび玄武館を訪ねると、千葉周作の次男で、いまは事実上の道場主の栄次《えいじ》郎《ろう》と面会できた。

「手合わせをしていただきたいのですが」

「ここ数日はいろいろ取り込んでおりまして、むずかしいですな。玄武館では来月一日から寒稽古が始まり、暁七ツ（午前四時頃）から朝五ツ（午前八時頃）まで稽古をおこないます。では、二日五ツころにおいでなされ」

「わかり申した。では、二日五ツにまかりいでます」

こうして、文之助は栄次郎と手合わせの約束をした。

約束の十一月二日、「ぜひ見学したい」と言う村上藩士の島田安五郎、それに見分のため明善堂師範の原口寿左衛門ら佐賀藩士六人、それに文之助の合わせて八人で、朝五ツに玄武館を訪ねた。

朝の稽古を終えたばかりの千葉栄次郎に面会したところ、思いがけない言葉が返ってきた。

「きょうはもう稽古は終わりましたので、手合わせは後日のことにいたしましょう」

文之助は憤然とした。

「約束の通りの刻限に来たのですぞ。稽古は終わったのなら、せめて、ご貴殿はじめ五、六人でもよいので、ぜひ手合わせをお願いしたい」

「内弟子どもも疲れておりますので、きょうは無理ですな」

栄次郎はひたすら断わる。

文之助もねばった。

「では、明日の早朝、寒稽古中にまかりいでますので、手合わせをお願いしたい」

「明日の早朝であれば、よろしいでしょう。ただし、ご見物の方々はご遠慮願います」

「では見物人は同行しませんが、道具持ちのためにふたりくらいは連れてくるかもしれません」

「よろしいでしょう。なるだけ早めにおいでください」

こうして強引に約束を取り付けた。

ふたりのやり取りをそばで聞いていた佐賀藩士と村上藩士の七人は、

「高名な玄武館があのざまだ。千葉周作の名が泣くぞ」

などと悪態をつき、笑いながら帰途についた。

そして、いよいよ当日。文之助は道具持ちの名目で村上藩士の島田安五郎と佐賀藩士ふたりを引き連れ、六ツ半（午前七時頃）に玄武館に到着した。

ちょうど寒稽古中で、千葉栄次郎も防具をつけたままだった。

文之助はすばやく防具を身につけると稽古に参加し、五人ほどと手合わせをしたあとで、栄次郎に申し込んだ。

「手合わせをしていただきたい」

「きょうは体の調子がよくないので、いずれまたの機会にいたしましょう」

「一回だけでもよろしいので、ぜひお願いしたい」

「いまは体調が悪いので、残念ですが、今度にしましょう」

のらりくらりと言い訳をして、栄次郎は立ち合おうとはしなかった。

文之助も怒り心頭に発し――

　尤流石之栄次郎行掛り尾逃かき候段腰貫極。

と『日録』に痛罵した。栄次郎は尻尾《しっぽ》を巻いて逃げ出す始末で、腰抜け（腰貫）の極み、ということであろう。

その日の寒稽古には百人以上が出席しており、そのなかから選抜された十二人と立ち合ったが、文之助はすべて自分のほうが七三か八二の割で勝っていたと書いている。また、門人は多いが目についたのはふたりだけだったとも記した。

「世上の評判とは大違いだ」

「千葉もたいしたことはない」

文之助ら四人は道々、玄武館や千葉栄次郎を罵倒しながら帰途についた。

(二) 藩校道場で上覧

十一月四日、牟田文之助が練兵館で稽古をしていた四ツ（午前十時頃）時分、突如すさまじい揺れがおきた。

「地震だ、これは大きいぞ」

稽古は中断し、みな道場から外に走り出た。

江戸に出てきて以来、文之助はしばしば地震は体験していたが、これほどの激しい揺れは初めてだった。しかも、余震が続く。

藩邸の様子が気になるため、文之助はすぐに戻ることにしたが、途中の町屋では倒壊した家屋が目についた。瀬戸物屋などは商品の陶器が割れて、店先に散乱していた。

藩邸に戻ると、表門の柱がかたむき、塀のあちこちが破損していた。藩士が住む長屋はあちこちが崩れ、内部は家財道具がめちゃくちゃになっていた。

諸所の藩邸でも被害が出ているようで、

「外桜田の南部（岩手県盛岡市）藩の上屋敷ではお長屋がつぶれ、十八歳と二十歳の女が死んだ」

という噂《うわさ》も伝わってきた。

いったん藩邸に戻ったあと、文之助はあらためて練兵館に出向き、道場主の斎藤弥九郎に見舞いとして菓子一箱を届けた。その後、永田馬場の村上藩の中屋敷に行き、島田安五郎の安否をたずねた。

「どうだ、無事だったか」

「おう、よく来てくれましたな。さいわい、こちらはたいしたことはありませんでした。とりあえず、あがってください」

島田は部屋に招き入れ、さっそく酒を出してもてなす。話がはずみ、けっきょく文之助は余震が続くなか、酩酊《めいてい》して佐賀藩邸に帰った（なお、翌安政二年十月二日、江戸を直下型の安政の大地震が襲う。このとき、すでに文之助は江戸を去っていた）。

その後、箱根や三島あたりに大きな被害が出ていることが伝わってきた。箱根の関所は完全に崩壊したという。

伊豆の下田は大津波に襲われ、多くの死者が出たという知らせも伝わってきた。『日録』には、幕府の異国応接掛の古賀謹一郎《きんいちろう》がロシア使節と折衝のため下田に赴任していて津波に被災し、かろうじて一命を取り留めたことが記されている。古賀謹一郎の動向など文之助の興味にはそぐわない気がするが、佐賀藩の藩儒で藩校教授の古賀穀堂は謹一郎の伯父にあたる。そんなことから、佐賀藩邸でも古賀謹一郎のことが話題になり、文之助も書き留めたのであろう。

この安政元年十一月四日に駿河・遠江《とおとうみ》・伊豆・相模地方を襲った大地震と津波により、倒壊流失家屋は八千三百戸、死者は一万人以上に及んだ。

さらに五日、伊勢湾から九州東部にかけて大地震が発生し、倒壊家屋一万戸、死者多数が出た。翌年、文之助は九州地方を歴遊するときに、この地震の被害を知ることになる。

十一月十日、島原（長崎県島原市）藩の上屋敷内の道場で、藩主松平忠精《ただきよ》の上覧のもと合同稽古がおこなわれることになった。

参加するのは、牟田文之助をふくむ練兵館の門人十一人と、津山藩師範の井汲幸右衛門の門人四人、それに島原藩士の、合わせて四十人ほどである。

いわば合同の地稽古だが、最大の見せ場は文之助と井汲の「試合」だった。神道無念流を熟知する鉄人流と、鉄人流を熟知する神道無念流の対戦といえよう。もちろん、地稽古の延長のような試合形式だから、審判が勝敗を決するわけではない。

稽古は四ツ（午前十時頃）に始まり、八ツ（午後二時頃）に終わった。終了後には数々の料理が出され、帰りには土産としてめいめいに菓子包みが渡された。

なお、この合同稽古のとき、藩主の忠精や重役が文之助に注目していたことが後日、判明する。二刀流を駆使する文之助の姿はよほど印象的だったのだろうか。

十一月二十三日の夕刻、飛脚が文之助のもとにやってきた。

「書状を一通、あずかっております。お渡ししますよ」

見ると、佐賀の家族からの手紙だった。

なかに金がはいっていた。じつは文之助は仕送りを求めていたのだ。藩から手当ては支給されるとはいえ、藩士同士や他藩士との交際をしていくにはとても足りなかった。修行人の自己負担はそれなりに大きかったことがわかる。

当時、武士階級は窮乏していた。牟田家の家計も苦しかったであろう。そんななか、牟田家は金を工面して送ってきたのである。

十二月七日、練兵館に稽古に行ったところ、道場主の斎藤弥九郎から言い渡された。

「きたる十一日、ご老中牧野備前守《びぜんのかみ》さまのお上屋敷で寄合稽古がある。そのほうも出るがよい」

「はい、かしこまりました」

文之助は喜んで了承した。

老中牧野備前守は長岡（新潟県長岡市）藩の藩主である。

当日、斎藤新太郎に率いられて練兵館の門人十四、五人が連合稽古のため、長岡藩の上屋敷に出向いた。

道場の端には長岡藩の重役がずらりと並んでいる。

文之助らは重役に見守られながら、長岡藩の藩士二十人ほどと手合わせをした。稽古後は家老の役宅に招かれ、馳走でもてなされた。

十二月十四日、練兵館で寒稽古の納会がおこなわれた。稽古が終わると、あとは酒が出る。出席者は二百五十人を超えており、練兵館の隆盛を思わせる。文之助も誇らしい気がした。

十二月二十五日、文之助は会計役に手当ての前借りを申し込み、一両一分を引き出した。

しかし、二十七日には練兵館に出向いて、歳暮として金百疋《ぴき》（一分）を差し出した。先月には、日蔭町《ひかげちょう》の高崎屋という武具屋に注文していた革胴が届いたが、その代金は一両だった。なにかと出費がかさむ。

けっして人前ではそんなそぶりは見せなかったが、文之助も内実はかなり苦しかった。

二十八日の夜、神田多町《たちょう》から出火して燃え広がり、大火となった。武家屋敷への延焼はほとんどなかったが、本町や両替町、日本橋の際、東は黒門町、紺屋町、西は四軒町《しけんちょう》、三河町など百余町が類焼し、江戸の町は大騒動になった。

江戸では文之助はしばしば半鐘を聞き、夜空が赤く染まるのを何度も見ていて、いわば火事には慣れていたが、これほどの大火は初めてだった。文之助は「焼失地は横幅十七、八丁（約二キロ）、長さ二十四、五丁（約三キロ）で、死者多数」と書き留めている。

翌朝、藩邸の藩士とともに焼け跡を見に出かけたが、文之助は犬や猫の焼死体がたくさん目についたと書いた。人の遺体を運び出したり、葬ったりするのを優先するため、

図一『秋のひでり』（元治元）国会図書館蔵

犬や猫の死骸は放置されていたのだろうか。

図一は、当時の火事と避難の様子が描かれている。

＊

年が明けて安政二年。

一月八日、村上藩士の島田安五郎が年賀に訪れたが、その際、村上名産の鮭《さけ》を持参した。国許《くにもと》の青山国太郎が送ってきたものを、島田が持参したのである。もちろん塩鮭であろう。

十二日は明善堂の稽古始で、道場でも剣術や槍術の稽古が始まった。

二十日、国許から手紙といっしょに餅が届いた。

二十二日、明善堂の講義に出席した。『日

録』の記述によるかぎり、文之助が講義に出席したのはこれが初めてである。いったい、どういう風の吹きまわしだったのであろうか。講義の内容はあきらかではないが、漢籍の講義だったであろう。

二月十七日、国許から、かねて病気療養中だった上総介が先月十五日、死去したとの知らせが届き、藩士は十七日から二十一日まで声高に話したりするのをつつしむよう命じられた。上総介がどういう人物なのかは不明であるが、鍋島家の係累であることは間違いないであろう。

ただし、藩士の外出や来訪者が禁じられている様子はないので、武之進の逝去の際の服喪（一五五頁参照）ほど厳重ではない。

二月二十二日、牟田文之助は下谷御徒町の心形刀流の伊庭道場を訪ね、道場主の伊庭軍兵衛と面会した。

「手合わせをお願いしたいのですが」

「よろしい、では、明後日の二十四日においでなさい」

伊庭はあっさり了承した。

そして当日、見分のため明善堂師範の原口寿左衛門と佐賀藩士もうひとり、さらに唐津藩士の稲村助左衛門ともうひとりの、四人とともに伊庭道場に向かった。稲村は明善堂道場に手合わせに来たことから、文之助とも知り合った。

支度をして道場に出ると、出席している門人は六、七十人ほどもいた。そのうちから選抜した十六人と、文之助は立ち合った。

できる人は二、三人いたが、それでも名人とまではいかない、技量は玄武館や士学館よりおとる、自分の優勢は華々しいものだった――が文之助の感想である。すべて自分が圧倒していたと、『日録』に書いている。

二十五日と二十六日には立て続けに、膳所《ぜぜ》（滋賀県大津市）藩の上屋敷と、大垣（岐阜県大垣市）藩の中屋敷の道場に招かれ、立ち合った。

師範はそれぞれ、膳所藩は直心影流の小野源太次郎、大垣藩は田宮流の島村勇雄である。

膳所藩の道場は七間に八間（約十二・七×十四・六メートル）の板の間で、立派だった。小野の門弟三十五、六人と手合わせをしたが、子供が多かった。

大垣藩の道場では島村の門弟十七、八人と手合わせをしたが、そのなかにひとり技量の抜きん出た者がいた。文之助はきちんとその姓名を書き留めている。

二十八日の朝、修行人がひとり訪ねてきて、武名録を差し出した。

「ご尊名を書いていただきたい」

見ると、二日前に大垣藩の藩邸道場で立ち合ったひとりだった。文之助に姓名を書き込んでもらうのを忘れていたので、わざわざやってきたのである。もちろん、文之助はこころよく求めに応じた。

このことからも、武名録に稽古相手の姓名が記載されていないかぎり、修行の実績にはならなかったことがわかる。

この日、国許から手紙と干海老《ほしえび》一箱が届いた。

また、この日から練兵館はしばらくのあいだ稽古は休みになった。名代官として知られる韮山《にらやま》(静岡県韮山町)代官の江川太郎左衛門(坦庵《たんあん》、英竜《ひでたつ》)が死去し、道場主の斎藤弥九郎が喪に服したからである。

弥九郎はかつて江川に取り立てられ、代官所の手代や書役として仕えた。弥九郎が文政九年(一八二六)、二十九歳で練兵館をひらくことができたのも、江川の援助があったからといわれている。

三月二十一日には本郷の加賀藩の上屋敷前にある柳剛流の岡田道場を訪ね、道場主の岡田十内に面会して立ち合いを申し入れた。

「外出する用事がありますので、しばらくお待ちください。戻ってからお返事を差し上げます」

そう言うと、岡田は文之助を残してどこやらに出かけて行った。

一時半（約三時間）ほどたってから、岡田はようやく戻ってきた。長時間待たせておけば、文之助があきらめて帰ると踏んでいたのかもしれない。

「ここ数日間はほかに稽古をつけにいく予定があるものですから、二十七日か二十八日にもう一度来ていただければ、そのときにあらためてお返事します」

文之助は相手が本気ではないと見て、けっきょくそのまま帰ってきた。

見たところ、岡田道場はどことなく活気がないようだった。

（三） 江戸を去る

二月十五日、牟田文之助は藩邸の藩士らと連れ立って花見に出かけた。

太陰暦（旧暦）とはいえ二月なかばの花見は季節違いのような気がするが、昨年（安政元年）は閏月《うるうづき》があったため、その影響で暦と季節は大きくずれていたのである。すでに江戸の桜の名所は満開だった。

酒などを持参して飛鳥山《あすかやま》に向かった。満開の桜の下に敷物や板などを敷いて、多くの人々が酒宴を楽しんでいた。あちこちから三味線や太鼓の音色も響き、にぎやかである。

その後、日暮里《にっぽり》の道灌山《どうかんやま》に行ったが、ここでも老若男女が桜の下で弁当をひろげていた。芸者を引き連れて花見をしている男もいれば、奥女中の一行も目立つ。三味線の音色もにぎやかだった。

それから引き続き上野の山に出かけた。図二は、桜が満開の上野の山。清水堂《きよみずどう》と不忍池《しのばずのいけ》が描かれている。

上野の山の花見客の多さは、まさに雑踏と言ってもよいくらいだった。そんな人ごみのなかから声がかかった。

「おい、牟田どのではないか」

見ると、練兵館の門人たちだった。四、五人で酒樽《さかだる》をかついで花見にやってきたのである。

「どうだ、この通り酒は樽であるぞ。いっしょにやらぬか」

「うむ、そうだな」

こうして、文之助の連れの佐賀藩士も合流することになった。練兵館の門人たちは藩もさまざまだったから、そこに佐賀藩士数人があらたにまじったことになる。

図二『名所江戸百景　上野清水堂不忍ノ池』（広重著）国会図書館蔵

その後、みなであらためて昌平橋《しょうへいばし》のほとりの料理屋にあがり、にぎやかな酒宴となった。門限に間に合うように藩邸に帰ったが、文之助はじめ、みなかなり酔っていた。

三月九日、上田の石川大五郎から手紙が届き、塩鱈《しおだら》五枚が添えられていた。文之助はさっそく塩鱈をみなにふるまった。

三月十九日、「武」では剣術ひとり、槍術《そうじゅつ》三人、「文」でふたり、修行に出ることが許された。『日録』にはすべてが記録されているわけではないであろうが、それにしても佐賀藩邸から武者修行に出立する藩士はひっきりなしだった。国許から出立する者も合わせれば、かなりの人数になったはずである。

いっぽうの文之助も江戸を去る日が近づいていた。

三月二十三日、表具師に頼んでいた武名録三冊ができあがり、届けてきた。姓名を書き入れてもらった武名録はきちんと製本していたことがわかる。

また、この日「御合力願」を書き、文武方役人を通じて留守居役に提出した。

要するに手当ての支給願いである。文之助の腹積もりでは総額八両三分になるはずだった。

文之助の計算式はあきらかではないが、当時の銭相場は一両がおよそ六千六百文だった。帰国までの日数を勘案すると、一日当たり四百文くらいの計算だろうか。ほぼ妥当な額と思われる。

ところが、四月二日に役人から支給されたのは五両といくばくかにすぎなかった。これではとても足りない。

文之助は当惑した。

江戸到着以来、文之助は江戸における鍋島家の菩提寺《ぼだいじ》である麻布《あざぶ》の賢崇寺《けんそうじ》にはしばしば参詣していたが、五日、賢崇寺に別れの挨拶に出向いたところ、馳走になった。その席で文之助は借金を申し込み、二斤を借りた。斤はおそらく金のことで、つまり二両であろう。

賢崇寺の僧侶は馳走をした上、金まで貸したことになる。こうした厚遇を受けるのも文之助の人柄ゆえであろうか。

さらに八日、藩邸の会計の役人に頼み込み、

「九月末までに返済する」

という約束で、三斤を拝借した。

こうして、斤が両だとすると、文之助はようやく合わせて十両以上の旅費を確保できたことになる。

江戸出立が近づくにつれ、連日のように送別宴がひらかれ、いっぽうで文之助はあちこちに別れの挨拶に出向いた。八日は練兵館に出向き、斎藤新太郎に会ったところ、いろいろと馳走になった。斎藤弥九郎はたまたま外出中であり、挨拶はできなかった。

文之助の出立を知り、先方から訪ねてくる者も多かった。

四月九日には、上田藩の石川藤左衛門が酒一樽を中間《ちゅうげん》に持たせて訪ねてきた。藤左衛門は石川大五郎の父である。息子の大五郎と入れ替わるようにして江戸に赴任してきたのだ。文之助は江戸に戻って以来、藤左衛門に挨拶に行き、馳走になっていた。

藤左衛門は息子の親友である文之助に好意的だった。この日も、送別宴で呑むようにと、わざわざ酒を持参したのだった。

『日録』には、みなからもらった餞別《せんべつ》の数々が几帳面に記録されているが、逆に文之助がこれまでの謝礼として渡した場合もあり――

一　湯屋大黒屋江壱朱遣。

一　僕虎吉江弐朱遣。

一　せんたく母よね江手拭壱筋遣。

で、利用していた湯屋の大黒屋に一朱渡した。これまで雑用を頼んでいた虎吉という中間に二朱あたえた。洗濯女のよぬに手ぬぐい一本をあたえた、と。勤番武士はほとんどが単身赴任のため、下着などの洗濯は藩邸に出入りの洗濯女に頼んでいたのであろう。

文之助は帰国に際しては、中山道を経由するつもりだった。東海道経由では同じ道場しか経験できないのが理由だが、もうひとつ大きな理由があった。楽しみと言ってもよい。それは、新潟で別れた石川大五郎と上田で再会することだった。

コラム11　文之助が面会または立ち合った剣豪

『全国諸藩剣豪人名事典』に収録された剣豪のうち、牟田文之助が実際に立ち合った、あるいは直接面会した人々を抜き出し、左に整理した（たとえば大石進は『日録』に言及があるが、実際には立ち合いも面会もしていないので、ここには記載しなかった）。

同書には八百十三名の剣豪が収録されているが、江戸時代二百六十年を通じているため宮本武蔵や柳生十兵衛もふくまれる。

文之助が武者修行の旅をした嘉永の末から安政の初めにかけての時期にかぎれば、人数はかなりしぼられる。それを踏まえると、三十人以上もの人数である。文之助は当時の有名な剣士のほとんどと立ち合った、あるいは面会したと言っても過言であるまい。

人名は流派別に整理した。なお、同書には牟田文之助も剣豪として収録されている。

神道無念流　斎藤篤信斎（弥九郎）、斎藤弥九郎二代（新太郎）、斎藤歓之助、井汲唯一（幸右衛門）、斎藤銀四郎、鈴木定七、長尾理平太

鏡新明智流　桃井春蔵、上田馬之助

北辰一刀流　千葉栄次郎、桜田良佐、渡辺清左衛門

心形刀流　伊庭軍兵衛
直心影流　男谷下総守（精一郎）、佐々隼太、杉江鉄助、遠山国蔵、長沼正兵衛（庄兵衛）
柳剛流　岡田十内
柳生新陰流　内藤作兵衛
小野派一刀流　遠藤五平太
神陰流　加藤田平八郎
津田一伝流　津田一左衛門
時中流　青山国太郎
西岡是心流　大野応之助
三陰流　秦勝三郎
直心流　早川辰人
精眼派直心影流　溝口周太、窪田鐐三郎（久保田良三郎）
示現流　村上亘（善左衛門）
直心自得流　長谷川藤次郎

コラム12　剣客の名簿

東海道の宿場である保土ヶ谷（横浜市保土ケ谷区）と戸塚（横浜市戸塚区）のほぼ中間にある平戸村で、萩原連之助は直心影流の道場をひらいていた。『剣客名』は、萩原道場に他流試合にきた修行人がそれぞれ署名した名簿で、その一部を紹介する。

北辰一刀流
　千葉栄次郎
　　門人岡田星之助
　同　野之村勘九郎
正月十二日　試合
直心影流
　天野将曹
　　門人
吉田三郎

嘉永七年寅七月十七日
試合
板橋勢一郎
岡田十内門人
柳剛流
午
九月四日試合

厳格に書式がきまっていたわけではないが、みな、ほぼ同じようなことを記している。つまり、流派名、師匠名、自分の姓名、年月日。

またすべて「試合」とあり、他流試合をしたことがわかるが、本文でも述べたように実態は地稽古に似た打ち込み稽古だった。

嘉永五年(一八五二)から慶応三年(一八六七)まで、萩原道場には百四十八人の修行人が訪れているが、流派別に上位十位の人数を示すと左の通りである。

一位　直心影流　58人

二位　神道無念流　22人
三位　北辰一刀流　21人
四位　小野派一刀流　14人
五位　鏡新明智流　11人
六位　一刀流　8人
七位　天然理心流　7人
同　柳剛流　7人
九位　心形刀流　6人
同　田宮流　6人

なお、牟田文之助が萩原道場を訪ねていないのは不思議な気がするが、旅程では藤枝（静岡県藤枝市）から江戸までは他の佐賀藩士と団体で行動していた。このため平戸村は素通りしたのであろう。

第七章　帰国の途へ

（一）　中山道を行く

安政二年四月十一日に江戸を出立したあと佐賀に到着するまでの、およそ四カ月間の旅のあらましを述べよう。**表1**にまとめた旅程の、十〜十三に相当する期間である。

旅立ちの日、早朝から明善堂で別れの盃《さかずき》を交わし、牟田文之助はかなり酔ったままの出発となった。二十人近い人々が中山道の最初の宿場である板橋（東京都板橋区）まで見送りにきて、またもやここでも盃を交わす。けっきょく、その日は浦和（埼玉県さいたま市浦和区）の旅籠屋《はたごや》に泊まった。

十四日、高崎（群馬県高崎市）を出立して、碓氷《うすい》の関所に着いた。役人に手形を差し出したところ、質問してきた。

「ご貴殿は剣術の修行ですかな。何流でござるか」

「鉄人流でござる」

「ほう、鉄人流とはどのような流儀ですか」

こうして、しばし役人と剣術談義になった。

碓氷の関所を抜けて追分《おいわけ》（長野県軽井沢町）に向かう途中で、京都の商人と僧侶に声をかけられた。

「よろしければ、同行させていただけませんか。お武家さまといっしょだと道中も心強いものですから」

「うむ、では、いっしょにまいろう」

三人連れで話をしながら追分まで行き、同じ旅籠屋に泊まった。

なお、追分で中山道から北国《ほっこく》街道が分岐している。

十五日、文之助は同宿したふたりと別れて追分を出立し、北国街道を三里（約十二キロ）ほど歩いて、小諸《こもろ》（長野県小諸市）藩の城下に着いた。そして、藩師範の熊部司馬之助（流派不明）に手合わせを申し込んだ。熊部はわざわざ修行人宿までやってきて、都合が悪いと手合わせは断ったものの、熱心に勧める。

「旅籠屋などに留《とど》まらず、みどもの屋敷にお泊りなされ」

連れて行かれた屋敷は長屋門で、なかなか立派だった。しかも、酒や料理でもてなすという厚遇だった。

十六日も都合が悪いということで、文之助は熊部の屋敷で過ごしたが、旅籠屋のような自由はなく、気づまりだった。ただし、この日、飛脚問屋に頼んで上田の石川大五郎に、訪ねる旨の手紙を出した。

十七日、藩校道場でおよそ二十人と、しかもそれぞれ二回ずつ立ち合いをおこなった。小諸藩の重役も見学にきていた。

文之助は内心、藩校道場での立ち合いがすめばすぐに上田に向けて出立したかった。早く石川に会いたかったのだ。

ところが、熊部は文之助を引き留め、弁当持参で名所の布引山《ぬのびきやま》や浅間山に案内する。けっきょく、熊部の屋敷に四泊してしまった。

それにしても、初対面の文之助に対する熊部の厚情は不思議なほどである。文之助と付き合うのはよほど楽しかったのだろうか。

四月十九日、熊部親子四人に見送られて小諸城下を出立した。最後まで熊部は文之助に好意的だった。

途中、北辰一刀流の牧野道場に立ち寄ったところ、あいにく道場主の牧野左門は三里（約十二キロ）ほど離れた海野《うんの》（長野県東御市《とうみ》）に出稽古に行くところだという。

そのため道場での立ち合いはできなかったが、牧野は文之助の予定を聞くや、上機嫌である。

「上田に行くのであれば、海野は途中ですぞ。では、海野までいっしょにまいりましょう」

道々、茶店などがあるとそこで一服し、牧野が気前よく酒と肴《さかな》を馳走《ちそう》した。文之助としては今日中に上田に着きたいので気が気でないのだが、呑《の》んだり食ったり話をしたりで、行程はいっこうにはかどらない。

けっきょく海野に着いたところで日が暮れかかり、泊まらねばならない羽目になった。上田城下の修行人宿に泊まる予定だった文之助は当惑したが、それを知り、牧野がまたもや勧めた。

「では、拙者が懇意にしている上田藩御用達の商人がおりますから、そこに泊めてもらえるよう手配しましょう。倅《せがれ》が拙者の門人でしてな。遠慮はいりませんぞ」

こうして、文之助は海野の豪商の屋敷に泊めてもらうことになった。商人の息子は牧野の門人だけに剣術に熱心である。二刀流と知って、手合わせを願ってきた。

「牟田さま、稽古をつけていただけませぬか。空いている蔵を自分なりに造り替え、道場にしております」

文之助も泊めてもらう手前、蔵を改造した道場で息子と手合わせをしてやった。牧野との手合わせはできなかった代わりに、商人の息子と立ち合ったことになろうか。息子は二刀流との立ち合いに大喜びだった。信州の宿場海野にも剣術に夢中になっている町人がいたことになろう。

(二) 石川大五郎との再会と別れ

二十日朝、海野を発《た》った牟田文之助は二里(約八キロ)の道のりの上田城下に向かった。

文之助の到着を知るや、修行人宿の主人が言った。

「一昨日あたりから、藩士の方々がしばしばお見えになり、

『牟田文之助どのはまだ着かぬのか。なにか知らせはないか』

とのことでございました。みな待ちかねて、やきもきしているようでしたよ」

「そうか、悪いことをした。小諸や海野でちと手間取ったのでな」

文之助はさっそく宿の奉公人を使いに立て、石川の屋敷に到着を知らせた。

しばらくして、石川の名代と称して親戚の男が現われ、意外なことを告げた。

「ご貴殿の到来を首を長くして待っておったのですが、去る十四日、ご家老に閑居《かんきょ》を申しつけられ、外出はもちろん文通もままならない身となりました。無念です」

文之助は呆然《ぼうぜん》となった。理由はあきらかではないが、石川は閉門謹慎を命じられていたのだ。

今度は、江戸で親しく付き合っていた岩崎直之助がやってきた。

「おう、しばらくですな。石川のことは聞いたと思う。今後のことを相談したいのだが、まあ、とりあえず呑もう」

岩崎が酒三升、肴三品を持参したため、酒を酌み交わしながら三人で話し込む。深夜になって石川の親戚は帰っていったが、岩崎は酔いつぶれて文之助の部屋で寝てしまった。

翌日、石川から文之助のもとにこっそり書状、酒三升、竹刀一本が届けられた。

午後から岩崎はじめ、江戸で知り合い、いまは上田に戻っている藩士らが続々と宿に訪ねてきた。なかに、江戸で知り合った一関《いちのせき》（岩手県一関市）藩の藩士もいた。すぐに、石川から到来した酒で酒盛りとなる。

いっぽう、藩校道場であすから、尼子観蔵（流派不明）と直心影流の堀勘太夫両師範の門弟と手合わせすることがきまった。

文之助は上田の修行人宿に十六泊した。

ほとんど毎日、藩校道場で尼子と堀の門弟と立ち合って稽古をする。宿に戻ると、上田藩士が押しかけてきた。酒や肴の差し入れも多い。

二十三日には石川からふたたび酒一樽《たる》と鯉《こい》煮が届いた。「自分は行けないが、せめてみなと大いに呑んでくれ」という意味であろう。鯉の煮付けがいかにも信州を感じさせる。

五月三日には岩崎直之助ら三人にさそわれ、肴を持参して別所温泉に出かけた。湯を浴びたあとはすぐに酒盛りである。夜を徹して呑み、翌日は朝湯にはいって酔いをさますと、近くにある寺院に参詣し、戻るとまた酒を呑み始めた。もうふらふらになり、帰りは駕籠《かご》を雇わなければならなかった。

文之助をかこんで連日、にぎやかな酒盛りである。まさに村上の生活の再現だった。違いは石川がいないことだったが、ひそかな対面は実現した。

四月二十五日の深夜、石川大五郎がひそかに修行人宿にやってきた。奉公人に頼んで文之助を呼び出す。

石川を見て、文之助は思わず歓声をあげそうになったが、はっと気づいて声をひそめた。

「おお、会えてうれしいぞ。しかし、外出は禁じられているのではないのか」

「うむ、ごく内々の対面なので、ここではまずい。城下のはずれの知人の家を借りたので、いっしょに来てくれぬか」

「うむ、よかろう」

文之助は宿を抜け出すと、石川にともなわれて目立たない家に行き、そこであらためて再会を喜んだ。おたがい話は尽きない。酒を酌み交わしながら、夜を徹して話し込んだ。肴は石川が持参したものだった。

明るくなると石川は外を歩けないので、夜が明ける前に別れ、文之助は宿に戻った。

二十八日の深夜、やはり江戸で親しくなった恒川才八郎が修行人宿を訪ねてきた。

「内密で石川の屋敷に案内する」

「え、そんなことをして大丈夫か」

「内々で段取りをつけた」

こうして、恒川の手引きでひそかに石川の屋敷を訪ねた。先日と同様、文之助は夜を徹して石川と語り合い、夜明け前に宿に戻った。

五月一日の深夜、またもや石川が修行人宿にやってきて、文之助を先夜と同じ城下のはずれの家にさそい出した。

文之助が上田を去る日が近づいていた。ここで別れたら、もう二度と会えないのはふたりともわかっている。酒を酌み交わしながら、話題は尽きなかった。江戸の思い出。関東から奥州の修行の旅。村上での生活。いまでは旅の苦難までもがなつかしい。ふたりは語り合いながら大いに笑い、そして涙ぐんだ。こうして顔を合わせて話をするのも今夜が最後なのだ。

夜明け前に別れるに際して、石川が用意しておいた餞別《せんべつ》を渡した。

「達者でな」

「貴殿こそ、達者でな」

そう言いながら、ふたりの目から滂沱《ぼうだ》として涙があふれた。

五月七日、文之助が上田を発《た》つ日、夜が明けるのを待ちかねるかのように、修行人宿に石川から折詰の料理が届いた。盛大な送別宴がひらかれるのはわかっている。自分は参加できないので、せめて酒の肴にしてくれという意味であろう。石川の文之助に対する思いはせつないほどである。

文之助は出立に際して、これまでさんざん迷惑をかけたことへの詫《わ》びもこめて修行人宿に金五十疋《ぴき》（二朱）の茶代（祝儀）を渡した。

さて、宿で朝から送別宴が始まり、文之助がようやく出発したのは九ツ（正午頃）になっていた。しかも、かなり酔っていた。

多くの藩士が城下のはずれまで見送りにきて、またもや小料理屋で送別宴がひらかれる。ようやく終わったときには七ツ（午後四時頃）になり、文之助はすでにぐでんぐでんに酔っていた。これではとても歩けないため、みなで人足ひとりと駕籠を手配し、宿場の坂城《さかき》（長野県坂城町）まで送り届けるという始末だった。

（三）　遺恨の修行人

泥酔状態で坂城の旅籠屋に送り届けられた牟田文之助だが、翌日の朝には坂城を出立して松代《まつしろ》（長野県長野市）藩の城下の修行人宿に着き、矢野道場に立ち合いを申し入れている。回復の早さはやはり若さだった。

矢野道場の道場主は東軍流の矢野茂で、松代藩の師範である。

五月九日の朝、矢野道場に出向くと、三間に四間（約五・五×七・三メートル）の土間で、地面に敷物を敷いていた。

門弟十人ほどと立ち合ったが、みなあきれるほど未熟だった。聞くところによると、

「松代藩では先月二十八日、藩校が開校したが、まだ文武の稽古は始まっていない」

とのこと。安政二年になってようやく藩校が開校したのである。文之助は矢野道場の門弟が少なく、技量が低いのも理解できる気がした。しかし、稽古後は昼食を供するなど、修行人への対応は丁重だった。

松代城下を出立したあと善光寺に参詣したが、弘化四年（一八四七）の地震の爪痕がまだ生々しく残り、山門も大破したままだった。

十二日には松本（長野県松本市）藩の城下の修行人宿に着き、橋村道場に申し入れた。道場主の橋村善太夫は外多《とだ》流で、松本藩の師範である。

翌日、道場に出向いたところ、岡部（埼玉県深谷市）藩士の清水要人という修行人がいた。

さっそく清水が申し入れてきた。

「ぜひ、お手合わせを願います」

「こちらこそ、よろしくお手合わせを願います」

文之助はその場で応じて立ち合ったところ、実力の差は歴然としており、清水の竹刀はかすりもせず――

拾分之勝利ニ而かすりも打セ不レ申。

で、文之助の十分《じゅうぶ》の勝利、つまり完勝だった。

その後、橋村の門弟十三、四人と手合わせをした。外多流は古流で、丸縁の面だけを採用しており、胴や籠手《こて》はなかった。

稽古のあと道場で昼飯が出て、さらに橋村の屋敷に招かれ、酒と料理でもてなされた。

文之助が五ツ（午後八時頃）に修行人宿に引き取ったところ、松本藩士のひとりがそっと訪ねてきた。

「岡部藩士の清水要人どのはきょうの貴殿との立ち合いで面目を失い、遺恨をいだいているようですぞ。同宿なのはちと剣呑《けんのん》ですな。宿替えをしたらどうですか。拙者が手配をしますぞ」

剣豪小説ではこんな場合、剣客はフッと笑って取り合わず、酒を呑んで高鼾《たかいびき》で寝てしまう。深夜、遺恨をいだいた者がそっと襖《ふすま》をあけて忍び込んでくると、熟睡していたはずの剣客は殺気を感じて目を覚まし、さっと白刃《はくじん》から身をかわして侵入者を取り押さえる――。

こんな展開になることが多い。剣の達人ともなると一瞬たりともスキがない、たとえ熟睡していても殺気を感じて目を覚ますということであろうが、あくまでフィクションである。

現実ではどんな達人でも寝込みを襲われたらひとたまりもない。ルールがある道場での試合と、ルールのない不意討ちや闇討ちとはまったく別物である。

「さようですか。では、宿替えをいたしましょう」

文之助は忠告を聞き入れ、夜中にもかかわらず旅籠屋を変えた。

その後、五月十八日まで松本城下に滞在した。

十七日には稽古のあと、親しくなった松本藩士五、六人に案内されて浅間温泉に行った。湯からあがると酒盛りになる。夜がふけて宴もたけなわのころ、旅籠屋の奉公人が主人の手紙を届けに来た。そこには、

「桑名（三重県桑名市）藩の修行人ふたりが城下に来て、あす、橋村道場で手合わせをするとのこと。牟田さまも立ち合いを望むのなら、あすの早朝までに宿にお戻りくださ い」

という意味のことが書かれていた。もちろん文之助には願ってもない機会である。

翌朝、旅籠屋に戻ってよくよく聞くと、桑名藩の修行人は風伝流槍術《そうじゅつ》だという。

「おい、おい、拙者は槍《やり》と立ち合うつもりはないぞ」

みな大笑いとなった。

どこでどう間違えたのか、主人の早とちりだったのだが、文之助は怒ったり、咎《とが》めたりした様子はない。こうした他人の過失への寛容さが、文之助が人々から慕われた理由のひとつであろう。

この噂《うわさ》が耳にはいったのか、松本藩の風伝流槍術師範の菅沼七郎左衛門が、

「槍術も剣術も武芸に変わりありますまい。武芸談義をいたしましょう」

と、文之助を屋敷に招いた。

菅沼の屋敷に出向くと、桑名藩の修行人ふたりがいて、紹介された。柴田要と河村泰之助で、姓はことなるが、ふたりは実の兄弟だという。

酒が出て話がはずみ、すぐに打ち解けた雰囲気となった。明日、十九日に文之助が出立するのを知り、ふたりがさそった。

「拙者らも明日、出立の予定です。では、いっしょに中山道を旅しませぬか」

「よろしいですぞ。では、いっしょにまいりましょう」

文之助はあっさり了承する。

こうして、松本を出立した三人は北国西街道を通って、中山道の宿場である洗馬《せば》（長野県塩尻市）に着き、旅籠屋に泊まった。三人連れのにぎやかな旅だった。

五月二十日、三人は洗馬を出発して福島（長野県木曽町）に着いたが、槍術と剣術の

図一『木曽街道六拾九次　福しま』（広重著）国会図書館蔵

ため、訪ねる道場が異なる。文之助は遠藤道場を訪ねた。

道場主の遠藤五平太は木曽代官山村仁兵衛の家臣で、かつて江戸に出て小野派一刀流の免許皆伝を受け、福島に帰ってから道場を開いた。

なお、**図一**に福島の関所が描かれている。この関所をあずかるのは木曽代官だった。

遠藤は来訪者が牟田文之助と知ると、非常に喜んだ。

「ご貴殿が中山道をたどっているという噂を聞き、到来をいまかいまかとお待ち申しておりました。旅籠屋に泊まるなどは水臭い。拙宅にお泊まりなされ」

けっきょく、文之助は遠藤の屋敷に四泊した。

福島では十八日から年に一度の馬市が開か

れており、近郷近在から多くの人間と馬が集まり、大変なにぎわいだった。また、馬市の期間は「博奕御免《ばくえきごめん》」で博奕《ばくち》も許されているとかで、諸国から博徒が集合していた。

二十一日、桑名藩の柴田と河村が、種田流槍術の師範宮川喜惣太の道場で他流試合をするのを知り、文之助は見学に行った。

その後、文之助が遠藤宅に滞在しているため、ふたりは先に行くことになったが、「桑名に来たら必ず連絡してくれ」と言った。

文之助が滞在中、遠藤道場に見物にくる人の数が日ましにふえる。遠藤の説明によると、

「馬市にやってきた人々のあいだに二刀流の噂がひろがり、見物にやってきたようですな。こんなに多くの見物人が集まったのは初めてですぞ」

ということだったが、文之助としては面目を施した思いだった。

二十四日の朝、遠藤道場に別れを告げて福島を出立した文之助は中山道を進み、大井（岐阜県恵那市）で尾張方面に向かう下街道《したかいどう》にはいった。

（四）二度目の京と大坂

五月二十七日、名古屋城下に着き、原道場に手合わせを申し入れた。道場主の原彦四郎は天自流である。

翌朝、尾張藩主の徳川慶勝《よしかつ》が神社に参詣するというので、修行人宿の前の通りは通行止めとなった。牟田文之助がながめたところ、行列はごく小規模だったが、市中の二階建ての家の二階の窓はすべて障子や雨戸を閉じるよう触れが出ていて、警戒は厳重だった。

行列が行き過ぎたあと、原の門人に案内されて道場に向かった。

道場は青天井で、土間に筵《むしろ》敷きだった。立ち合った八、九人の門弟らの技量もきわめて未熟で、文之助はがっかりした。なかに江戸の玄武館で修行を積んだ者もいたが、文之助は「同断」と、やはり未熟者の刻印を押した。

こうして、名古屋城下の道場は期待はずれだったが、名古屋の町並みが京都と同様、碁盤の目のように整然としているのには感心した。また、名古屋城にも感心したが、と

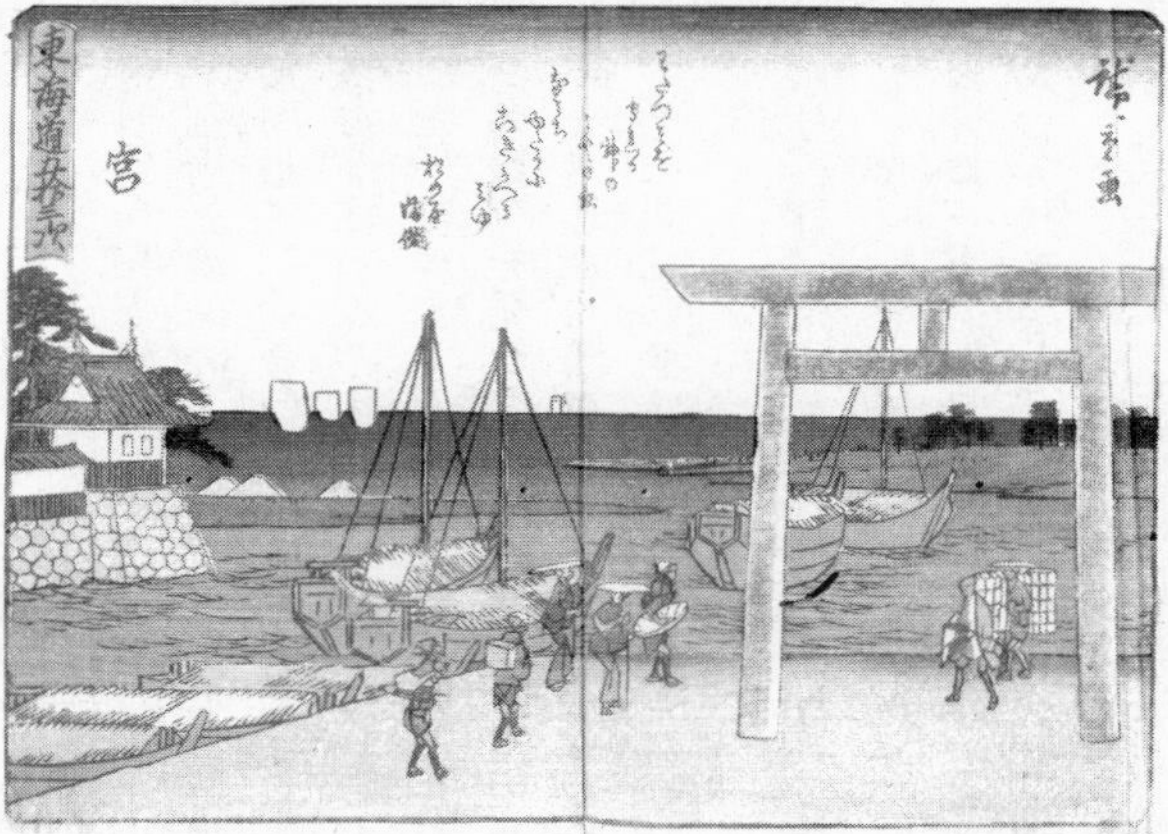

図二『東海道五拾三次　宮』（広重、天保年間）国会図書館蔵

くに天守閣の屋根に輝く金の鯱《しやちほこ》には感嘆した。

五月二十九日、宮から舟で桑名に渡った。

図二は、宮の渡船場。宮と桑名は「七里の渡し」で結ばれていた。

旅籠屋に落ち着いたあと、松本で知り合った桑名藩士の柴田要と河村泰之助に手紙を書き、宿の奉公人に頼んで届けてもらった。

しばらくして河村が宿にやってきた。

「おお、忘れずに知らせてくれましたな。うれしいですぞ。これから柴田の屋敷に案内します」

案内されて柴田の屋敷に向かうと、風呂の用意がしてあった。

湯を浴びて旅の汗を流したあと、さっそ

く酒宴が始まる。まさに歓待であり、ふたりの「桑名に来たら必ず連絡してくれ」はけっして口先だけではなかった。

翌日、柴田と河村に案内され、城下の丁寿院という寺にいった。寺の本堂を道場にして、剣術諸流派の二十五、六人が合同稽古をしていたのだ。紹介された文之助はさっそく参加して、手合わせをする。

稽古が終わると例によって酒盛りである。文之助はたちまち多くの桑名藩士と親しくなった。けっきょく桑名城下に四泊した。

桑名城下を発つとき、それまで宿泊していた旅籠屋に旅籠賃のほかに一朱の茶代（祝儀）を渡した。滞在中、桑名藩士らとの酒盛りで迷惑をかけたし、我儘《わがまま》もきいてもらった。その謝礼の意味をこめたものだった。

六月三日、柴田と河村に見送られて桑名城下を出立し、津（三重県津市）藩を目指した。

追分《おいわけ》（三重県四日市市）で昼食をとったあと、しばらく休息するつもりが、いつしか寝入ってしまった。雨音にハッと目を覚ますと、外は激しい雨が降っていた。

「困ったな。雨宿りをしていても、いつやむかわからぬ。よし、行こう」

雨のなかを、三里（約十二キロ）さきの白子《しろこ》（三重県鈴鹿市）に向けて歩いた。雨脚は強くなるいっぽうで、風まで吹き始めた。ついには突風で頭にかぶった笠《かさ》も破れてしまった。この激しい風雨で道には人っこひとりいない。歩いているのは文之助ひとりである。全身ずぶ濡《ぬ》れになってようよう白子の旅籠屋にたどりついた。

六月四日、津藩の城下の修行人宿に着き、藩校道場に手合わせを申し入れた。津藩の藩校道場は二度目であり、宿にやってきた文武方役人も去年と同一人物だった。

五日から七日まで藩校道場にかよって神道無念流の師範津田孫七の門弟と立ち合ったが、前回とはことなってかなりできる者がいて、文之助はなかなか面白かった。

若山流の門弟や、備中松山（岡山県高梁市）藩の修行人四人とも立ち合い、充実した稽古ができた。文之助は津藩士のなかでは北辰一刀流を使う者に注目し、姓名も書き留めた。

滞在中、津藩の藩士が宿に訪ねてきて、

「吉村久太夫どのに届けてくだされ」

と、手紙を託された。

文之助と同様、実兄の久太夫も武者修行の旅であちこちに知己《ちき》ができたようだった。

八日、津藩の城下を出立して、水口《みなくち》（滋賀県甲賀市）藩の城下に着くと、藩校道場に手合わせを申し入れた。師範は吉田兵太左衛門（流派不明）である。

九日の早朝から藩校道場で吉田の門人およそ二十人と立ち合ったが、みな未熟な者ばかりだった。なかに、江戸の長沼道場で稽古を積んだという者もいたが、たいしたことはなかった。

なお、本来の剣術道場は去年の二度の地震で大破し、槍術道場を借りて使用しているとのことだった。

昼前に修行人宿に戻ると、文之助は追分から白子まで歩いているあいだに濡れた防具を乾《ほ》した。これまで生乾きのまま身につけていたことになろう。

午後になってようやく防具が乾いたので、文之助は水口城下を出立し、石部（滋賀県湖南市）の旅籠屋に泊まった。

十日、石部を出立して膳所《ぜぜ》（滋賀県大津市）藩の城下に着くと、藩の師範岡田藤太郎（北辰一刀流）と田中兵次郎（流派不明）に手合わせを申し入れたが、病気などを理由に断わられた。

膳所では去年に引き続いての断わりである。やむなく膳所の城下を発った文之助はその日のうちに、京都に着いた。

京都ではいったん旅籠屋に草鞋《わらじ》を脱いだあと、前回に引き続き大野道場を訪ねた。すると、道場主の大野応之助が勧めた。

「できれば四、五日、滞在してくだされ。旅籠屋と道場を往復するのは面倒でござろう。拙宅に逗留《とうりゅう》してください」

文之助は勧めに応じて旅籠屋に荷物を取りに戻り、大野の屋敷に逗留することになった。けっきょく、大野の屋敷に四泊する。

六月十三日には、直心影流の天野将曹の門弟である西尾（愛知県西尾市）藩士ら四人の修行人が大野道場に他流試合に現われた。

「おや、江戸でお会いしましたな」

「今度は京都でお会いできるとは」

四人とは去年の三月、男谷道場で顔を合わせ、立ち合いもしていた。

文之助はあらためて四人と立ち合ったが、その結果は――、
皆以二八、九一ノ利得候也。

で、八割から九割がた自分が勝っていたと記している。やはり地稽古の形式だったが、四人を圧倒した文之助は充実感と満足感を味わった。

十四日は祇園祭を見物した。

十七日、大野道場での手合わせを終え、大野応之助の屋敷を辞去したあと、文之助は烏丸《からすま》四条下ルの佐賀藩の蔵屋敷に知人を訪ねた。いろいろ話をし、馳走にもなった。その後、鳥取藩の京都屋敷内にある河田道場に翌日からの手合わせを申し込み、伏見の旅籠屋に草鞋を脱いだ。河田道場も二度目である。

夕方になって河田道場の道場主の河田権次郎ら四人がさそいにきて、みなで夕涼みに出かけた。宿に戻ったときは深夜になっていた。

十八、十九日、河田道場で稽古をしたが、秋月(福岡県朝倉市)藩の修行人や、伏見奉行内藤豊後守《ぶんごのかみ》の家来などと手合わせができた。

十九日の夜、京都から舟で淀川をくだって大坂に向かった。図三は、伏見と大坂を結ぶ夜船である。文之助もこんな船に乗ったのであろう。

大坂では佐賀藩の蔵屋敷前にある藩御用達の旅籠屋に泊まることにしたが、場所柄、佐賀藩の関係者が多い。江戸に向かう飛脚がいたので、明善堂あての手紙三通を託した。

また、佐賀藩の重臣(親類同格)多久《たく》家の家臣四人、唐津(佐賀県唐津市)藩の藩士

図三『上方恋修行』（歌川国貞、文政10年）国際日本文化研究センター蔵

ひとりと同宿となり、話をしているうちにたちまち親しくなった。夕方から、みなで連れ立って涼みがてら、大坂見物をした。

「大坂の町のにぎわいには、江戸も京都もおよばぬ」

が、文之助の感想だった。

六月二十一日には一円俊之助の道場で手合わせをした。前回の大坂滞在時、道場主の一円は不在だった。そのため、楽しみにしていたのだが、一円はじめ十人ほどの弟子はみな未熟で、文之助の感想は「お話にならない」だった。

がっかりして一円道場から宿に戻ると、大坂城代で土浦（茨城県土浦市）藩主土屋采女正《うねめのかみ》の家臣山岡水之助が訪ねてきた。大坂城代の屋敷内に道場があり、山岡は師範

（流派不明）である。

「去年の四月、貴殿が国許の藩校道場で立ち合い、二刀流の妙技が評判になったのは聞き及んでおりますぞ」

「恐れ入ります。できればあす、城代屋敷内の道場で稽古をさせてもらえませぬか」

「じつは、それをお願いに来たのです。ぜひ、おいでください」

こうして山岡道場での立ち合いがきまった。

当日、多久家の家臣三人が「他流試合をぜひ見学したい」というので、文之助は三人を同行させた。肝心の山岡は体調が悪くなったとかで不在だったが、三十人ほどと手合わせができた。

山岡道場での立ち合いを終えると、文之助は四国に渡るつもりだった。ところが便船が悪天候でなかなか出港しないため、宿に足止めを食うかっこうになった。

文之助は親しくなった多久家の家臣や唐津藩士五人と連れ立ち、大坂見物に出歩いた。五人はその後、京都に向かうという。

文之助が宿屋の主人にたずねた。

「大坂に桑名藩の屋敷か、御用達の商家はあるか」

「桑名藩御用達の鍵屋という旅籠屋がございます」

道を教えてもらい、文之助は鍵屋を訪ねて手紙を託した。世話になった柴田要と河村泰之助への礼状である。

いっぽう、記載が終わった武名録や襦袢《じゅばん》、その他手紙などをまとめて紙に包み、蔵屋敷の藩士に、飛脚に託して国許に送ってくれるよう頼んだ。文之助としては少しでも荷物を減らしたかったのであろう。こうして蔵屋敷に国許への通信を頼んだあとになって、国許に向かう佐賀藩の飛脚ふたりが同宿になった。

「東海道を五日の定めなのですが、川止めがあっておくれ、江戸を発ってから十二日目でやっと大坂につきました。これから舟に乗り、下関まで行くつもりです」

「そうか、では、途中までいっしょに行こう」

こうして、船旅の同行者もきまった。

六月晦日《みそか》の深夜、舟は安治川橋《あじがわばし》のほとりから出航した。

乗り込んだのは文之助と飛脚ふたりのほか、薩摩藩士四人、商人ふたり、京都本願寺の参詣に来た佐賀藩の武雄（武雄市）の農民ふたりなど、合わせて十三人だった。乗客は武士と庶民が入りまじっていたが、それぞれ自己紹介をしたことがわかる。

（五）四国での修行

あいにくの強い向かい風で帆はまったく役に立たず、船頭が櫓《ろ》で漕《こ》ぐだけなので船足はおそかった。

七月二日の朝、須磨・明石と淡路島のあいだのあたりでようやく風向きが変わり、舟は帆をあげることができるようになった。

三日になるとまたもや向かい風になり、舟は櫓で漕ぐしかない。その後、また風向きが変わって帆をあげ、ようやく岡山藩領の下津井《しもつい》（倉敷市）の渡船場に着いた。

牟田文之助は四国に渡る舟に乗り換えるため下津井で下船した。飛脚ふたりはこのまま舟で下関までいく。別れるに際して、文之助は酒を買ってふたりと別離の盃を交わした。

夜四ツ（午後十時頃）、文之助は下津井から四国に渡る舟に乗船した。

翌朝の五ツ半（午前九時頃）に丸亀（香川県丸亀市）に着いた。船賃は大坂から下津井までは食事つきで千文、下津井から丸亀までは七十五文だった。

　さっそく修行人宿に行き、師範の吉江彦牛（流派不明）と矢野音八（流派不明）との立ち合いの斡旋《あっせん》を頼んだところ、主人は苦渋の表情で、

「ことしの春から向こう五年間、修行人をお泊めすることはいっさいできなくなりました。丸亀藩の藩校道場での手合わせもできません」

　と言い、宿泊も斡旋も断わった。

　その理由を聞くと、丸亀藩の財政悪化が原因のようだった。

　藩札の引き換えもできなくなり、財政は破綻状態とのこと。城下はきびしい倹約令が出され、火が消えたようになっているという。修行人を受け入れると藩の負担は大きい。そこで、禁止措置をとったのである。

　立ち合いをあきらめた文之助はすぐに丸亀城下を発ち、金比羅《こんぴら》町（香川県琴平町）の旅籠屋に泊まることにした。せっかくの機会である、文之助は金刀比羅宮《ことひらぐう》も参詣し、評判通りの大社であることに感銘を受けた。

　たまたま松前（北海道松前町）藩の修行人と同宿になった。自己紹介のあと、文之助が打ち明けた。

「じつは上田藩士とふたりで、松前まで行くつもりだったのですが、果たせませんでしてな」

「ほう、松前にくる修行人など聞いたことがありませんぞ」

「やはりそうですか。取りやめてよかったのかもしれません」

大笑いとなる。そんな話題がきっかけで話がはずみ、すっかり親しくなった。おたがいのこれからの予定をたしかめ、西条（愛媛県西条市）藩の城下までいっしょに旅をすることがきまった。

七月七日、西条城下の修行人宿に着き、さっそく西条藩の師範秦《はた》勝三郎（三陰流《さんかげ》）と横井玄四郎（田宮流）に手合わせを申し込んだ。

これまで同行してきた松前藩士は松山（愛媛県松山市）に直行するというので、西条で別れた。

翌日、藩校道場で秦の門弟およそ三十人と立ち合ったが、ほとんど初心者ばかりのありさまである。聞くと、道場の歴史はごく浅いということだった。

夕方、秦の門人が七人連れで宿を訪ねてきて、佐賀藩士の白浜代四郎と斎藤弥平太が話題になった。

「おふたりが来たのは、去年の七月末ごろでしたでしょうか。ただし、おふたりは横井玄四郎先生のご門弟と立ち合っただけで、われらとは立ち合いませんでした。そのため、くわしいことは知らないのです」

ともあれ、白浜と斎藤も四国に来たことがわかった。

その翌日、今度は藩校道場で横井の門弟およそ三十人と立ち合った。

昨日の評判がひろがったのか、多数の見物人がつめかけて黒山の人だかりとなり、藩の役人も多かった。

門弟のひとりに二刀流を修めている者がいて、

「ぜひ、二刀流の稽古がしたいのですが」

と申し入れてきたので、文之助は立ち合った。

稽古のあと、師範の横井はこう説明した。

「田宮流の源流は宮本武蔵です。そのため、二刀流の形もあるのです」

七月十日、西条城下を出立して、今治《いまばり》（愛媛県今治市）藩の城下に着いた。今治藩の師範は野呂完之助、丹下喜右衛門、三好五百蔵、富田祐治の四人である。四人に申し入れたところ、さっそく野呂の門人が修行人宿にやってきたが、顔を見ると練兵館ですでに昵懇《じっこん》の間柄の男だった。

さらに、「拙者は武者修行中、佐賀に立ち寄り、お世話になりました」という藩士が話をしにやってきた。そのほか数人があつまり、にぎやかになる。みながようやく帰っていったのは四ツ（午後十時頃）を過ぎていた。

初日、藩校道場で、得宗流の野呂完之助の門弟と立ち合ったが、見物人が黒山を成すほどだった。門弟のなかに二刀流の者もいた。

「得宗流には二刀使いの技もあるのです」

「ほう、形を見せてはくださらぬか」

稽古後、木刀による形を見せてもらったが、文之助は時中流に似ているように思った。

二日目は丹下喜右衛門（流派不明）の門弟と立ち合ったが、見物人の数はさらにふえたようだった。師範丹下とも手合わせをしたが、文之助は昨日の野呂よりもやや未熟と感じた。

夕暮れころ、丹下の門人ふたりが酒と肴を持参して宿にやってきた。

「おお、なつかしいな。今治で貴殿に会えるとはうれしいぞ」

ふたりとも練兵館で面識があったのだ。それからはにぎやかな酒盛りとなる。

三日目、藩校道場で、無三自現流の三好五百蔵の門弟と立ち合った。この無三自現流には柳剛流と同じく足打ちの技があった。

四人目の師範の今一流の富田祐治は支障があるとかで立ち合いを断わってきたので、文之助が出立の準備をしていると、親しくなった藩士が訪ねてきて、熱心に勧めた。

「あすとあさっては、盆踊りがあります。ぜひ、滞在をのばして、見物なされ。拙者らが案内いたす」

文之助も無下には断わりがたく、出発を延期して二日間を盆踊り見物と酒宴で過ごした。けっきょく今治城下に六泊したことになる。

七月十六日、雷雨のなかを山道や海沿いの道を歩いて、ようやく夕暮れころに松山（愛媛県松山市）藩の城下に着き、さっそく修行人宿を通じて藩校道場にあすの立ち合いを申し入れた。

新当橋本流で師範の橋本弥伝次の門弟が宿にやってきて、口上を告げた。

「先生が申されるには、

『夜分のことゆえ、明日のことは即答できかねます。いずれにしても、明日、朝四ツ（午前十時頃）までに返事を差し上げます。もし立ち合いとなれば、八ツ（午後二時頃）からとなるので、さよう心得てください』

とのことでございます」

使者が帰ったあと、雨はますます激しくなった。

翌日、橋本の門人が来て言った。

「やはりきょうは都合が悪いので、あすに延期していただきたい」

こうして、十八日の立ち合いとなったが、夕方には門人五人が訪ねてきて、夜おそくまで話がはずんだ。

当日の十八日、案内されて藩校道場に出向くと、土間に敷物を敷いただけで、渋紙を張り巡らせた屋根で陽射《ひざ》しを防いでいる。それでも、藩の重役がずらりと列席していた。松山藩では新当橋本流が一番という評判があったが、およそ二十人の門弟と手合わせをした文之助にはとてもそうは思えなかった。

稽古を終えて宿に戻ると、親しくなった藩士ふたりが訪ねてきた。

「ぜひ、もう一両日滞在してください。近くの温泉にご案内します」

「いえ、拙者は先を急ぎますので」

「そんなことはおっしゃらず、ぜひとも出立は延期してください」

あまりに懇願されるため、とうとう文之助も同意せざるを得なかった。

こうして、十九日は松山藩士三人にともなわれて道後温泉に出かけ、湯につかった。宿に戻ってからは三人に酒と肴を馳走され、酒盛りは深夜まで続いた。

図四は、道後温泉である。

松山城下を出立してからは、悪天候のなかを歩いていて二十一日、八幡浜《やわたはま》（愛媛県八幡浜市）に着いた。渡船場で佐賀関《さがのせき》（大分県大分市）への便船をたずねると、

「このところの悪天候で、舟は出ておりません。おそらく今日も無理でしょう」

とのことである。

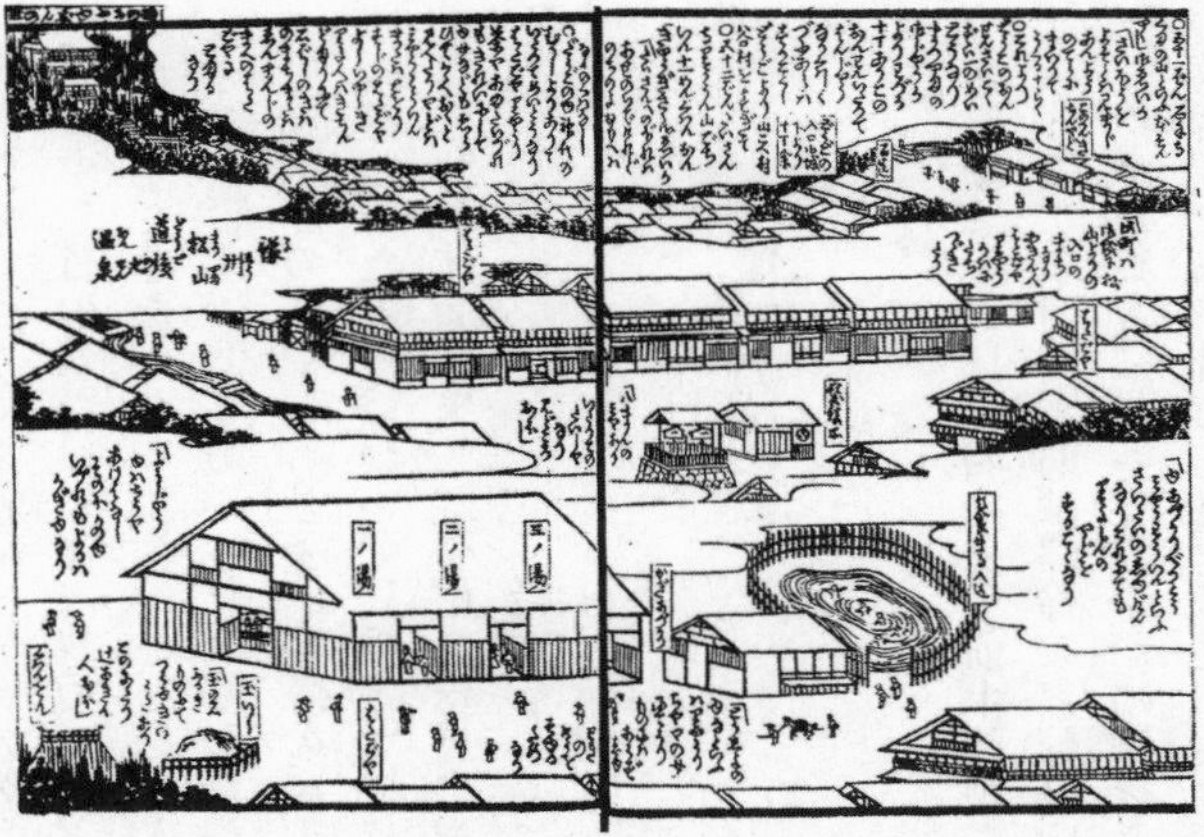

図四『諸国道中金の草鞋』（「金草鞋」十返舎一九著）国会図書館蔵

やむなく、文之助は浜辺近くの旅籠屋に泊まった。

松山の商人ひとり、高鍋（宮崎県高鍋町）の商人ふたり、河内《かわち》（大阪府）の商人ひとりの四人連れが旅籠屋に着いたが、やはり便船が出ないと聞いて困惑している。

「お武家さま、どうしたものでございましょう」

「拙者も困り切っておる。いつまでも舟待ちをしてはおられぬからな」

「いっそ、漁師の舟を雇って相乗りにしてはどうでしょうか。舟の雇い賃は人数割りにすれば、便船とさほど変わりますまい」

「なるほど、それはいい考えだが、そのほう、それができるか」

「できると思います。あたくしが掛け合ってきましょう」

商人たちの尽力によって旅籠屋の客九人をつのり、漁師の舟を一艘《そう》、雇うことになった。二十二日の八ツ（午後二時頃）すぎ、出船しようとすると、聞きつけた船役所の役人がやってきた。

「漁船を勝手に借り切ることはまかりならぬ」

「佐賀鍋島の家中の者じゃ。至急の御用で拙者が借り申した。この者らが難儀をしているのを知ったので、ついでに乗せてやるのだ。なにか不都合があるか」

文之助が前面に出て、公用をたてに突っぱねる。

その剣幕に気圧《けお》されて、役人もついに引きさがった。

（六）　九州での修行

漁船は二十三日の四ツ（午前十時頃）、佐賀関の船着場に着いた。

その後、牟田文之助は臼杵《うすき》（大分県臼杵市）に向かう便船に乗り換え、日が暮れる前に臼杵藩の城下に着いた。すぐに修行人宿に草鞋を脱ぎ、明日の立ち合いを申し入れた。

夕方、直心影流で臼杵藩師範の河崎藤之丞の門人がやってきて告げた。

「明日は都合が悪いので、明後日にしていただきたい」

このため、二十四日は空白になった。宿の主人といろいろ話をするうち、臼杵城下は去年十一月の地震でほとんど被害を受けなかったことがわかった。

船着場に臼杵藩士や町人が多数集まり、渡し舟を待っている。

「みな、どこへ行くのか」

「城下から一里（約四キロ）ほど離れたところで田舎芝居がもよおされるので、それを観に行くのです」

二十四日、修行人宿の主人も気の毒に思ったのか、昼過ぎから文之助を城下のはずれにある寺に案内してくれた。

いっぽう、別の旅籠屋に延岡（宮崎県延岡市）藩の修行人ふたりが着き、同様に臼杵藩の藩校に手合わせを申し入れていることがわかった。

二十五と二十六の両日、藩校道場に案内されて出向いた。道場は二間に四間（約三・六×七・三メートル）の土間だが、そばに重役が見学するための座敷がもうけられていた。

初日は直心影流の河崎の門人およそ三十人、二日目は心遍流の門人およそ二十人と立ち合った。文之助は心遍流は直心影流より劣ると感じた。延岡藩士の修行人ふたりも道場に来ていたため、立ち合ったが、文之助はふたりの技量を高く評価した。ひとりは佐藤半六、もうひとりは小田英蔵といった。

二十五日の夜、佐藤と小田が文之助の宿を訪ねてきて、話がはずんだ。ふたりはこれから北上して、舟で下関に渡り、その後は山陽道、東海道を経て江戸に向かう予定だという。

「すると府内（大分市）までは同じ道ですな」

「それでは府内までぜひ、いっしょに行こうではありませぬか」

こうして、三人連れで旅をすることがきまった。

二十七日、延岡藩士の佐藤と小田といっしょに臼杵城下を出立し、千歳《ちとせ》（大分県豊後大野市）に着いた。千歳は延岡藩領の飛び地で、延岡藩の役所もある。

「藩の役人の屋敷に泊めてもらうつもりでしてな。貴殿もいっしょにどうですか」

「いえ、拙者は遠慮しましょう」

「なんの、われらがいっしょなのだから、なにも遠慮することはないですぞ」

延岡藩士はなんの屈託もなかった。

こうして、佐賀藩士の文之助までもが延岡藩の役宅に泊めてもらうことになった。水戸で、旗本の家臣の高山銀次郎が佐賀藩士にまじって行動していたのと同じといえよう。

役人は三人を迎えて大喜びで、酒と料理でもてなす。そのうち、聞きつけた延岡藩士

三、四人が集まってきた。やはり草深い飛び地での生活だけに、みな退屈していた。三人の客人をかこんで、深夜まで酒盛りが続いた。

あいにく翌日は強風と大雨になり、川止めで渡し舟も出ないという。けっきょく、文之助は延岡藩の修行人ふたりと役宅に三泊してしまった。

三日目には午後から天気が回復してきたので、近くの神社に出向き、絵馬堂を道場にして三人で稽古をした。やはり文之助の二刀流は珍しいのか、延岡藩士らが見物に集まった。

八月一日、朝から送別宴がひらかれ、文之助と延岡藩の佐藤と小田がようやく千歳を出立したのは午後になっていた。

日が暮れてから府内（大分市）藩の城下の修行人宿に着き、さっそく主人に明日の立ち合いを申し入れてもらった。ところが、藩校道場から戻ってきた主人はむずかしい顔をしていた。

「お役人に伝えたところ、

『昨年の地震と津波で稽古場も大破したままで、しかも昨日の大雨であちこちびしょ濡れになっております。ともあれ、稽古場の状態を調べた上で、明日の朝、お返事します』

とのことでございました」

聞いてみると、昨年十一月の地震と津波で町屋はもちろん、城までもが大きな被害を受け、まだほとんど復旧していないという。

翌朝、学校掛役人が宿を訪ねてきた。

「今朝から、あちこち稽古ができそうな場所をさがしたのですが、やはり無理でございますな。そんなわけで、お断わり申し上げます」

こうして、やむなく三人は府内城下を出立することになった。

延岡藩の佐藤と小田は当初、府内で文之助と別れて日出《ひじ》（大分県日出町）藩の城下に向かうはずだった。ところが、ふたりがこんなことを言ってさそった。

「別府（大分県別府市）は九州一の温泉ですぞ。ここで貴殿と別れるのはなんとも名残惜しい。見物がてら、別れの宴も兼ねて、別府の温泉につかろうではないですか」

さいわい、府内城下から別府に行く便船があった。

文之助もその気になり、ふたりといっしょに舟に乗り込み、九ツ（正午頃）すぎに別府に着いて温泉宿に宿泊した。

八月三日、温泉で朝風呂を浴びたあと、文之助は延岡藩の佐藤と小田に見送られて別府を発った。ふたりは最後まで、文之助との別れに名残惜しそうだった。

その後、岡（大分県竹田市）藩を目指してひとりで豊後街道を歩き出したが、けわしい山道で、しかも先日の大雨で足元が悪い。銭瓶峠《ぜにがめとうげ》などいくつか峠を越えると、袋川という谷川があった。橋も渡し舟もなく、徒渡《かちわた》しの場所である。

やむなく文之助はふんどしひとつの姿になり、脱いだ着物や荷物、大小の刀などを頭にのせて水のなかにはいっていったが、増水していて川の流れが速く——

将ニべそニ立、誠ニ困入候。

だった。水かさは臍《へそ》のあたりまであって、流されそうになったということだろうか。だが、水かさが臍のあたりは、大げさだと思われる。誇張というより、心理的にそう感じたのかもしれない。

川を越えて歩いて行くと、またもや野津原《のつはる》川という川があり、ここも徒渡しである。さきほどと同じようにふんどし姿で川を渡り、さらに歩いてようやく今市（大分市）の旅籠屋にたどり着いたときには、文之助は疲労困憊《こんぱい》していた。

しかも、旅籠屋の食事の粗悪さには驚いた。なんと一菜だったのだ。つまり、おかずは一品だけという質素さである。さすがに文之助も、

「この旅籠屋はこれまで廻歴したなかでも最低だ」

と、憤懣《ふんまん》を書き記した。文之助にとって踏んだり蹴ったりの一日だった。

翌日、岡藩の城下の修行人宿に着き、申し込みの結果、六日の午後から藩校道場で手合わせときまった。

当日、案内されて藩校道場に出向くと、まず弓術稽古場に引き入れられ、藩校役人の挨拶があった。その後、道場でおよそ三十人と立ち合った。

「本来であれば稽古をしている者はもっと多いのですが、去年十一月の地震で城が大破いたしまして、多くの藩士が普請《ふしん》の手伝いに出ておるのです」

というのが、役人の説明だった。

また、師範（流派不明）は文之助の物足りなそうな表情に気付いたのか、こう弁解した。

「できる門弟はいま、みな江戸に出ておりましてな」

先年、千葉周作の次男の栄次郎が岡藩を訪れ、藩校道場で指導をしたという。それだけに文之助はそれなりの実力を期待していたのだが、立ち合った結果は落胆だった。

また、千葉栄次郎の影響なのか、岡藩では北辰一刀流が幅を利かせているが、それでも文之助が注目した藩士はたったひとりで、いちおう『日録』にその姓名を記した。

七日、岡藩の城下を出立して肥後に向かったが、山道のため軽尻《からじり》を雇った。道には去年の地震による崩落であちこちに大きな石が転がっており、馬一頭がかろうじてすり抜けることができるほどの道幅しかなかった。しかも、途中で馬方《うまかた》が腹痛で苦しみ出した。

「お武家さま、ちょいと待っていてください」

しばしば馬を止め、馬方は用便のため草の茂みに駆け込む。しかも、なかなか戻ってこない。

ことがことだけに、文之助も叱りつけることもできなかった。馬上で天を仰いで嘆息するだけである。

いざ歩き出しても、馬を引く馬方は青ざめた顔をしており、足取りもおぼつかなかった。

そんなこともあって、本来なら夕方までに到着していたはずの内牧《うちのまき》（熊本県阿蘇市）の旅籠屋に着いたときにはとっぷり日が暮れていた。

八日、熊本（熊本市）藩の城下の修行人宿に着き、師範の牧本左衛門（流派不明）と和田伝兵衛（流派不明）に立ち合いを申し入れた。

ところが、それぞれの回答は、

「先生は早朝から猟にお出かけになっており、まだお帰りになっておりません。いずれ戻られたら、お返事を差し上げます」

「あす昼前までに返答を申し上げますが、もし支障がある場合はとくに返答しないので、そう心得ておいてください」

と、なんとも冷淡だった。

さらに別な師範にも申し入れたが、あっさり断わられてしまった。

宿の主人がこんな話をした。

「久留米藩の槍術師範の井上先生やそのほか、合わせて修行人九人が今月三日にお越しになり、けさ、出立されたところです」

「そういえば、途中で槍を持った修行人とすれちがったな」

文之助は見かけた武士たちが主人の言う修行人であろうと思った。九人の団体で廻歴していることになる。

翌日、文之助は所在ないため、宿の主人にたずねた。

「せっかく熊本に来たので、どこか見物したい。手ごろなところはないか」

「では、加藤清正公を祀《まつ》った本妙寺に参詣なされませ」

道を教えてもらい、午前中に本妙寺を参詣した。その後は宿に戻ってふたりの師範からの返事を夕方まで待ち続けたが、けっきょく梨の礫《つぶて》だった。ついに文之助もあきらめ、明日の早朝に熊本城下を発つことにした。

いっぽう、その日の昼ごろ宇和島（愛媛県宇和島市）藩と膳所（滋賀県大津市）藩の、大島流槍術の修行人合わせてふたりが修行人宿に草鞋を脱いだ。話をすると、ふたりとも文之助の知人と親しいことがわかった。

それにしても熊本藩の修行人に対する対応は驚くほど冷たく、そっけない。しかし、槍術の修行人は受け入れている様子なので、たまたま剣術の師範はみな都合が悪かったのだろうか。

失望した文之助は十日、熊本城下を出立して、柳川（福岡県柳川市）藩の城下に向かった。

十一日、柳川に向かう途中、文之助は三池（福岡県大牟田市）で街道からそれて脇道にはいり、大石道場を訪ねた。道場主の大石進（七太夫）は大石神影流の創始者で、柳川藩の師範である。コラム2（六七頁）に記したように、かつて長竹刀による突きで名だたる江戸の道場を席巻《せっけん》し、有名になった。文之助としてはぜひとも立ち合ってみたい相手だった。

道場の玄関で手合わせを求めると、大石の息子が応対に出た。

「父は用事があって、早朝から出かけております。いつ戻るかは、わかりかねます」

「では、せめてご門弟のかたとお手合わせ願えませぬか」

「道場は改築中でして、また門人の母親が一昨日、死去いたしたものですから、なにかと取り込んでおります。それに、門弟と言っても子供ばかりでございます」

息子はいろんな言い訳を並べ立て、ひたすら断わる。

文之助もあきらめて辞去したが、

「大石家の連中はみな見苦しいかっこうをしている。こんな道場に諸藩から入門者があるとは、まことにもって奇妙の至りだ」

と、憤懣を書き記した。

この年、大石進はすでに五十九歳である。もし在宅だったとしても、文之助との立ち合いは断わっていたろう。

大石道場をあきらめて柳川藩の城下に向かい、修行人宿に着くと田尻道場に立ち合いを申し込んだ。

しばらくすると、また、知人の蒲原伝右衛門に手紙を出した。

蓮池《はすのいけ》（佐賀市蓮池町）藩の修行人ひとりをともない、宿にやってきた。さっそく酒と肴を取り寄せ、話がはずむ。夜には、蒲原の案内で祭りの子供芝居を見物に出かけたが、文之助にはなかなか面白かった。

また、蓮池藩の藩士ふたりと同宿になったが、このふたりは武ではなく文の修行のため熊本藩に向かうとのことだった。

翌日、文之助は蒲原、蓮池藩士の修行人の三人で連れ立ち、田尻道場に出かけた。

道場主の田尻藤太は家川念《かがわねん》流で、柳川藩の師範である。もうひとりの師範で新陰流の加藤善右衛門の門人も来ていたので、両流の合わせて十四、五人と手合わせをしたが、高弟はひとりも出席しておらず、中くらいの実力の者ばかりで、文之助としては不満が残った。

宿に戻ると、水天宮の参詣にやってきた佐賀藩の農民四、五十人の団体客がいて、大変な騒ぎである。

蒲原が文之助に代わって苦情を述べた。

「これは騒々しいな。どうにかならんのか」

「では、別の宿にご案内しましょう」

主人の紹介で近くの別の旅籠屋に代わった。

あらためて蒲原や蓮池藩士らと酒を呑んでいるところに、家川念流の門弟ふたりがやってきて、けっきょく一同で九ツ（午前零時頃）近くまで酒盛りになった。

つぎの日の早朝、文之助はもとの修行人宿に戻ったあと、蒲原とともに田尻道場に出向いた。

あいかわらず家川念流と新陰流の門弟は少なく、昨日と顔ぶれもほとんど同じだったが、抜討流の門人三、四人が他流試合にやってきたので、文之助と蒲原はもっぱら彼らと手合わせをした。

宿に戻り、文之助と蒲原ほかひとりで別れの宴をひらいているところに、抜討流の高弟が挨拶にやってきた。

「牟田文之助どのが来ていることがもっと早くわかっていれば、昨日、田尻道場に出向いてお手合わせを願ったはずでした。田尻、加藤両先生から知らせがあったのが、きょうの昼過ぎでしてね。残念です」

そして、菓子一箱を差し出した。

内輪話として、こんなことも言った。

「家川念流と新陰流の高弟が出席しなかったのは、貴殿が二刀流と聞いて、敬遠したらしいですぞ」

これで両流の出席者が少なかった理由がわかった。高弟たちは対戦経験のない二刀流に翻弄されるところを、後輩の門弟に見られたくなかったのであろう。

十四日、文之助は蒲原ら六人に柳川城下のはずれまで見送られて、久留米（福岡県久留米市）藩の城下を目指した。

久留米城下に着くと、前回と同じ修行人宿にあがり、これまた前回と同じく加藤田道場、今井道場、津田伝道場に手合わせを申し入れた。

翌日、加藤田道場に出向くと三十人ほどが出席しており、見物人が山をなしていた。しかも、前回はいなかった高弟が多数いたため、立ち合いはことのほか面白い。文之助としては高弟の全員と立ち合いたかったのだが、日が暮れて道場内が暗くなったため、もう稽古は無理だった。

「あまりに残念ですな」

「では、明日の早朝、お迎えに行きますので、もういちどやりましょう」

「そうしましょう」

こうして、十六日の午前中にふたたび加藤田道場で立ち合うことがきまった。

当日、二十四、五人と手合わせをしたが、文之助は高弟の実力を認めた。ただし、七三の割合で自分が勝っていたと書いている。

午後からは今井道場に出向いて三十四、五人と手合わせをしたが、相変わらず門弟の技量は低かった。

十七日、迎えにきた門人にともなわれて津田伝道場に出向いた。すでに三十人を超す門弟が出席しており、すぐに支度をして稽古を始めた。

最初に高弟の山脇虎次郎、二番目に津田岩尾、三番目に道場主の津田一左衛門と立ち合った。岩尾は一左衛門の弟である。

この三人の技量はさすがに際立っていたが、文之助の自己評価では山脇には七三の割合で自分のほうが勝っていた。また津田兄弟にも勝つには勝ったが、かなり追い込まれ、分《ぶ》の悪い場面もあった。それだけに文之助にはわくわくするほど面白い立ち合いだった。

十八日、久留米城下を発った文之助は轟木《とどろき》（佐賀県鳥栖市）の知人宅を訪ね、ここに二泊した。知人を通じて人足を頼み、手紙と荷物を牟田家の屋敷に届けさせた。

いっぽう、文之助が滞在しているのを聞きつけ、すぐに知人が集まってくる。酒が一樽届けられたので、さっそく酒盛りになった。

二十日、轟木を出立して長崎街道を佐賀城下に向かっていると、神埼（佐賀県神埼市）で佐賀藩士七人と出会った。

「おう、牟田ではないか」

「おう、久しぶりじゃ」

「達者な様子、なによりだ。まあ、一杯やろう」

神埼には茶屋などがありにぎやかである。さっそく近くの小料理屋にあがって酒を酌み交わした。

こうして予定外の酒宴を経て、境原《さかいばる》（佐賀県神埼市）まで歩くと、そこに実兄の吉村久太夫はじめ、親類一同や屋敷の下男などが出迎えに来ていた。

みなと連れ立って屋敷に着いたのは八ツ半（午後三時頃）すぎ。すでに屋敷には親類縁者が集まっていた。

その後は酒宴となり、にぎやかな酒盛りは九ツ（午前零時頃）近くまで続いた。

こうして文之助は自宅に戻ったわけだが、これで修行の旅が終わったわけではない。あくまで旅の途上での、しばしの自宅休養である。

屋敷に九泊したあと、八月二十九日には旅を再開する。

コラム13 最後の戦場

明治十年（一八七七）三月の田原坂《たばるざか》の戦いは西南戦争最大の激戦だったが、この戦いに政府軍が勝利したことで戦争の帰趨《きすう》がきまった。

西南戦争を通じてすべて銃砲の戦いだったが、田原坂は急峻《きゅうしゅん》な地形で起伏も多かったため、政府軍は優勢な火力を有しながらも西郷軍の陣地を攻めあぐねた。これに乗じて西郷軍は日本刀をふるって斬り込みを敢行し、大きな戦果をあげた。政府軍は対抗するため急遽《きゅうきょ》、剣術の心得のある警視庁巡査を招集して抜刀隊《ばっとうたい》を組織し、同様に斬り込みを敢行した。抜刀隊は西郷軍の斬り込み隊と互角に渡り合い、ついには押し返した。

こうして、田原坂の戦いでは日本刀による斬り合いがおこなわれたのである。

その後、日露戦争や太平洋戦争でも白兵戦はあったが、銃剣（小銃の先に短剣を取り付けたもの）突撃だった。剣術や日本刀が実際に戦場で用いられたのは田原坂の戦いが最後といえよう。

この抜刀隊で勇名をはせたのが、直心影流の隈元実道《くまもとさねみち》である。後に東京で道場「振気《しんき》館《かん》」をひらいたが、自分の実戦経験にもとづき、著書『武道教範』のなかで当時の（現

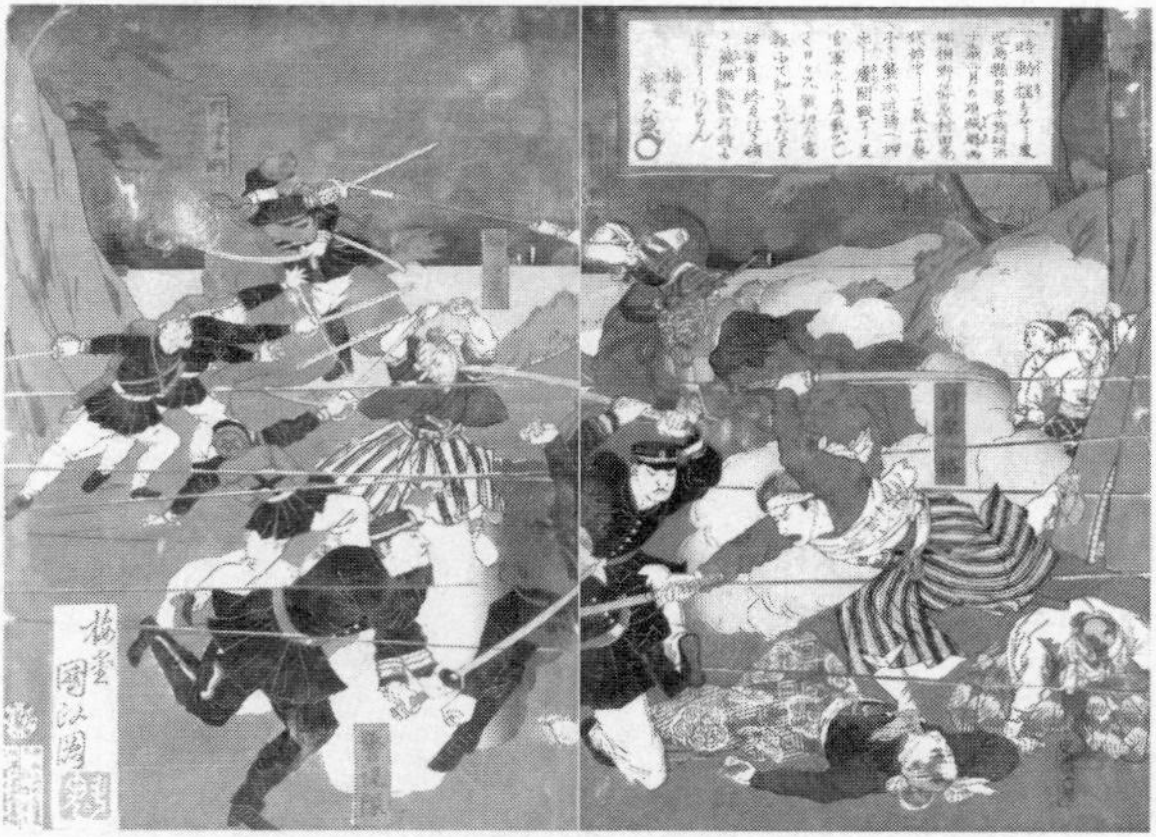

図『田原坂撃戦之図』（梅堂国政著、明治10年）国会図書館蔵

代にも通じる）剣道をきびしく批判した。
わかりやすく書くと、

竹刀の柄《つか》は真剣の柄にくらべて長すぎる。たとえば面を打つ場合、竹刀を中段に構えて平坦な板の間をすり足で進み、ぱっと飛び込みながら、手首のスナップを生かして竹刀の先端でパンと相手の面を打つ。これは竹刀の柄が長く、足元が平坦な板の間だからできることである……。

として、「板間裡《り》のみの」「摺《す》り込み打ち」と酷評した。

実際に刀で相手を斬ろうとすれば振りかぶり、力を込めて振りおろさなければならない。また、小石があり雑草が茂った地面ではすり足などできるものではない。道場剣道は「打つ」動作であり、「斬る」動作ではないというものだった。

隈元は振気館では柄の短い竹刀を採用して「振気流短柄《たんぺい》剣術」と称し、構えは上段にして、「摺り込み打ち」をさせなかった。

また、胆力の養成を重んじたが、これも隈元の実戦経験によるものだった。真剣による斬り合いは間合いの取り方がむずかしい。恐怖から、早く相手を斬ろうとあせって、その結果、地面を斬りつけてしまう。『武道教範』に、こうある——

我が鍔拳《つばこぶし》にて、敵の頭を打割ると覚悟して、深く踏み込みたるとき、漸《よう》く我が切先、敵の眉間に達せんとす。

つまり、刀の鍔や拳で相手の頭を殴るくらいの気持ちで踏み込んで、ようやく刀の剣先が相手の体に届くのだ、と。さらに、こうも述べている——。

長柄竹刀に熟すれば、熟する程に、真剣に遠ざかるを認む。

道場剣道に習熟すればするほど、実戦の剣術からは遠ざかる、と。

じつは、この傾向はすでに牟田文之助の武者修行時代にも顕著になってきていた。

コラム14　明治以降の剣道

明治維新後、藩校が廃止され、脱刀令・廃刀令が出されるにおよんで、諸藩の師範や道場主など剣術で生計を立てていた者はみな職を失い、苦境におちいった。

こんな状況を打開しようとして、直心影流の道場主榊原鍵吉《さかきばらけんきち》は相撲の興行にならって明治六年（一八七三）、撃剣興行を浅草で挙行した。行司（審判）の判定のもと、剣客が竹刀《しない》で試合をするというもので、観客の飛び入り参加も認めた。

この撃剣興行は人気を博して大入り満員となった。これに刺激されて全国各地で同様な興行がもよおされたが、やがて観客にあきられて、わずか一年足らずで下火となった。

その後、剣術は衰退の一途をたどったが、コラム13に記した明治十年の西南戦争における警視庁抜刀隊の活躍が転機となった。

抜刀隊の功績を評価した警視庁が警察官の教育に剣術を採用し、幕末期の剣客を剣術世話掛として任用した。また、各地の学校でも教育の一環として剣術の採用がひろがった。

明治二十八年、武道の再興を目的とする大日本武徳会が設立された。この武徳会で、それまで多数の流派に分かれていた剣術を一本化するこころみがなされ、「大日本帝国剣道形」が制定された。嘉納治五郎が従来の多数の流派に分かれていた柔術を柔道に総合し、急速に普及していた影響もあって、それまでの撃剣や剣術という呼称は剣道に代わった。

こうして、幕末期にはおよそ七百流にまで分化していた剣術が剣道として統一されたのである。だが、時局の変化とともに剣道は急速に軍国主義の色彩をおびていく。昭和二十年（一九四五）の太平洋戦争の敗戦後、占領軍の方針により学校教育の場で剣道は禁止された。しかし、関係者の働きかけは続き、昭和二十七年、全日本剣道連盟が結成され、剣道は「体育・スポーツ」として復活した。

コラム15　陸軍の剣術はフェンシング

明治二十二年（一八八九）、陸軍で初めての軍刀術教本というべき『剣術教範』が制定発布された。（図一）

その中身を見ると、多くの人は意外な気がするであろう。とくに剣道の関係者などは驚きのあまり「まさか、信じられない」と言うかもしれない。なんと、その内容は、

第一部の正剣術はフルーレ

刀ヲ右ヨリ左ニ回ハシ爪ヲ下ニ刄ヲ右ニ向ケ右臂ヲ伸シテ刀ヲ敵手ノ右面ニ止ム（第十圖）

左面《ヒダリメン》ノ斬擊

刀ヲ左ヨリ右ニ回ハシ爪ヲ上ニ刄ヲ左ニ向ケ右臂ヲ伸シテ刀ヲ敵手ノ左面ニ止ム（第十一圖）

脇《ワキ》ノ斬擊

刄ヲ斜メ上ニ向ケ拇指ヲ稍々左方

図一『剣術教範』（明治22年）国会図書館蔵

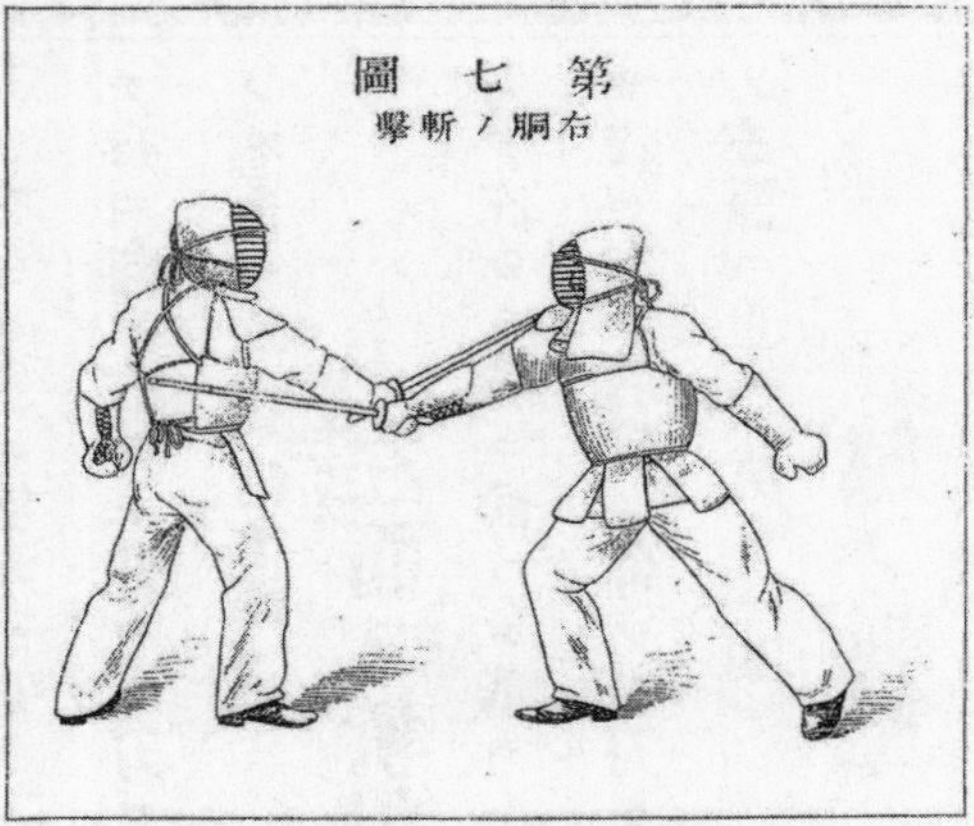

図二『剣術教範』（明治40年）国会図書館蔵

第二部の軍刀術はサーベル
第三部は銃剣術
となっている。

フルーレもサーベルもフェンシングである。剣術や日本刀、竹刀や防具はいっさい登場しない。陸軍の軍刀術は剣術ではなく、フェンシングのサーベル術だった……。

さかのぼって明治三年、政府は海軍はイギリス式、陸軍はフランス式の軍制を採用した（後年、陸軍はドイツ式に切り替わる）。

こうして陸軍はフランス式を採用したことから、フランスから招聘《しょうへい》した軍人が教官となって陸軍戸山学校でフェンシングを教え、明治八年には軍刀もフランス式サーベルが制式化されたのである。

ただし、将校には士族の出身者が多かったため、軍刀術がフェンシングであること

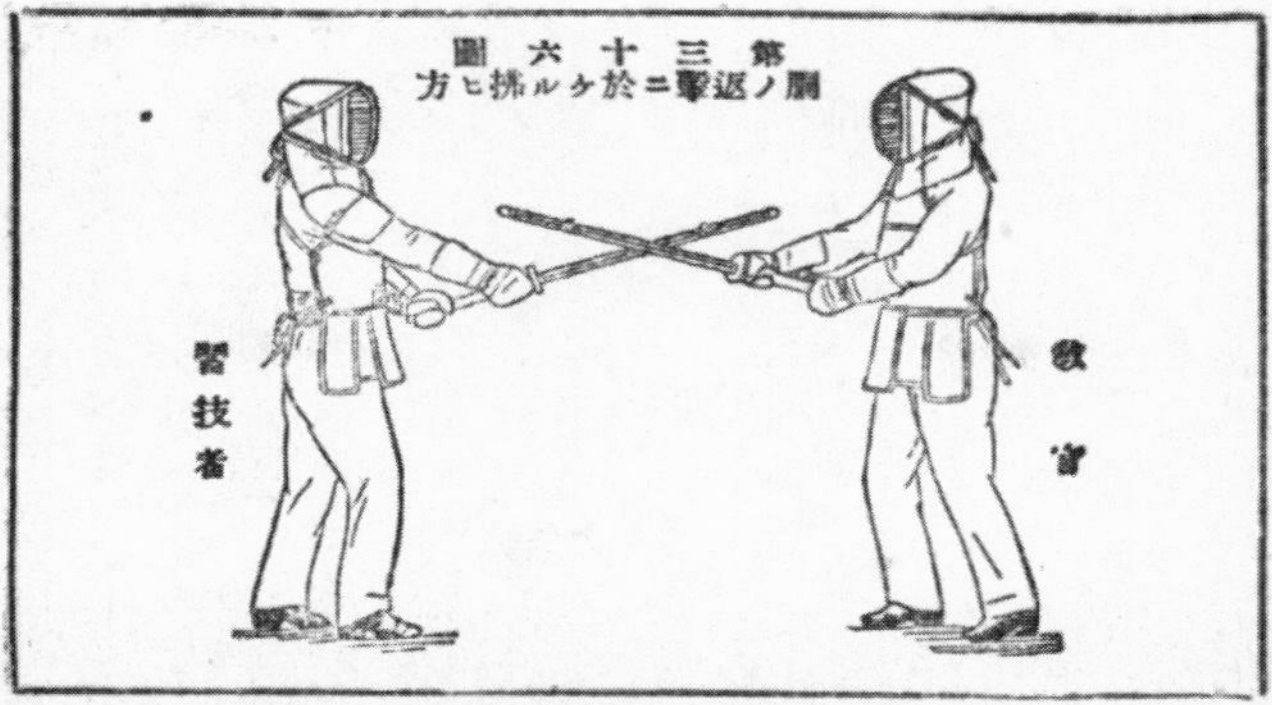

図三『剣術教範・軍令陸第16号』（大正５年）国会図書館蔵

への反発は強かった。こうした不満を受け止めたのか、明治二十七年に『剣術教範』が改訂された。

改訂版では正剣術（フルーレ）が廃止され、銃剣術と軍刀術になったが、軍刀術は剣術の面、胴、籠手《こて》を身につけ、竹刀をサーベルのように片手で持つという珍妙なものだった。いわゆる片手軍刀術であり、剣術とフェンシングを融合させる苦肉の策といおうか。

明治十年の西南戦争における田原坂の戦いを契機に、警視庁が剣術を警察官の教育に採用したのはコラム14で述べた。陸軍のほうがはるかに「おくれていた」といえよう。政府の定めたフランス式にしばられていたといってもよい。

明治四十年に『剣術教範』が一部、改訂されたが、軍刀術は依然として剣道の防具を身につけ、竹刀をサーベルのように片手で持つというものだった。（図三）

陸軍の軍刀術を片手軍刀術（サーベル）から両手軍刀術（剣道）に切り替えるべきという意見の高まりを受け、ようやく大正五年（一九一六）に発布された『剣術教範』で、軍刀術はサーベルから、両手で竹刀を持つわが国本来の剣道に切り替わった。（図三）逆から言えば大正四年まで、帝国陸軍の士官は正式な軍刀術としては、竹刀を片手で持ってサーベルの稽古をしていたのである。

第八章　最後の旅

（一）旅の苦難

牟田文之助の武者修行の旅の最後の行程を述べる前に、二年間の旅を通じてのいくつかの項目についてまとめてみたい。

まずは、旅の苦難である。

文之助は武士であり、しかも武者修行のいでたちをしているだけに、護摩の灰に狙われたり、たちの悪い人足にいやがらせをされたり、酔っ払いにからまれたりなどはなかったが、ほとんどすべてを自分の足で歩く旅だけに、山道や川越えには苦労がつきものだった。

なんといっても、もっとも苦労したのは現在の宮城県側から奥羽山脈を越えて秋田県側に向かったときであろう。このとき、同行者として上田藩士の石川大五郎がいた。

文之助と石川は秋田に向かうに際して、山のなかにわけいる間道を行くことにした。

もちろん、太平洋側と日本海側を結ぶ街道はいくつかあるが、かなりのまわり道となる。

そこで、ほぼ直線で山脈を越える間道をえらんだのである。

ひとりだったら慎重になり、街道をえらんでいたかもしれないが、男ふたりだと強気になる。

「街道を悠長に歩いていては遠まわりになる」

「そうだな、山越えをしよう」

「うむ、間道とはいえ人の行く道だ。われらに歩けないはずはない」

「そうだ、そのほうが早いしな」

「うむ、これも修行じゃ」

こうして安政元年六月七日、ふたりは岩ケ崎（宮城県栗原市）を出立して文字村《もんじ》（栗原市）に着いた。その夜、旅籠屋などはないため村役人の屋敷に泊めてもらったが、宿泊代はひとり二百文だった。

「間道を通って秋田まで行きたい」

「え、それはおやめになったほうがよろしいですぞ。国見峠を越える、けわしい道で難所続きですから、お武家さまが荷物をかついで歩いて行くのは、とうてい無理です」

最初は、村役人は無謀であるとして止めた。だが、ふたりの決意が堅いのを知って、せめて人足を雇うよう勧めた。

「牛や馬も峠は越せません。しかも途中、人家はいっさいないので、道案内を兼ね、荷物をかつぐ人足を雇うしかありません。おひとりにつき人足ひとり、つまり人足がふたり必要です」

「うむ、では、人足を手配してくれるか」

「人足ひとりにつき銭一貫（千）文です。途中、旅籠屋も店もありませんから、食べ物も人足に持たせなければなりません。その料金もかかります」

「うむ、よろしい。それで頼む」

こうして、六月八日の五ツ（午前八時頃）、文之助と石川は人足ふたりとともに文字村を出立した。人足は文之助と石川の荷物のほかに米、味噌《みそ》、漬物などの食料も背中にしょって歩く。なお、米は一升が四十八文だった。

進むにつれ、道はだんだんけわしくなっていく。峰伝いの細い道で、足を踏みはずせば命はあるまい。文之助も想像していた以上の難路に驚いた。

その感想は——


相州箱根ハ、八里ハ諸所ニ茶屋等有レ之候得共、此処ハ九里之峠之間ニ人家壱間無レ之、且山中ニ草木斗《ばかり》也。

で、箱根越えの八里はけわしいとはいえ要所要所に茶屋などがあるが、国見峠越えの九里は人家が一軒もなく、あるのは草と木だけだ、と。

七ツ（午後四時頃）過ぎ、山のなかの無人の小屋に着いた。小屋のなかに二升鍋と小桶《おけ》が置いてあり、峠越えをする旅人のための備品だった。

人足が枯木を集めてきて火をおこし、持参した米を炊いて夕飯である。

夜になると気温がぐんぐんさがり、寒気は耐え難い。文之助と石川はありったけの着物を重ね着したがそれでもふるえ、上から合羽《かっぱ》をかぶってようやく寒気をしのいだ。

六月九日、朝食後、小屋を出発して岩だらけの場所を過ぎ、谷川を渡り、八ツ（午後二時頃）、小安《おやす》村（秋田県湯沢市）に着いた。小安村には秋田（秋田市）藩の番所がある。人足はここまでである。

小安村は辺鄙《へんぴ》な寒村だが、温泉があるため湯治客が多かった。旅籠屋もあり、多数の芸者もいた。文之助と石川は旅籠屋に泊まった。

六月十日の早朝、ふたりはさすがに荷物をかついで山道を行くのは自信がないため、村の名主にそれぞれ軽尻を頼んだ。

交渉の結果、

「ここから三里半（約十四キロ）の川向村《かわむかい》（湯沢市）まで三百文」

でまとまり、五ツ（午前八時頃）に小安村を出立した。

川向村まで着くと、その後もとても歩く気力がないため、あらたにそれぞれ軽尻《からじり》を雇った。途中、八面村《やつおもて》（湯沢市）で昼食をとったあと、増田（秋田県横手市）まで行き旅籠屋に泊まった。

六月十一日、増田を出立して六郷（秋田県美郷町）まで行き、旅籠屋に泊まった。

六月十二日、六郷を出立して刈和野（秋田県大仙市）で昼食。境（大仙市）に着き、旅籠屋に泊まった。

六月十三日、境を出立してようやく秋田藩の城下に到着し、修行人宿に草鞋《わらじ》を脱いだ。

こうして文之助と石川は八日間をかけて、太平洋側の石巻から奥羽山脈を越えて日本海側の秋田まで歩き通したのである。途中で人足や軽尻を雇ったりしているが、基本は徒歩だった。

＊

もうひとつの苦難は、増水による川止めである。このときも牟田文之助と石川大五郎のふたり連れだった。

安政元年六月十七日、本荘（秋田県由利本荘市）藩の城下を出立したふたりは、激しい風と雨のなか街道を歩いて夕方、ようよう塩越（秋田県にかほ市）に着いた。

雨具はまったく役に立たず、ふたりとも全身濡鼠《ぬれねずみ》で、荷物もびしょ濡れだった。ずっと海岸沿いの道だったため、強風にあおられた波しぶきを頭から浴びて、唇をなめると塩辛かった。

宿に着くと、着物はもちろん荷物も火にあぶって乾かさなければならなかった。

翌日の朝、まだ雨は降っていたが、その勢いはおさまっていた。

「出立するので、軽尻を頼みたい」

「昨日の大雨で川が増水しております。つぎの宿場までのあいだに川があるのですが、昨夜、その橋が落ちたとのことで、往来はできなくなっております。あすまでには橋は架かると思いますので、とりあえず今晩はご滞在ください」

昼ごろから空は晴れてきたのだが、川止めでむなしく足止めを食ってしまった。

十九日、またもや強い雨が降りしきっていたが、ふたりはそれぞれ軽尻を頼んで強引に出立した。二十町（約二キロ）ほど行くと川があり、濁流が海に勢いよく流れ込んでいる。土地の者に聞くと、

「流れが強くて、とても橋を架けるのは無理です」

とのことだった。

「馬で川を乗り切ることはできぬか」

文之助と石川が馬方《うまかた》に言った。その言い分はいかにも勇ましいが、武士とはいえふたりが馬術とはまったく無縁だったことがわかる。馬に乗っていると言っても、あくまで軽尻であり、馬方が引いて歩いていた。

馬方は顔色を変えた。

「滅相もない。水の深さは胸のあたりまでですが、流れが急で、とても渡れません。もし渡ろうとすれば、馬もろとも流されて命にかかわります。お武家さま、どうぞもとの旅籠にお戻りください」

やむなくふたりは引き返すことにしたが、顔を見合わせては、

「うむ、無念じゃ。これで塩越に三泊だぞ」

「うむ、残念だが、時節が到来するまでは致し方あるまい」

と、嘆息した。

こうして塩越に戻ったが、夜になり、またもや雨脚が強くなった。

「このぶんだと、あすはどうだろうか」

「川の水は引きそうもないな」

やはり二十日も足止めだった。文之助と石川はたまりかねて、一帯の事情を旅籠屋の主人にたずねた。

「われらは酒田（山形県酒田市）のほうに行きたいのだがな」

「ここから酒田まで大きな川が三つあり、ふたつは舟渡しでございますが、両方とも川の増水で舟は止まっております。また、逆に本荘に向かう道も同様に川止めになっております」

ふたりは本荘と酒田のあいだの塩越で、文字通り身動きが取れなくなってしまったのである。

「なにか、ほかに方法はないのか」

「いったん山のなかに入り、間道伝いに吹浦《ふくら》（山形県遊佐町）に出る方法がありますが、かなりの遠まわりになります」

「遠まわりでもよいので、その道を行きたい」

「けわしい山道なので馬は使えませんが、人足なら手配できます」

「よし、では人足をふたり頼む」

こうして二十一日の朝、ふたりは人足とともに塩越を出立して、およそ十一里（約四十三キロ）を歩いて吹浦の旅籠屋に到着した。

（二）食と性

現代では旅の最大の楽しみは「食」であろう。しかし、江戸時代は現在のような多彩な食材や料理法がなかった。

図一『鉢植物見松』（鳳凰軒正二著、文化14年）国会図書館蔵

もちろん、江戸時代にも美味はあったし、食い道楽の人間もいたが、現代にくらべるとごくかぎられていた。

各地の郷土料理にしても、「名物に旨《うま》い物なし」のたとえもあるように、その土地の名物と聞いて期待しても、実際に味わってみるとたいしたことはないという例は多かった。

しかも、牟田文之助にとっては武者修行であり、物見遊山の旅ではなかった。さらに当時は、

「武士たる者が食べ物にぜいたくや、わがままを言ってはならぬ」

という、教条的な考え方が支配的だった。

とはいえ、おいしいものは理屈抜きにおいしいし、まずいものはやはりまずい。数少ないとはいえ、『日録』には各地の食が

図二『諸国道中金の草鞋』（「金草鞋」十返舎一九著）国会図書館蔵

記され、不平不満も述べられている。

図一で、旅籠屋の食事と風呂の様子がわかる。

また、図二は、中山道の蕎麦屋である。文之助はこういう店で昼飯を食べたのであろう。

嘉永六年十一月十六日、大津（滋賀県大津市）で、文之助は名物の「走り餅」を食べた。ひとつ三文で、なかなかうまかった。また、「しょうしょう餅」という名物もあり、ひとつ五文だが、こちらのほうはたいしたことはなかった。

十一月十七日、草津（滋賀県草津市）で名物の「姥《うば》ケ餅」を食べた。十個入りで二十文。餅には砂糖がかけてあったが、感想は「高いばっかりでちっともうまくない」だった。文之助は酒豪だけに、甘いものはさほど好きでなかったのかもしれない。

十一月二十一、二十二日と、二泊して伊勢神宮を参拝したが、泊まった旅籠屋の食事は吸物、取肴《とりざかな》など品数も多く、なかなか美味だった。文之助はこの料理で旅籠賃二百八十文は安いものだと高く評価している。

安政元年四月二十日、このときは石川大五郎といっしょだったが、香取神社に参拝したあと、津宮《つのみや》（千葉県香取市）の旅籠屋に泊まった。夕食には利根川名物の鯉《こい》が出たが、文之助はその美味に満足した。ただし、鯉の洗いだったのか、鯉濃《こいこく》だったのか、あるいはほかの料理だったのかは定かでない。

四月晦日《みそか》、文之助と石川は笠間城下を出立して水戸城下に向かった。途中、大足《おおだら》（茨城県水戸市）で昼飯を取ったが、

「おい、いったいこれはなんじゃ」

と、ふたりは思わず顔を見合わせた。

出てきたのは冷や飯で、しかも妙な臭いがある。ふたりは鼻をつまむようにしなが

飯を食べた。

しかし、飯の不平不満を述べるのはやはり気が咎《とが》めるのか、文之助はこんな内容を記している。

「これも修行の一環と思って我慢して食ったが、まずいのにはさすがに閉口だった」

五月十三日、文之助と石川は棚倉（福島県棚倉町）城下から下松川村（福島県古殿町）に向かう途中、塚本村（福島県鮫川村）で昼食を取ったが、ひなびた店先に珍しい餅を見かけた。

文之助が興味津々でたずねた。

「これは、どういうものじゃ」

「餅を寒晒《かんざら》しにしたものでございます。召し上がってごらんなされ」

土地の者は餅を竹の皮に包み、その場で囲炉裏の火で焼いてくれた。

食べてみると、なかなかうまい。文之助も石川も大いに満足した。

文之助と石川は奥羽山脈を越える途中の六月九日、小安村（秋田県湯沢市）に着き旅籠屋に泊まった。山のなかのせいか、盛夏というのに襦袢《じゆばん》と単衣《ひとえ》の着物では寒いくらいだった。

手にはいったとしても塩魚だけである。


「火鉢がほしいくらいだな」

ふたりは寒さにふるえあがった。


旅籠屋の食事もひどかった。そもそも山のなかなので魚はほとんど入手できない。手にはいったとしても塩魚だけである。

聞いてみると、普通は銭百文につき精米三升五合が、近年の凶作で百文につき二升に値上がりしているという。文之助は、

「旅籠屋の造作は東海道筋と変わらないが、食い物はひどいものだ」

と、憤懣《ふんまん》を書いた。

＊

安政元年五月十四日、牟田文之助と石川大五郎は湯本（福島県いわき市）の旅籠屋に泊まったが、ここには温泉があることから、各地から湯治客などがやってくる。家の数も千軒ほどあり、茶屋や料理屋のほか女郎屋もあって、遊女も多い。

「近在の諸藩の藩士が湯治を口実にして、しばしば女郎買いにくる」

とは、文之助が旅籠屋の者から仕入れた話である。

そんな遊興の地のせいもあってか物価が高く、酒一升が百五十文、精米一升が百文す

る。

六月二日、文之助と石川は仙台城下から塩竈《しおがま》（宮城県塩竈市）を経て松島に着いたが、途中の塩竈のにぎわいには驚いた。女郎屋が三、四十軒もある。世に「松島女郎」というが、松島には女郎屋は一軒もなかった。

六月十五日に泊まった本荘（秋田県由利本荘市）藩の城下町にも女郎屋は多かった。

六月二十二日、文之助と石川は酒田（山形県酒田市）で昼飯を食べたあと、その日の夕方、庄内（山形県鶴岡市）藩の城下の修行人宿に着いた。

文之助は通り過ぎた酒田について、こう書いた。

「諸国の廻船が着岸するところで、にぎわっている。大坂、中国、九州の大きな船が多数、停泊していた。今宿という場所には女郎屋が三十軒ほどもある。海沿いの場所には女郎屋ばかりの町もあるそうだ」

また、庄内城下はにぎやかだが女郎屋も多いと記し、こう締めくくった。

「東国では遊女で有名なのは、奥州では塩竈、出羽では酒田と庄内、越後では新潟であろう。ほかにも遊女はいるが、やはり塩竈、酒田、庄内、新潟にとどめをさす。芸者はあちこちにいる」

なお、新潟に遊女が多いのは先述した（二一六頁参照）。

閏七月二十七日、文之助と石川、それに青山国太郎ら五人連れで新発田《しばた》（新潟県新発田市）藩の城下を出立し、水原《すいばら》（新潟県阿賀野市）を経て、村松（新潟県五泉市）藩の城下の修行人宿に着いた。

通り過ぎた水原は幕府領で、代官の支配下にある。

「この水原には女郎屋が多い」

は、青山ら村上藩士の説明だった。

このように、『日録』には通り過ぎただけの町、あるいは一泊しただけの宿場の女郎屋事情と遊女の多寡が書き留められているが、べつに文之助がとくに関心を持って観察していたからではなかろう。自然と目に留まったのである。

というのは、当時、女郎屋は目立つ場所で堂々と営業していた。これはシーボルトはじめ、江戸時代の日本を旅行した西洋人がいちように指摘していることである。

もちろんヨーロッパにも娼家《しょうか》（女郎屋）はあったが、町の片隅の目立たない場所にかたまっていた。ところが日本では状況がまったく逆である。

有名な神社仏閣の門前には女郎屋が軒を連ねていたし、町の目抜き通りにも女郎屋は多かった。あからさまに営業していたのである。このため、旅の途中の人間でも歩いていれば、その町の女郎屋はすぐに目にはいったのである。

さて、文之助自身はどうだったのであろうか。

『日録』には「女」はいっさい登場しないが、意識的にはぶいたふしがある。武者修行の旅は藩から手当てを支給されているため、なかば公務だった。帰国したあと、藩から『日録』の提示を求められる可能性がなきにしもあらずだった。

たとえ藩の上役に読まれることはないにしても、文之助は自分の死後、『日録』が牟田家の子々孫々に伝えられると考えていたはずである。子孫の誰かがいつか読むであろう。となれば、「女」について書くはずがない。

二十代前半の頑健な男が二年間も禁欲を守ったとは考えにくい。しかも、誘惑は多かった。

先述した各地の女郎屋のほかに、宿場の旅籠屋の多くは飯盛女《めしもりおんな》（宿場女郎）と呼ばれる遊女を置いていたからである。

遊女を置いた旅籠屋には旅人も泊まるが、近郷近在から女郎買いに来る男もいた。宿場の旅籠屋は実質的に女郎屋だったのだ。**図三**に、東海道の沼津宿（静岡県沼津市）の旅籠屋と飯盛女が描かれている。

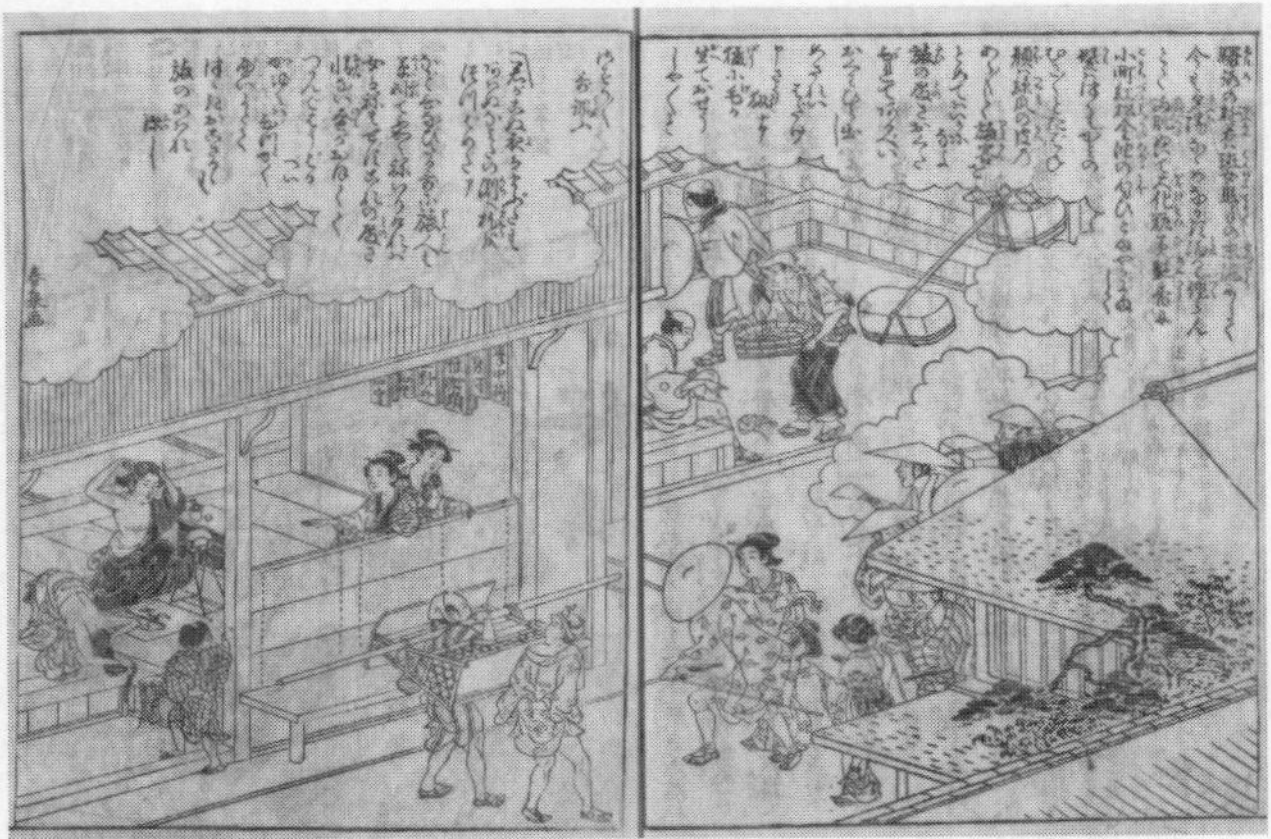

図三『東海道名所図会』（秋里籬島著、寛政９年）国会図書館蔵

そんな旅籠屋に泊まった場合、「お武家さま、お疲れでしょう。いかがですか、女に腰や足をもませましょうか」などと、宿の者に暗に遊女を勧められることは多かった。『日録』に書かなかっただけであろう。

江戸滞在中の期間にも同様な疑問がある。

文之助は吉原で花魁道中《おいらんどうちゅう》を見物して感激しているが、このときはあくまで見物だけだったようだ。

江戸には公許の遊廓である吉原のほか、岡場所と呼ばれる非合法の私娼街があちこちにあった。また、品川（東海道）、内藤新宿（甲州街道）、千住（日光・奥州街道）、板橋（中山道）の江戸四宿《ししゅく》は宿場であり、厳密には江戸ではないが、江戸市中から近いことから、江戸の男にとって手軽な遊里でもあった。

江戸藩邸内の長屋でおよそ一年のあいだ生活する勤番武士は、そのほとんどが単身赴任だった。勤番武士は性に飢えていたが、たいてい金がない。そのため吉原は見物だけ、実際に女郎買いをするのは安い岡場所や宿場の女郎屋というのが一般的だった。

すでに江戸での体験をしている佐賀藩士から、

「おい、牟田。どうじゃ。拙者が案内するぞ」

などと、さそわれることが多々あったであろうことは想像に難くない。

一回目の江戸滞在（嘉永六年十二月九日～安政元年四月十三日）にくらべて、二回目の江戸滞在（安政元年八月二十五日～安政二年四月十日）のほうが滞在期間ははるかに長いにもかかわらず、『日録』の記述は少ない。そっけないくらいのときもある。

そのそっけなさが、なんとなく意味深長である。しかも、一回目の滞在時には外出のときは必ず行き先を書き、出会った人間も克明に記しているのに、二回目の滞在時の外出は行き先も同行者も書いていないことが多い。たとえば、

安政元年

十月十六日　早朝より外出、八ツ（午後二時頃）帰る。

十月二十三日　昼過ぎに外出、門限前に帰る。

十月二十七日　八ツころ外出、夕方帰る。
十一月九日　八ツころ外出、夕方帰る。
十二月二十五日　昼過ぎに外出、夕方帰る。

安政二年
一月二十一日　九ツ（正午頃）外出、七ツ（午後四時頃）帰る。
三月五日　八ツころにふたり連れで外出。「奇談殊之外賑々敷」夕方帰る。
三月二十五日　八ツころより外出。七ツ帰る。

などなど、簡略な記述があるのみなのが、なんとなく思わせぶりである。「奇談」はたんに「面白いことがあった」くらいの意味らしいが、気にならないわけでもない。
なお、当時の勤番武士が女郎買いをするのは昼間にかぎられていた。大名屋敷の門限はきびしく、暮六ツ（午後六時頃）には表門が閉じられる。そのため、勤番武士は夜遊びなどできなかった。非番の日の昼間に吉原、岡場所、宿場に出かけたのである。
文之助の行き先不明の外出はすべて昼間であるが、目的が女郎買いだった可能性は否定できない。『日録』には具体的な「性」の記述はないが、記述がないのでそんな事実はなかった、とはいえないであろう。

（三）　舟で帰途に就く

いよいよ牟田文之助の最後の行程となった。表1にまとめた旅程の、十五に相当する期間である。

文之助は八月二十九日に佐賀城下を出立し、その日は武雄（佐賀県武雄市）の旅籠屋に泊まった。

翌日の夕方、大村（長崎県大村市）藩の城下の修行人宿に着くと、主人に手札を示して、神道無念流で師範の斎藤歓之助に手合わせを申し入れた。

歓之助は斎藤弥九郎の三男で、江戸の練兵館で親しく付き合った仲である。招聘されて、いまは大村藩の剣術師範となっていた。

戻ってきた主人が言った。

「斎藤先生は牟田さまの来訪に非常にお喜びで、後ほど、ご自身がこちらにうかがうとのことでございました」

日が暮れかけるころ、門人の中津（大分県中津市）藩士が宿にやってきた。

「先生はよんどころない用事ができ、こちらにうかがえなくなりました。わたくしが代わってご挨拶にまかり越したしだいです。明日の朝、先生はご自身でうかがうとのことでございました。手合わせは昼過ぎからにしていただきたく存じます」

その態度も言葉も謹厳だった。

九月一日の朝、斎藤歓之助が修行人宿にやってきた。

「おお、牟田どの、久しぶりですな」

「お久しい。いまは大村藩の師範役。立派になられた」

おたがい、再会に顔をほころばせた。

しばらく話をしたあと歓之助は帰っていったが、それと入れ違いに大村藩士三人が宿にやってきた。みな練兵館に剣術留学をしていた者たちで、文之助とは面識があった。やはり久しぶりの対面で話がはずむ。

昼過ぎ、迎えがきて歓之助の道場に向かった。

道場は新築で、二間に五間（約三・六×九・一メートル）の板張りだった。左右には付属の部屋があり、道場主が座る場所ももうけてある。背後の壁に大きな額が掛けられ、墨痕あざやかに「游神堂」と書かれていた。これが道場名である。

すでに噂《うわさ》を聞きつけたのか道場には、見分役の藩の役人のほかに多数の見物人がつめかけていた。

すぐに支度をして三十七、八人と立ち合った。最後に歓之助とも立ち合ったが、その結果は――

江戸方ニ而之仕合とは相違、至而見悪敷有レ之。

今日之手合至而笑ベキ事ニ而、江戸仕込とてコスイ一返也。

が、文之助の感想だった。まさに酷評しているが、江戸の練兵館時代とはことなり、道場剣術の勝利に固執し、駆け引き的な技や小手先の技が多いということだろうか。よくいえば老練、悪く言えばずるがしこいということだろうか。

歓之助はいまや道場主である。門人や見物人を前にした「他流試合」では自分の劣勢を見せるわけにはいかないという事情もあり、あくまで勝ちにこだわるようになったのかもしれない。

稽古を終えていったん修行人宿に引き取ったあと、文之助は城下町を歩いてみたが、海が近くて景色がよい。武具を売る商家を何軒かのぞいてみると、どこも神道無念流の道具ばかりで、斎藤歓之助が他流派を駆逐しているのをうかがわせた。

夜がふけてから歓之助が門人ふたりと、肴《さかな》四品と酒を持参して宿に訪ねてきた。さっそくにぎやかな酒盛りが始まり、文之助は大いに酔った。

翌日も文之助は道場に出向いて、三、四十人の門弟と手合わせをした。

宿に戻ると、藩の文武掛の役人がやってきてこう述べた。

「上より粗酒一樽を差し上げます。重役の者がまかり出るはずのところ、少々支障がございますので、斎藤歓之助先生や門弟の方々とお召し上がりください」

その後、歓之助が門弟三人を連れ、肴五品を持参した。

藩から届けられた酒一樽《たる》をあけ、さっそく酒盛りが始まる。にぎやかな酒宴は深夜まで続いた。


大村城下を出立した九月三日は朝から強い雨だった。城下から長与(長崎県長与町)に向かう便船があると聞き、文之助が海岸に行ってみると、すでに数人が集まっていた。

船宿の主人が説明した。

「この雨なので本当なら出船はむずかしいのですが、九人ほどのお客がいるので、割増料金を出してくれるのなら、舟を出しましょう」

「いくらじゃ」

「普通ですとひとり百文ですが、この雨のなかを漕ぐのですから船頭を三人つけます。そのため、ひとり二百文になります」

文之助も割増料金に同意して乗船し、昼過ぎに舟は岸を離れた。日暮れ前に長与に着岸したが、雨脚はさらに激しくなったため文之助はつぎの宿場まで歩くのを断念し、長与の旅籠屋に泊まった。

舟のなかで知り合った、学問の修行に出る大村藩士とたまたま同宿になった。その藩士は文之助が練兵館で修行したことや、そのころから斎藤歓之助と付き合いがあったことを知るや、歓之助が大村藩に来て以来の逸話や裏話を披露してくれた。いわば、スキャンダルである。

文之助は藩士と酒を酌み交わしながら、興味津々で聞き入った。

「ほほう、そんなことがあったのでござるか。うむ、それは奇妙である」

だが、その晩に仕入れた歓之助のスキャンダルは、『日録』にはいっさい記されていない。このあたりの節度に文之助の人柄を感じる。

＊

翌日は雨もやみ、牟田文之助は晴れ渡った空の下を歩いて昼ごろ、長崎に着いた。さっそく赤松道場（流派不明）と北辰一刀流の松江道場を訪ねて手合わせを申し入れたが、道場主の赤松次郎と松江精一はともに留守で、両道場は閑散としていた。

やむなく、文之助はいったん佐賀藩御用達の旅籠屋に草鞋を脱いだ。主人は修行人と見て、こう言った。

「本来なら九月二日が諏訪《すわ》明神の祭礼なのですが、異国船が数艘《そう》到来したため延期になり、今晩と明日、祭礼がおこなわれます。祭礼のあいだは剣術道場も休みと聞いております」

これで赤松道場と松江道場が閑散としていた理由がわかった。

その後、文之助は佐賀藩の屋敷に出向いた。佐賀藩は幕府から長崎警護を命じられていたため、長崎に役所をもうけ、多数の藩士が詰めていたのだ。

だが、詰めている藩士はみな役目で出払っているという。

夕方になり、あきらめきれない文之助はふたたび赤松道場を訪ねた。今度は赤松次郎がいて、面会することができた。

「せっかくおいでになったのですが、祭礼のため道場は十一日まで休みにしております。残念ですが、お手合わせの儀はお断わり申し上げます」

やむなく文之助は辞去したが、諏訪明神の祭礼でにぎやかな町中を見物かたがた歩き、今度は松江道場を訪ねた。松江精一はすでに帰宅していて、面会できた。

「祭礼で稽古は休みなのですが、せっかくおいでになったのですから、門人が集まるよう尽力してみましょう。立ち合いができるかどうか、今夜のうちにお知らせします」

こうして文之助は旅籠屋に戻ったが、夜がふけてから松江の門人がやってきて告げた。

「あすまでは祭礼で稽古に出てくることができない門人ばかりでして。明後日の六日、昼過ぎでしたら、お受けできます」

五日の昼前、文之助は赤松次郎の屋敷を訪ねた。昨日、手合わせは断わられたが、「ぜひ、話をしにおいでください」と、さそわれていたのである。

菓子などが出され、話がはずんだ。赤松の説明によると、

「道場の門人は町人ばかりです」

とのことだった。

その後、文之助は長崎見物に出かけた。祭礼のため、町のなかは雑踏といってもよいほど多くの人が詰めかけ、あちこちから太鼓、三味線、笛の音が響いてにぎやかである。

祭礼の出し物を見物しながら歩き、中国様式で知られる黄檗宗《おうばくしゅう》の崇福寺《そうふくじ》を参詣した。そのあと高台にある大徳寺を目指したが、どう道を間違えたものか、気がつくと丸山遊廓に迷い込んでいた。

「ついでだから、これまで噂で聞いていただけの名高い丸山を、この目で見てみるか」

佐賀藩は長崎との関係が深いことから、丸山遊廓の話はしばしば聞いていた。文之助は隅々まで歩き、壮麗な妓楼《ぎろう》や、絢爛《けんらん》たる衣装をまとった遊女を見ることもできた。だ

が、その感想は――、

日本ニ名高処ニ候得共、越後路亘りニは如レ此処諸所ニ有レ之也。

だった。長崎の丸山遊廓は有名だが、これくらいの遊里は新潟あたりにはざらにあるぞ、くらいの気分だろうか。「俺は諸国を歩いてきたのだ」という自負と気負いが感じられ、なんとなくおかしい。

図四は、丸山の妓楼と遊女である。

丸山遊廓を見物したあと、大徳寺に参詣した。小高い場所にあるだけに境内から長崎の町並みが一望できる。唐人屋敷、阿蘭陀《オランダ》屋敷を見おろせるのはもちろんのこと、丸山遊廓の妓楼の一軒一軒まですべてながめることができた。

旅籠屋に戻ったあと、文之助は『日録』に、きのうときょうの二日間で長崎はくまなく見物した、と記している。江戸、大坂、京都にくらべると長崎など狭いものだという気分だろうか。

六日、松江道場より門人が迎えに来て、文之助は道場に出向いた。

やはり出席の門人は少なかったが、それでもおよそ十人と手合わせすることができた。

図四『諸国名所百景　長崎丸山の景』（広重著、安政６年）国会図書館蔵

松江精一は、

「体調がよろしくないものですから」

と、立ち合いを断わったが、稽古が終了したあとは文之助を屋敷内の茶室に招き、茶と菓子でもてなした。

夕方、文之助が旅籠屋に戻ると、主人が言った。

「神ノ島（長崎市）に行く便船があるそうでございますよ」

「そうか。いまから間に合うか」

「はい。お急ぎなされませ」

神ノ島には佐賀藩の陣屋がある。

文之助は急いで支度をすると佐賀藩の役所に行き、便船に乗る手続きをした。

舟に乗って夕暮れころ、神ノ島の陣屋に着いた。詰めている藩士らは文之助を見ると大喜びで、

「おお、牟田ではないか。しばらく滞留するがいい。異国船に備えてお台場の固めをしている。じっくり見学していくがよい」

と、陣屋に滞在するよう勧めた。

けっきょく文之助は陣屋に三泊したが、夜はにぎやかな酒盛りになったのはいうまでもない。

九日の午前中、「ぜひとも見送りたい」という陣屋詰めの藩士三人とともに文之助はもとの長崎の町中の旅籠屋に戻り、ここで送別宴をひらいた。藩士三人はさすがに陣屋では昼間から酒は呑《の》めないため、見送りを口実に神ノ島を離れたのだった。

送別宴があったため、文之助が長崎を出立したのは午後になっていた。三里（約十二キロ）の道のりを歩いて矢上（長崎市）に着き、旅籠屋に泊まった。この日、わずか三里しか進めなかったことになる。

＊

十一日、牟田文之助は島原（長崎県島原市）藩の城下の修行人宿に着くと、さっそく主人に手札を示して藩校道場に申し入れてもらった。いっぽうで、手紙を書いて奉公人に藩士の井上卓馬に届けてもらった。

井上卓馬は久留米の津田伝道場に剣術留学していた。文之助は津田伝道場を二度訪れているが、最初のとき井上と知り合い、立ち合いもしている。ちゃんと覚えていて、手紙を出したのである。

しばらくして戻ってきた奉公人が、託された口上を述べた。

「井上さまが申されるには、

『すぐにおうかがいしたいところですが、ただいま急用があって身動きがとれませぬ。

後刻、まかりいでます』

とのことでございました」

その後、藩の師範都筑与平治（流派不明）の門人が宿にやってきた。

「明日、明後日は無理なので、しばらくご滞留願い、十四日の昼過ぎにしていただけないでしょうか。そのご相談にまいりました」

「拙者としては早ければ早いほうがよいのですが、ご都合とあればやむを得ませぬな」

「じつは、明日はお城で相撲の上覧があり、重役はじめおもだった藩士は出席するのです。明後日は城下の松島弁天の境内で、近在の相撲自慢が集まる相撲がひらかれ、みな前々から楽しみにしていたことでもあり、そこに行くものですから」

門人はさも申し訳なさそうに言い、帰っていった。

夕暮れになり、今度は師範の矢島勇馬（流派不明）本人が宿にやってきた。明日と、明後日はさしさわりがあって手合わせはできないというのは同様である。

「しばらくご滞留くだされば、十五日に手合わせをお願いしたい」

「それでよろしいので、よろしくお願いいたします」

けっきょく、二日間の空白ができることになった。

夜になって、文之助が宿の奉公人に頼んだ。

「酒を少々、持って来てくれ」

「島原城下では酒の小売りはできません。お売りできるのは一升からです」

「じゃあ、一升、持ってこい」

文之助は腹立ちまぎれに一升を頼み、なかばやけになってひとりで酒を呑んだ。

翌朝、井上卓馬が菓子折りを持参して宿に訪れ、丁重な挨拶をした。

「昨晩のうちにうかがいたかったのですが、いろいろと用事が立て込み、どうしても抜け出すことができませんでした。まことに失礼いたしました」

いろいろ話をするうち、井上がいまは藩のかなりの要職についていることがわかった。

「十四と十五日は、師範の先生がたとお手合わせができるよう、みどもからも伝えておきます。ご承知のように、今日と明日は行事があり、みどももそちらにかかりきりでして、お相手ができないのが残念です。どうか、ご寛恕《かんじょ》ください」

井上は文之助と付き合えないのを何度も詫び、あわただしく帰っていった。

文之助はこれまでどこに行っても、たいてい知り合いがいたし、もしいない場所でも、すぐに地元の藩士と親しくなった。そして、彼らが必ず案内役を買って出てくれた。

この日、文之助はひとりで城下町をぶらつくしかなかった。

十三日、文之助は相撲見物のため松島弁天に出かけていった。神社は小高い丘の上にあり、鳥居の前に仮造りの楽屋ができていて、そこに近郷近在からやってきた相撲自慢の男たちが集結していた。

土俵の四方に桟敷《さじき》席がもうけられている。

東西の桟敷は武士用で、島原藩の藩士全員がきているようだった。文之助も苦笑した。

「これでは藩校道場は休み、みなが身動きが取れないと言うのも無理はないな」

なお、北の桟敷は島原藩領の庶民、南はほかから見物にやってきた庶民用だった。**図五**は、相撲の興行の様子が描かれている。

見物客はみな酒と肴を持参し、酒を呑みながら相撲を観戦しているため、にぎやかである。様子をながめている文之助まで愉快な気分になってきた。自分も酒を呑みたくなったが、あいにく相手はいない。

しばらく相撲の取り組みを見物したあと、夕方には宿に戻った。

藩士らはみな、相撲のあとにはそれぞれ酒宴などの予定があるのであろう。その夜、宿に文之助を訪ねてくる者はいなかった。

十四日の朝、師範杉野甚五兵衛（流派不明）の使いが来て、申し入れてきた。

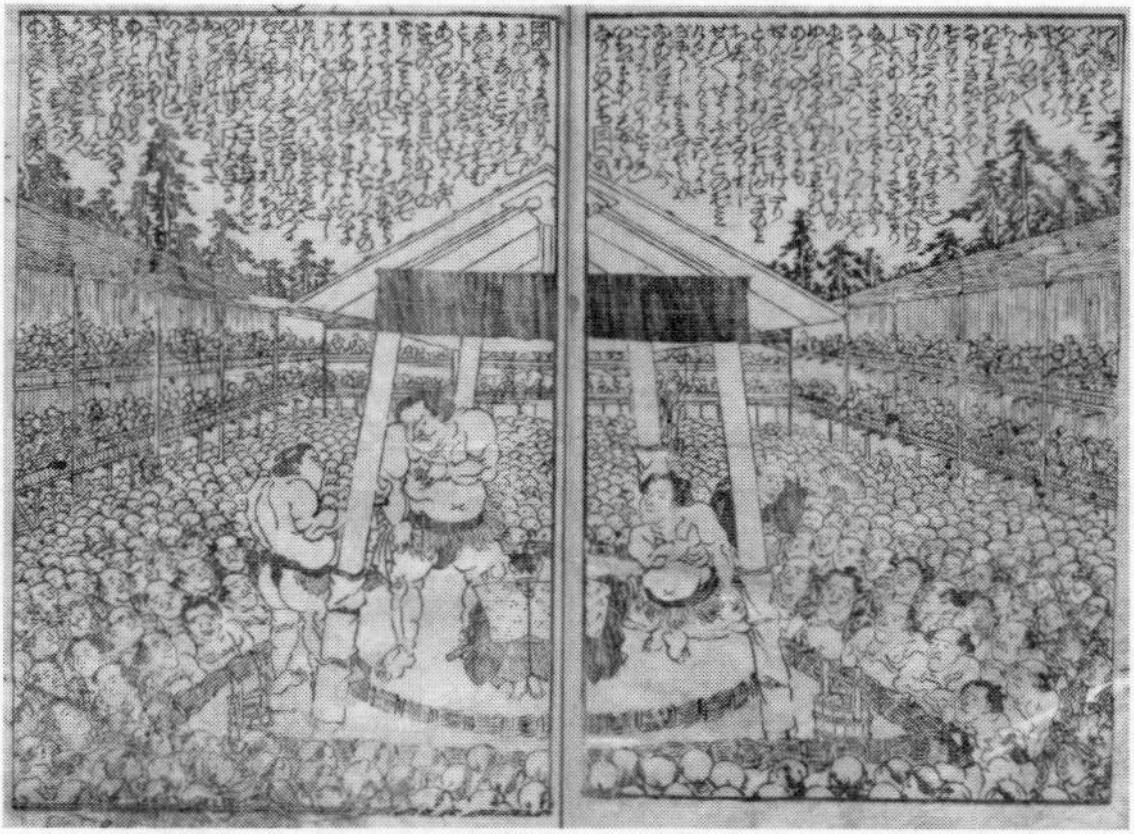

図五『両雄奇人』（市川三升著、文政10年）国会図書館蔵

「明日の昼過ぎ、矢島勇馬先生のご門弟と合同で立ち合いをお願いしたい」

その日、十四日の昼過ぎ、迎えの者がきて、文之助は藩校道場に出向いた。藩の重役をはじめ、多くの藩士が見学にきていた。

都筑与平治の門弟十五、六人と手合わせをしたが、とくに手ごわい相手はいなかった。

いよいよ最終日の十五日、藩校道場に出向いたところ、予定していた矢島勇馬の門弟はさしさわりがあるとかで断わってきたので、杉野甚五兵衛の門人およそ二十人と手合わせをした。見物人が多いわりに、相変わらず稽古に出てくる人数は少ない。

宿に戻ると夕方、井上卓馬が菓子箱を持って訪ねてきて、話がはずんだ。

しばらくして、井上が笑みをふくみなが

ら、

「去年の十一月、江戸藩邸での上覧試合を覚えていますか」

と、安政元年十一月十日に江戸の島原藩の上屋敷で、藩主松平忠精の臨席のもとでおこなわれた練兵館の門人、津山藩の師範井汲幸右衛門の門人、および島原藩士の合同稽古に言及した。

「ああ、そういえば、寄合稽古があり、拙者は津山藩士の井汲幸右衛門どのと試合をしましたな」

「そのときの牟田どのの二刀流のあざやかさが当地にも伝わっており、藩の重役も興味を示しました。そのため、高弟は貴殿を敬遠したのです。そんなわけで、藩校道場に出てくる人数が少なかったのです」

文之助は複雑な気持ちだった。

高弟ともなれば、重役が見守るなかで他藩の修行人にさんざんに打ち負かされる醜態は避けたかったのであろう。

十六日の朝、島原城下を出立して神代《こうじろ》（長崎県雲仙市）に着き、船着場で、

「佐賀城下までの便船はあるか」

と、たずねたところ、

「きょうは風が強いので、舟はとても出せません」

との回答である。

文之助が「さて、困った。今夜はどこに泊まろうか」と思案しながら歩いていると、声をかけられた。

「おや、牟田さまではございませんか」

見ると、かねて懇意にしていた医者の弟子の庄仙で、佐賀で面識があった。

「ほぉ、久しぶりじゃ。いまはどうしておる」

「おかげさまで、ここ神代で外科医をやっております」

「そうか、それはめでたい。じつは佐賀に行く船便がなくてな。今夜の宿に困っておる」

「そんなことなら、お安いご用です。あたくしに、おまかせあれ」

庄仙の紹介で旅籠屋にあがり、ふたりで酒を酌み交わす。そのうち酔っぱらった庄仙は、

「あたくしも泊まります」

と、その場に寝込んでしまう始末だった。

深夜になって、佐賀城下行きの舟が出るという知らせが宿に届いた。

「すまぬ、急に舟が出ることになったそうなので、拙者は発《た》つぞ」

「さようですか。お見送りもしませぬが」

庄仙は寝ぼけ眼《まなこ》で言った。

文之助は急いで身支度をして、船着場に向かった。佐賀藩士の身分を示して乗船を申し込み、かろうじて乗り込むことができた。

十七日、七ツ（午前四時頃）に神代を出港した舟は四ツ半（午前十一時頃）に本庄津に着岸した。本庄津は有明海に注ぐ運河の船着場で、佐賀藩の船屋敷があった。

「なんと、もう佐賀に着いたぞ」

文之助はうれしくなって、船頭に金二朱の茶代（祝儀）を渡した。

あとは歩いてわが家を目指す。屋敷に着いたのは九ツ（正午頃）だった。

文之助は『日録』を、こう締めくくった——

誠幸便ニ而、目出度我家ニ帰也。

安政二年九月十七日、文之助は神代からの便船に乗ることで有明海を突っ切り、思わぬ早さで佐賀城下に着き、自宅に帰ることができたのである。

こうして、およそ二年にわたる牟田文之助の武者修行の旅は終わった。

おわりに

武者修行を終えて佐賀に帰国したあと、牟田文之助は順調にいけば藩の剣術師範になっていたかもしれない。しかし、すでに激動の時代だった。

長州藩が京都で乱をおこした禁門の変のあと、幕府は佐賀藩など西国の二十一藩に出兵して長州藩を討伐するよう命じた。長州征伐（征討）である。

文之助も元治元年（一八六四）八月、佐賀藩軍の一員として従軍した。しかし、総攻撃を前にして長州藩が謝罪恭順の姿勢を示したため、戦闘行為は回避された。もちろん文之助の活躍の場はなかった。

その後、政局は二転三転したあと、ついに薩長連合が成立した。薩摩藩と長州藩は倒幕の方向に動き出したのである。

慶応三年（一八六七）十月十四日、十五代将軍徳川慶喜《よしのぶ》は大政奉還をおこなったが、薩摩藩や長州藩を中心にあくまで倒幕の動きを強め、慶応四年（明治元年）一月三日の鳥羽伏見の戦いをきっかけに戊辰戦争が始まった。

戊辰戦争では佐賀藩は官軍に属していたため、文之助も官軍の一員として従軍した。慶応四年閏《うるう》四月十一日に伊万里（佐賀県伊万里市）を出港して、二十五日に横浜に到着。進軍して会津若松城攻撃に参加したが、文之助の役目は輸送隊をひきいる小荷駄方《こにだかた》だったので、実戦への参加はなかった。

たとえ実戦部隊にいたとしても、すでに大砲と鉄砲の戦争になっていた。日本刀や鉄人流を生かす場面は皆無だったであろう。

明治二年（一八六九）七月、文之助は佐賀藩軍の予備一番大隊第四番小隊司をおおせつけられ、七十人の兵卒をあずかった。

政府は明治二年に版籍奉還、明治四年に廃藩置県を断行した。これにより武士階級のほとんどは失職した。武士は士族という呼称をあたえられただけで、秩禄《ちつろく》をはじめ従来の特権をすべて失った。さらに、武士階級の象徴だった帯刀も禁止された。

こうした政府の措置に士族層は不満をつのらせ、全国各地で士族の反乱が続発した。

士族反乱のなかでも最初の大規模な武力反乱が、明治七年の「佐賀の乱」である。文之助も反乱軍に身を投じ、八番小隊司令となった。小隊長格である。

だが、政府軍の迅速な鎮圧作戦によって反乱軍はもろくも敗れ去り、文之助は三月十五日、降伏した。この反乱を通じて日本刀や鉄人流がなんの役にも立たなかったのはいうまでもない。

捕らわれた首謀者十三名は斬首となり、なかでも江藤新平と島義勇《よしたけ》は梟首《きょうしゅ》（晒《さら》し首）になった。

佐賀の乱に参加した士族は一万一千八百二十名、有罪四百十名、戦死者百七十三名だった。

文之助も有罪判決を受けたが、小隊長格だったからであろう。判決は懲役三年だった。明治九年四月、文之助は「重病ニツキ」という理由で、刑期を残して釈放された。出獄後の生活は不明である。

明治二十二年五月、大赦を受けて文之助の内乱の罪は取り消された。

翌二十三年十二月八日、文之助は病没した。六十一歳だった。

時代に翻弄されたといえばそれまでだが、武者修行のあとの文之助の人生を知ると暗澹《あんたん》たる気持ちになる。あの友人にめぐまれ、生き生きとしていた文之助はどこに行ってしまったのだろうか。

武者修行の旅はまったくの無駄だったのだろうか。時代錯誤の、いやそれどころか時代に逆行した徒労にすぎなかったのだろうか。

正岡子規はその著『病牀《びょうしょう》六尺』に、

「明治維新の改革を成就したものは二十歳前後の田舎の青年であって幕府の老人ではな

かった」

と書いた。

子規は俳人であり、歴史家ではない。しかし、俳句で自然や季節を十七文字に切り取るのと同様、右の一文で明治維新の側面を見事に切り取っているのではなかろうか。

近代化の下準備はすでに江戸時代にできていたという説がある。文之助ら修行人がおこなった剣術修行や武者修行の旅は、まさにそんな下準備のひとつだったのではあるまいか。

剣術修行を媒介にして、藩の垣根を越えた武士の連携が生まれていた。武者修行の旅を通じて修行人は全国の諸藩に知己を得ていた。

明治維新後、すみやかに日本という国家にまとまることができたのは、修行人たちが藩の垣根を打ち破り、地ならしをしていたのが大きいであろう。ここでいう修行人は「武」だけでなく「文」もふくまれる。

本書では文の修行人についてふれる余裕はなかったが、一例として文之助の武者修行と同時期、安政二年に大坂の緒方洪庵の蘭学塾「適塾」に入塾した福沢諭吉を挙げよう。その著『福翁自伝』には、中津藩士の家に生まれた諭吉が適塾で他藩の藩士らとともに学び、ともに遊ぶ様子が生き生きと描かれている。文の世界でも藩の垣根は取り払われていた。

文之助自身は失意の晩年だったかもしれない。しかし、文之助ら修行人の藩を越えた自由で闊達《かったつ》な交流は明治維新の地ならしの役目もあった。多くの修行人が明治になって、各分野をになう人材となったのである。

明治時代の政治を述べるとき、薩長閥の専横が強調される。しかし、国民に直接接する末端の下級官僚のモラルが高くないと近代国家は機能しない。わが国の場合、下級官僚のモラルが高かったことが近代化成功の要因のひとつといわれている。そして、各地の下級官僚の多くはかつての藩士だった。

文之助の武者修行はけっして無駄ではなかった。全国の各地で文之助が立ち合い、親しく語らい、そして酒を呑んだ若い藩士らが明治以降、その地で、あるいは東京や大阪に出て、それぞれの立場で日本の近代化に尽力したのである。

丹念に地方の史料を渉猟すれば、明治期に活躍した人物の回想録などに、つぎのような記述が見つかるかもしれない。

「嘉永六年から安政二年にかけてのことだったと思う。佐賀藩の牟田文之助という武者修行者が当地に来て、藩校の道場でわしも立ち合った。なんと牟田は鉄人流とかいう二刀流で、二本の竹刀を自在にあやつるではないですか。対戦したわしは手も足も出なかったですな。その夜、酒と肴を持参して旅館に押しかけ、いっしょに呑みましたが、話がはずみ、じつに愉快でした。武者修行者が日本の津々浦々を徘徊《はいかい》していた時代ですな」

当時、牟田文之助が、剣術の稽古をしていた諸藩の藩士に鮮烈な印象を残したのは間違いないであろう。

なお、選書版（二〇一三年）が刊行されたあと、北陸地方に住む男性から手紙をいただいた。その方は郷土史研究会に所属し、地元の古文書を読んでいるそうだが、牟田文之助がその地を訪れたと思われる記述を発見したという。わざわざ、知らせてくださったのである。

もちろん、歴史を書き換えるような事実ではない。だが、『日録』は文之助の視点で描かれているだけに、たとえ些細なことであれ、他の人の視点で文之助が描き留められているのを知ると、思わず笑みが浮かぶと言おうか。「やっぱり、注目されたのだな」と、うれしくなってしまった。

今回の文庫版でも、またどこかで文之助が発見されるのではあるまいか。

表3　他流試合をした道場一覧

道場名	道場主や師範	年月日	評価・所感
加藤田道場	加藤田平八郎（神陰流・久留米藩師範）	嘉永6年9月29日	とくにできる門弟はいない。
今井道場	今井静左衛門（直心影流・久留米藩師範）	10月1日	やたらと打ち合うだけで技量は低く、失笑もの。
津田伝道場	津田一左衛門（津田一伝流・久留米藩師範）	10月2日	道場主と高弟は不在。
溝口道場	溝口市之丞（北辰一刀流・森藩師範）	10月5日	門弟はみな未熟、溝口市之丞もたいしたことはない。
千野道場	千野直右衛門（不明）	10月7日	門弟が少ない。
中津藩藩校道場	古宇田治郎太夫（不明・中津藩師範）・坪坂何右衛門（不明・中津藩師範）	10月10日	とくにできる門弟はいない。
長州藩明倫館道場	内藤作兵衛（柳生新陰流・長州藩師範）、北川弁蔵（片山流・長州藩師範）、馬来勝平（柳生新陰流・長州藩師範）	10月17～18日	稽古には熱心だが、門弟には子供が多く、とくにできる者はいない。長い竹刀が目立つ。
小田道場	小田勘右衛門（神道無念流・徳山藩師範）	10月21日	門弟少なく、できる者もいない。

岩国藩藩校道場	長谷川藤次郎（直心自得流・岩国藩師範）、筏次郎右衛門（不明・岩国藩師範）、桂六左衛門（新陰流・岩国藩師範）	10月23日	対応が丁重。
荒木道場	荒木裕（不明）	10月28日	土間に稲藁敷きなので足元が悪い。
三宅道場	三宅仙左衛門（不明）	11月1日	三宅仙左衛門とも手合わせ。
阿部道場	阿部右源次（直心影流・岡山藩師範）	11月3日	とくにできる門弟はいない、阿部右源次は不在。
河田道場	河田権次郎（一刀流河田派・鳥取藩士）	11月10日	足もとが悪く稽古しにくい。
大野道場	大野応之助（西岡是心流・京都所司代与力）	11月12～15日	門弟に男谷精一郎のもとで修行した者がいたが、たいしたことはない。
佐和道場	佐和文十郎（不明）	11月14日	佐和文十郎と戸田栄之助（直心影流）の門人と手合わせ。
津藩藩校道場	不明	11月20日	世評とは異なり、とくにできる者はいない。
中沢道場	中沢弥兵衛（不明・吉田藩師範）	11月27日	未熟者が多いが、寺尾という門弟は頭抜けている。
浜松藩藩校道場	浅村太兵衛（不明・浜松藩師範）、山野鋼平（鏡新明智流・浜松藩師範）	11月29日	両人の門弟と立ち合い、みな二刀流を珍しがる。

掛川藩藩校道場	鈴木半平（不明・浜松藩師範）	12月2日	子供ばかりで、なんてことはない。
練兵館	斎藤弥九郎（神道無念流）	安政元年1月26～27日	歓之助（弥九郎の三男）や門人と立ち合ったが、なかなかよい。新太郎（弥九郎の長男）は抜群、ほかにも技量のすぐれた者が数人いる。
士学館	桃井春蔵（鏡新明智流）	2月5日	門人すべてと立ち合い、春蔵に申し込んだが、体調不良を理由に断わられる。門弟の上田馬之助には勝った。
館林藩藩邸道場	杉江鉄助（直心影流・館林藩師範）	3月20日	世評は高いが、期待はずれ。
男谷道場	男谷精一郎（直心影流）	3月25日	とくに傑出した者はいないが、男谷精一郎と立ち合い、感心。
長沼道場	長沼庄兵衛（直心影流）	4月1日	試合の途中で口論になり、中止。
佐倉藩藩校道場	夏見又兵衛（無停滞心流・佐倉藩師範）、服部四郎左衛門（中和流・佐倉藩師範）、石川左内（浅山一伝流・佐倉藩師範）、逸見忠蔵（立身流・佐倉藩師範）	4月17日	四流派と立ち合う、子供が多い。
土浦藩藩校道場	佐々隼太（直心影流・土浦藩師範）、早川辰人（直心流・土浦藩師範）	4月24日	遠山国蔵（後年、藩の師範に）ともうひとりはかなりできるが、ほかはたいしたことない。高名な佐々隼太に立ち合いを申し入れたが、体調不良を理由に断わられる。土浦藩の重役、藩士が多数見学。

笠間藩藩校道場	村上善左衛門（示現流・笠間藩師範）	4月28～29日	関東随一の世評があるが、とくに傑出した者はいない。稽古は盛ん。
水戸藩弘道館演武場	渡辺清左衛門（北辰一刀流・水戸藩師範）、斎藤銀四郎（神道無念流・水戸藩師範）、長尾理平太（神道無念流・水戸藩師範）、荷見安太郎（不明・水戸藩師範）	5月2～4日	実力は世評ほどではないが、門弟の人数だけは多い。三日目になると先方も二刀流への対応をくふうしており、面白かった。見物人多数、水戸藩の重役も見学。
山田道場	山田順左衛門（不明・棚倉藩師範）	5月12日	棚倉藩士や町人など見物人多数。
松本道場	松本権太夫（不明・平藩師範）	5月16日	みな拙劣。
笠間陣屋道場	不明	5月18日	郡奉行二名、列席。
桜田道場	桜田良佐（北辰一刀流・仙台藩師範）	5月27日	桜田良佐の息子は江戸の玄武館で修行したそうだが、たいしたことはない。ほかの門弟にいたってはなおさらである。良佐は高慢な人物。
渋江道場	渋江内膳（不明）	6月13日	秋田藩では他藩士との他流試合は禁止なので内々におこなった。
戸田道場	戸田文内（不明・本荘藩師範）	6月16日	本荘藩士の見物多い、戸田文内とも立ち合う。

大淵道場	大淵竜之介（直心影流・庄内藩師範）	6月24日	大淵竜之介とも立ち合ったが、傲慢で威圧的な態度とは裏腹に、その動きは虫のようだった。門弟も似たようなもの。庄内藩士や町人の見物人多数。
村上藩藩校道場	宮川唯右衛門（時中流・村上藩師範）、杉田新右衛門（直心影流、村上藩師範）	6月28日〜閏7月18日	両流と立ち合い。文之助は時中流の免許皆伝を許される。
新発田藩藩校道場	溝口周太（精眼派直心影流・新発田藩師範）、久保田良三郎（精眼派直心影流・新発田藩師範）、島村男也（直心影流・新発田藩師範）	閏7月24〜26日	流儀の形を所望され、木刀で鉄人流と時中流の形を披露。島村男也は他流試合を断わる。
村松藩主稽古場	堀丹波守直央（神伝流・村松藩主）	閏7月28日	藩主や重役が見学。竹刀は手槍のように長く、奇妙な剣術。
森元道場	森元与太夫（不明・白河藩師範）	8月9日	二刀流は珍しいので二回ずつの稽古を所望され、終日稽古。
三田道場	三田大六（不明・白河藩師範）	8月10〜11日	居合わせた仙台藩士で柳剛流の佐々木軍吾と二度立ち合った。佐々木は五、六年のあいだ江戸で修行したというが、そのわりに実力はたいしたことはなく、八二の割合で自分が勝っていた。珍しい対戦に、多数の見物人は大喜びしていた。白河藩士も多数列席。
宇都宮藩藩校道場	渡辺量平（不明・宇都宮藩師範）	8月14日	渡辺量平や門弟と立ち合い、白河藩より劣る。

館林藩藩校道場	井草改右衛門（北辰一刀流・館林藩師範）、飯塚剛一郎（直心影流・館林藩師範）	8月20日	江戸藩邸の道場にくらべると技量は劣る。二刀流を見るのは初めてとのこと。見物人多し。
片山道場	片山勇次郎（東軍流・古河藩師範）	8月22日	天井なしの土間で、数日来の雨で足元がぬかるみ、難儀だった。
玄武館	千葉周作（北辰一刀流・水戸藩師範）	11月2日	約束通り出かけたが、千葉栄次郎（周作の次男）に都合が悪いと断わられる。談判の末、あすに延期。高名な道場にしては、その逃げ腰は笑止千万。
玄武館	同右	11月3日	千葉栄次郎に立ち合いを申し込んだが、体調が悪いのを理由に断わられる。逃げているのはあきらかで、腰抜けである。門弟十二人と立ち合ったが、できるのはふたりだけで、あとは七〜八割がた自分が勝っていた。世評とは異なり、玄武館の実力たるや笑うべし。
伊庭道場	伊庭軍兵衛（心形刀流）	安政2年2月24日	選抜の十六人と立ち合ったが、できるのは二、三人で、これも名人とまではいえない。玄武館や士学館よりも実力は低い。自分の優勢は華々しいものだった。
膳所藩藩邸道場	小野源太次郎（直心影流・膳所藩師範）	2月25日	道場は立派だが、門人は子供が多い。
大垣藩藩邸道場	島村勇雄（田宮流・大垣藩師範）	2月26日	立ち合った十七、八人の門弟のうち、ひとりはかなりできる。
岡田道場	岡田十内（柳剛流）	3月21日	岡田十内に直接申し入れたが、近日中は無理として断わり。受けるつもりはない様子。

小諸藩藩校道場	熊部司馬之助（不明・小諸藩師範）	4月17日	約二十人と二度立ち合い、重役見学。
上田藩藩校道場	尼子観蔵（不明・上田藩師範）、堀勘太夫（直心影流・上田藩師範）	4月22～29日	尼子観蔵とも立ち合う。両流派の門人と立ち合い。
矢野道場	矢野茂（東軍流・松代藩師範）	5月9日	門弟も少なく、みなはなはだ未熟。
橋村道場	橋村善太夫（外多流・松本藩師範）	5月13～17日	居合わせた岡部藩士清水要人に立ち合いを所望され応じたが、自分の完勝。外多流は古流で、面は丸縁で、胴はない。見物人多数。
遠藤道場	遠藤五平太（小野派一刀流）	5月21～23日	見物人多数。
原道場	原彦四郎（天自流）	5月28日	門弟はきわめて未熟、なかに玄武館の門人もいたが同様。
津藩藩校道場	津田孫七（神道無念流・津藩師範）	6月5～7日	前回とは異なり、できる者がいた。藩の重役見学。
水口藩藩校道場	吉田兵太左衛門（不明・水口藩師範）	6月9日	江戸の長沼道場で修行した者もいたが、未熟者多い。
大野道場	大野応之助（前出）	6月11～16日	滞在中の西尾藩士らと立ち合ったが、八～九割の自分の勝利。はなはだ面白かった。そのほか、他藩士多数と立ち合い。見物人多数。
河田道場	河田権次郎（前出）	6月18～19日	諸藩の藩士と立ち合い。

一円道場	一円俊之助（不明）	6月21日	一円俊之助以下門弟一同、まことに未熟で話にならない。
山岡道場	山岡水之助（大坂城代・土屋采女正の家臣）	6月22日	山岡水之助は不在、門弟と立ち合う。
西条藩藩校道場	秦勝三郎（三陰流・西条藩師範）、横井玄四郎（田宮流・西条藩師範）	7月8〜9日	最近開場したばかりで、初心者が多い。
今治藩藩校道場	野呂完之助（得宗流・今治藩師範）、丹下喜右衛門（不明・今治藩師範）、三好五百蔵（無三自現流・今治藩師範）、富田祐治（今一流・今治藩師範）	7月11〜13日	見物人多数、得宗流に二刀流の者がいた。無三自現流には柳剛流と同じ足打ちの技がある。富田祐治は立ち合いを断わる。野呂完之助や丹下喜右衛門とも立ち合ったが、丹下は野呂より劣る。
松山藩藩校道場	橋本弥伝次（新当橋本流・松山藩師範）	7月18日	藩の役人が見学。松山藩では新当橋本流が一番とのことだったが、そうは思えない。
臼杵藩藩校道場	河崎藤之丞（直心影流・臼杵藩師範）	7月25〜26日	廻歴中の延岡藩士ふたりと立ち合う。ふたりはかなりできる。心遍流の門弟とも立ち合ったが、直心影流よりは劣る。
岡藩藩校道場	不明	8月6日	千葉栄次郎が以前、指導したと聞いて期待していたが、期待はずれだった。目についたのはひとりのみ。
田尻道場	田尻藤太（家川念流・柳川藩師範）	8月12〜13日	家川念流、新陰流、抜討流の門弟と立ち合う。見物人多数。高弟の出席がなかったのは二刀流を恐れたせいか。
加藤田道場	加藤田平八郎（前出）	8月15〜16日	高弟ともなるとなかなかできる。高弟ふたりと立ち合ったが、七割がた自分の勝利。

今井道場	今井静左衛門（前出）	8月16日	相変わらず、できる者はいない。
津田伝道場	津田一左衛門（前出）	8月17日	津田一左衛門や弟の津田岩尾、高弟の山脇虎次郎と立ち合った。三人とも動きが軽快で、津田兄弟には勝ったものの押され気味で、じつに面白い。山脇には七割がた自分の勝利。
斎藤道場	斎藤歓之助（神道無念流・大村藩師範）	9月1～2日	斎藤歓之助とも立ち合ったが、いたって見苦しい。こすっからい技が多く、笑止千万。役人やそのほか見物人多数。
松江道場	松江精一（北辰一刀流）	9月6日	松江精一は体調不良を理由に断わり、門弟と立ち合い。
島原藩藩校道場	都筑与平治（不明・島原藩師範）、矢島勇馬（不明・島原藩師範）、杉野甚五兵衛（不明・島原藩師範）	9月14～15日	都筑与平治と杉野甚五兵衛の門人と立ち合ったが、とくにできる者はいない。藩の重役、役人が列席。

引用・参考文献

諸国廻歴日録　随筆百花苑第十三巻　中央公論社
大日本諸州遍歴日記　諫早郷土史料叢書4　諫早郷土史料刊行会
幕末関東剣術英名録の研究　渡辺一郎編著　渡辺書店
新撰武術流祖録・撃剣叢談　新編武術叢書　人物往来社
日本武道全集第一・二巻　人物往来社
武芸流派大事典　綿谷雪・山田忠史編　新人物往来社
全国諸藩剣豪人名事典　間島勲著　新人物往来社
武道教範　隈元実道著　史料明治武道史　新人物往来社
剣道五百年史　富永堅吾著　百泉書房
図説剣道事典　中野八十二・坪井三郎著　講談社
剣道事典　中村民雄著　島津書房
幕末剣道における二重的性格の形成過程　榎本鐘司著　日本武道学研究　島津書房
図説日本武道辞典　笹間良彦著　柏書房
日本剣道の歴史　大塚忠義著　窓社

二刀流の習い方　荒関二刀斎著　壮神社
武道文化の探求　入江康平編著　不昧堂出版
庶民の旅　宮本常一著　八坂書房
道中記の旅　原田伴彦著　芸艸堂
江戸の宿　深井甚三著　平凡社
江戸の旅　今野信雄著　岩波書店
旅　品川区立品川歴史館
藩史大事典　雄山閣出版
三百藩藩主人名事典　新人物往来社
改訂増補大武鑑　名著刊行会
御触書天保集成下　岩波書店
幕末御触書集成第五巻　岩波書店
増補幕末百話　篠田鉱造著　岩波書店
戊辰物語　東京日日新聞社会部編　岩波書店
江戸沿革私記　塚原渋柿園著　幕末の江戸風俗　岩波書店
武家の女性　山川菊栄著　岩波書店
福翁自伝　福沢諭吉著　岩波書店

江戸笑話集　日本古典文学大系１００　岩波書店
黄表紙　川柳　狂歌　日本古典文学全集46　小学館
古典落語（続々）　講談社
賤のをだ巻　燕石十種第一巻　中央公論社
事々録　未刊随筆百種第三巻　中央公論社
鍋島閑叟　杉谷昭著　中央公論社
雨中の伽　随筆百花苑第十五巻　中央公論社
藤岡屋日記第五巻　近世庶民生活史料　三一書房
島根のすさみ　日本庶民生活史料集成第三巻　三一書房
桑名日記　日本庶民生活史料集成第十五巻　三一書房
講武所　東京市史外篇　安藤直方著　聚海書林
陸軍歴史Ⅱ　勝海舟全集十六　勁草書房
埼玉の剣術　戸田市立郷土博物館
江戸病草紙　立川昭二著　筑摩書房
石城日記　慶應義塾大学文学部古文書室
江戸幕府の代官　大田区立郷土博物館
武江年表　平凡社

鈴鹿家蔵・加藤田文書『歴遊日記』について　村山勤治著　武道学研究第17巻─第1号　日本武道学会
鈴鹿家蔵・加藤田伝書『加藤田平八郎東遊日記抄』について　村山勤治著　武道学研究第18巻─第2号
日本武道学会
近世後期における江戸庶民の旅の費用　谷釜尋徳著　東洋法学　東洋大学法学会　二〇一〇年三月
軍隊剣術の変遷　兼坂弘道著　防衛大学校紀要　第三十六・三十七輯
剣術教範にみる軍刀術教育の変遷　久保武郎著　防衛大学校紀要　第五十四・六十輯
剣術教範　川流堂　明治二十二年
剣術教範　武揚堂　明治四十年
剣術教範　軍令陸第一六号　軍友協会出版部　大正五年

剣術修行《けんじゅつしゅぎょう》の廻国旅日記《かいこくたびにつき》　朝日文庫

2023年9月30日　第1刷発行

著　者　永《なが》井《い》義《よし》男《お》

発行者　宇都宮健太朗
発行所　朝日新聞出版
〒104-8011　東京都中央区築地5-3-2
電話　03-5541-8832（編集）
　　　03-5540-7793（販売）

印刷製本　大日本印刷株式会社

ISBN978-4-02-262081-1